How To Stop Worrying & Start Living

데일카네기 자기관리론

KB089397

걱정되는 문제를 분석하고 해결하라

How To Analyse And
Solve Worry Problems

Carnegie

데일 카네기
자기관리론

가로책길

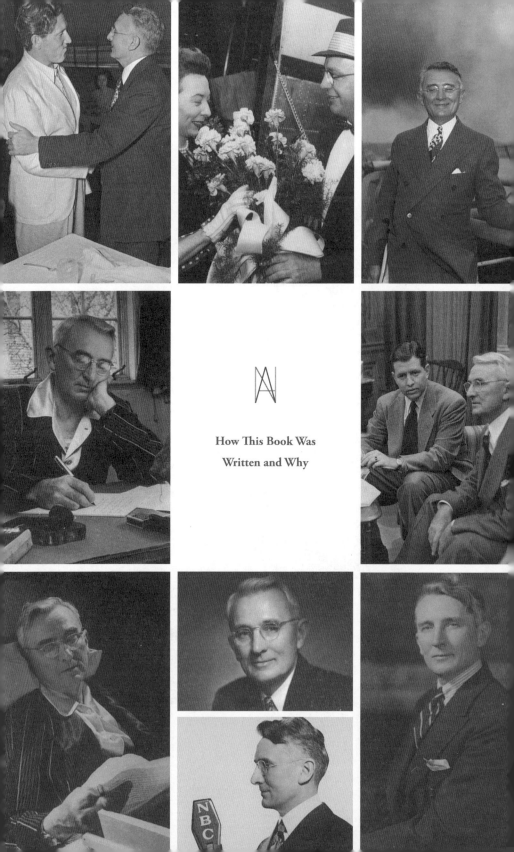

How This Book Was
Written and Why

Dale Carnegie

『자기관리론』은 어떻게 썼고 왜 썼는가

1909년 뉴욕에 사는 가장 불행한 청년 중 하나였던 나는 트럭을 팔며 생활하고 있었다. 하지만 나는 트럭을 운전하는 방법도 몰랐고 알고 싶지도 않았다. 나는 내 일을 경멸했고 바퀴벌레가 우글거리는 웨스트 56 번가의 싸구려 셋방에 산다는 사실도 경멸했다. 나는 아직도 내 방 벽에 걸려 있던 수많은 넥타이를 기억한다. 아침에 새 넥타이를 매기 위해 손을 뻗으면 바퀴벌레들이 사방으로 달아났다. 내 방처럼 벌레가 우글거릴 싸구려 식당에서 밥을 먹어야 한다는 사실도 괴로웠다.

나는 매일 밤 두통으로 신음하며 내 방으로 돌아왔다. 좌절과 걱정, 슬픔과 반항심으로 생긴 것이었다. 대학생 시절에 가졌던 꿈이 악몽으로 변한 결과였다. 과연 이것이 사는 것인가? 내가 그토록 열망하던 활기찬 삶이 이런 것인가? 이것이 인생이 나에게 가르쳐주는 교훈의 전부인가? 하기 싫은 일을 하고 바퀴벌레와 생활하며 싸구려 음식을 먹는 미래가 보이지 않는 삶……. 나는 대학 시절에 품었던 꿈처럼 독서하고 글 쓰는 시간을 가지고 싶었다.

나는 이 일을 그만두면 오히려 상황이 나아지리라는 것을, 더는 손해 볼 것이 없다는 사실을 알고 있었다. 떼돈을 벌고 싶은 욕심은 없었지만 활기차게 살고 싶었다. 나는 이제 인생의 서막이 열리기 시작한 청년들이 직면하는 결단의 순간을 맞이하게 것이다. 마침내 나는 결단을 내렸다. 그리고 그것은 내 미래를 완전히 변화시켰다. 그 결단은 내게 그간 꿈꿔 왔던 어떤 낙원보다 행복하고 보람찬 삶을 가져다주었다.

내가 내린 결단은 바로 이것이다. 하고 싶지 않은 일을 그만두겠다. 지난 4년간 미주리주 워렌스버그의 주립 교육대학에서 공부했으니 야간에 성인들을 대상으로 강의하며 돈을 벌어야겠다. 휴식을 취하고 독서도 하고 강의를 준비하면서 소설 혹은 단편을 쓰겠다. 나는 '글쓰기와 생계가 하나가 되는 삶'을 소망했다.

야간에 성인들을 위해 어떤 강의를 해야 할까? 나는 그간 대학에서 배웠던 것들을 상기해봤다. 그러자 대중 연설을 배운 경험이 사회생활이나 일상생활을 통해 배운 것보다 훨씬 더 가치 있다는 사실을 알게 되었다. 소극적이고 자신감 부족한 내가 대중 연설을 배운 뒤 자신감과 확신이 생겼던 것이다. 이렇듯 나는 경험을 통해 자신의 생각을 당당하게 말할 수 있는 사람만이 리더십을 가질 수 있다는 사실을 깨달았다.

그렇게 나는 컬럼비아 대학과 뉴욕 대학 야간 공개 강좌의 대중 연설 강사직에 지원했지만 두 대학은 내 도움을 원치 않았다. 실망이 컸지만 지금은 오히려 그곳이 나를 받아들이지 않은 것이 다행이라는 생각이 든다.

나는 단기간에 구체적인 결과물을 원했던 YMCA 야간 학교에서 강의하게 되었다. 얼마나 큰 도전이었는지! 성인들이 나를 찾은 이유는 학위나 사회적 명성 때문이 아니었다. 그들은 단지 자신의 문제를 해결하기 위해 학교를 찾은 것이다.

예를 들면, 그들은 회의할 때 많은 사람들이 모인 자리에서 두려움 없이 당당하게 자신의 의견을 말하고 싶은 것이다. 또한 그들은 까다로운 고객의 사무실 앞에서 한참을 서성일 필요 없이 바로 들어갈 수 있는 용기를 원했다. 그들은 당당한 삶을 원했고, 성공한 사업가가 되어 많은 돈을 벌고 싶어 했다. 그들은 수업료를 분할 납부하고 있었다. 만약 원하는 결과를 얻지 못한다면 그들은 더 이상 돈을 지불하지 않아도 되었다. 나는 고정 급여가 아닌 수익금을 나눠 가지는 방식으로 급여를 받았다. 그러므로 나는 생계를 유지하기 위해서라도 실용적인 강의를 해야 했다.

그때 나는 좋지 않은 상황에서 강의를 하고 있다고 생각했다. 하지만 이제와 생각해보니 그 당시의 경험은 돈으로 살 수 없는 것이었다. 학생들은 스스로 동기를 부여해야 했기에 나는 그들을 도와야 했다. 나는 수업 시간마다 그들이 나를 찾아오도록 해야 했다.

흥미로웠기에 나는 그 일을 좋아했다. 나를 찾아온 수강생들이 빠르게 자신감을 회복하고 승진하면서 연봉이 오르는 것을 보며 놀라움을 금치 못했다. 강의의 반응은 대단했다. 처음에는 하루 5달러를 지급해달라는 제안마저 거절했던 YMCA는 3학기가 끝나갈 무렵 내게 하루 30달러를 지급하기로 약속했다.

대중 연설과 관련한 강의로 시작했지만 시간이 흐를수록 성인들에게도 친구를 사귀고 타인을 설득하는 능력이 필요하다고 느꼈다. 그래서 나는 인간관계와 관련된 적당한 교재를 찾아보았지만 찾을 수 없었기에 직접 책을 쓰기로 했다. 그 책은 내가 썼지만 수강생들의 경험과 함께 성장하고 발전한 것이다. 책 제목은 『인간관계론(How to Win Friends & Influence People)』이라고 정했다.

내 책의 독자는 내 강의의 수강생들이었다. 이미 네 권의 책을 냈지만 잘 알려지지 않았기에 이번에도 크게 기대하지는 않았다. 나는 이 책이 이 정도로 큰 사랑을 받으리라고는 전혀 생각지 못했다. 나는 자고 일어나니 모든 것이 달라진 극히 드문 작가들 중 한 사람이 된 것이다.

시간이 흐르면서 나는 성인들의 또 다른 고민을 알게 되었다. 그것은 바로 '걱정'이었다. 내 강의를 듣는 수강생들은 사업가, 경영자, 세일즈맨, 엔지니어, 회계사 등 다양한 직종에 종사하는 사람들이었다. 그들의 대다수가 걱정을 안고 있었다. 수강생 중에 직장을 다니는 여성과 전업주부도 있었는데 그들 또한 걱정을 안고 있었다.

그렇기에 나는 걱정을 극복하는 방법에 관한 교재가 필요했다. 나는 뉴욕에서 가장 큰 도서관으로 가서 또 한 번 교재를 찾기 시작했다. 책 제목에 '걱정'이라는 단어가 들어간 책은 놀랍게도 22권뿐이었다. 또 다른 놀라운 사실은 제목에 '벌레'가 들어간 책은 무려 189권이나 된다는 것이다. 걱정에 관한 책보다 벌레에 관한 책이 아홉 배나 더 많다니, 놀랄 수밖에! 인간이 마주하는 가장 힘든 문제 중 하나가 바로 걱정이니, 여러분은 미국의 모든 고등학교와 대학교에 '걱정을 멈추는 방법'에 관한 강좌가 개설되어 있다고 생각할 것이다. 그렇지 않은가? 하지만 지금껏 나는 미국에 그런 강좌가 있다는 말을 들어본 적이 없다.

『성공적으로 걱정하는 법(How to Worry Successfully)』의 저자 데이비드 시베리는 그의 책에서 이렇게 말했다. "성인으로서 우리가 경험이라는 압박을 견뎌내기 위해 준비하는 수준은 책벌레가 발레를 위해 준비하는 수준과 비슷하다." 이것은 결코 놀라운 일이 아니다.

결국 어떤 일이 일어났는가? 병원 침상의 절반 이상을 정신 질환으로 입원한 사람들이 차지하게 되었다. 나는 뉴욕 공립 도서관을 찾아가 걱정과 관련된 책 스물두 권을 꼼꼼히 읽었다. 그 후 나는 구할 수 있는 모든 책을 구매했다. 하지만 성인 강좌에 쓸 만한 교재는 전혀 없었기에 결국 직접 책을 쓰기로 마음먹었다.

나는 이 책을 쓰기 위해 7년 전부터 준비하기 시작했다. 모든 시대의 철학자들이 걱정에 관해 언급한 구절을 읽었고 공자에서 처칠까지 수많은 위

Dale Carnegie

인들의 전기를 읽었다. 다양한 분야의 유명 인사들, 잭 뎀프시, 오마르 브래들리 장군, 마크 클라크 장군, 헨리 포드, 엘리너 루스벨트, 도로시 딕스 등과 면담을 하기도 했다. 하지만 이것은 시작에 불과한 것이었다.

면담이나 독서보다 훨씬 중요한 일을 한 것이다. 나는 5년간 '걱정을 극복하는 실험실'에서 일했다. 나는 그곳에서 내 수강생들을 대상으로 실험을 진행했다. 그곳은 내가 알기로 세계 최초이자 전례 없는 실험실이었다.

실험은 이렇게 진행되었다. 학생들에게 걱정을 멈추기 위해 지켜야 할 규칙들을 제시한 뒤 일상생활에서 지키도록 한 것이다. 그러고 나서 그다음 강의에서 그에 대한 결과를 발표하기로 했다. 몇몇은 그들이 과거에 사용했던 방법을 발표하기도 했다.

결론적으로 나는 '걱정을 어떻게 극복했나?'와 관련한 이야기를 가장 많이 들은 사람이 된 것처럼 느껴졌다. 나는 수백 통의 편지에 담긴 이야기를 읽었다. 그것은 세계적으로 우수한 이야기로 선정된 것들이었다. 거듭 강조하지만, 이 책은 책상 앞에서 탄생한 것이 아니다. 걱정을 극복하는 방법에 관한 학문적 강론도 아니다. 나는 그와 반대로 수많은 사람들이 걱정을 극복한 방법에 관한 빠르고 간결한 보고서를 쓰려고 했다. 그것만은 확실하다. 이 책은 실용서이기에 누구나 읽을 만한 가치가 있을 것이다.

프랑스의 철학자 폴 발레리는 "과학은 성공한 처방을 집약한 것이다."라고 말했다. 이 책도 마찬가지이다. 우리 삶에서 걱정을 없애는 효과적인,

시간이 흘러도 유효한 처방을 모아 놓았다. 하지만 한 가지 미리 언급하겠다. 여러분이 이 책에서 새로운 사실은 전혀 찾을 수 없으리라는 것이다. 그 대신 일반적으로 적용되지 않는 수많은 이야기와 만나게 될 것이다. 스트레스를 해소하는 방법은 더 이상 새로울 것이 없다. 우리는 이미 많은 것을 알고 있기 때문이다. 이미 '황금률'과 '산상수훈'을 읽은 우리들의 문제는 무지(無知)가 아닌 바로 실행하지 않는다는 것에 있다. 나는 이 책에서 실제 사례와 관련한 수많은 진리들을 다시 한 번 언급할 것이다. 현재 상황에 맞춰 재해석한 진리를 여러분에게 제시할 것이다. 그 후 나는 여러분의 정강이를 걷어차서라도 그 진리를 일상생활에 적용하도록 할 것이다.

여러분이 이 책을 선택한 이유는 이 책이 어떻게 쓰였는지 궁금해서가 아닐 것이다. 여러분이 원하는 것은 바로 실행이다. 그러므로 지금부터 시작해보자. 먼저 이 책을 67페이지까지 읽어보자. 그리고 나서도 여러분이 인생을 즐길 만한 새로운 활력과 영감을 얻지 못한다면 이 책을 쓰레기통에 과감히 내던져도 좋으리라. 그런 사람에게 이 책은 무용(無用)할 테니까.

데일 카네기

Contents

PART 1
걱정에 관한 기본적인 사실들 Fundamental Facts You Should Know About Worry

PART 2
걱정을 분석하기 위한 기본 기술 Basic Techniques In Analysing Worry

PART 3
걱정하는 습관을 없애는 방법 How To Break The Worry Habit Before It Breaks You

PART 4

평화와 행복을 부르는 7가지 태도 Seven Ways To Cultivate A Mental Attitude That Will Bring You Peace And Happiness

PART 5

걱정을 극복하는 완벽한 방법 The Perfect Way To Conquer Worry

PART 6

다른 사람의 비판에 상처받지 않는 법 How To Keep From Worrying About Criticism

The Perfect Way To
Conquer Worry

이 책이 당신에게 도움을 주는 16가지 방식

1 걱정을 해결하는 구체적인 방법을 제시한다.

2 사업상 발생하는 걱정을 절반으로 줄이는 방법을 제시한다.

3 평화와 행복을 불러오는 태도를 위한 7가지 방법을 제시한다.

4 돈과 관련한 걱정을 줄이는 방법을 제시한다.

5 여러분의 수많은 걱정을 극복하는 법칙을 설명한다.

6 비난을 유익하게 활용하는 방법을 제시한다.

7 주부가 피로를 줄이고 젊음을 유지할 수 있는 비법을 제시한다.

8 피로와 걱정을 예방하는 네 가지 작업 습관을 제시한다.

9 하루에 한 시간씩 활동 시간을 늘리는 방법을 알려준다.

10 폭발하는 감정을 절제하는 방법을 알려준다.

11 평범한 사람들이 어떻게 걱정을 멈추고 새 삶을 시작했는지 그 방법
에 관한 이야기를 들려준다.

12 알프레드 아들러의 처방에 따른 2주 안에 우울증을 치료하는 방법을
알려준다.

13 세계적인 의사 윌리엄 오슬러 경이 걱정을 떨쳐내기 위해 사용한 21 가지 단어를 알려준다.

14 에어컨 사업의 창시자 윌리스 H. 캐리어가 사용한 걱정을 극복하는 3단계 비법을 제시한다.

15 윌리엄 제임스의 '걱정을 다스리는 명약(名藥)'에 관한 비법을 제시한다.

16 아서 헤이스 설즈버거 (『뉴욕 타임스』 발행인), 허버트 E. 호크스(컬럼비아 대학 전(前) 학장), 잭 뎀프시(세계 헤비급 권투 챔피언), 코니 맥(명예의 전당에 오른 야구 감독), 로저 W. 뱁슨(뱁슨 대학 설립자), 버드 제독, 헨리 포드, 진 오트리, J.C. 페니, 존 D. 록펠러와 같은 유명 인사들의 이야기를 통해 걱정을 극복하는 방법을 제시한다.

Fundamental Facts
You Should Know
About Worry

Part 1

걱정에 관한 기본적인 사실들

오늘 하루를 충실하게 보내라

Live in Day-tight Compartments

1871년 봄에 일어난 일이었다. 어떤 청년이 독서하는 중에 21개 단어로 이루어진 한 문장을 발견했다. 이 청년은 몬트리올 종합 병원의 의과대학생이었다. 그는 졸업 시험을 어떻게 통과해야 할지, 앞으로 무엇을 해야 할지, 어디로 가야 할지, 개업은 어디에서 할지, 어떤 방식으로 먹고살아야 할지 고민 중이었다.

이 젊은 의대생이 1871년에 읽은 한 구절은 그를 당시 최고의 명의로 만들어 주었다. 그는 세계적으로 유명한 존스홉킨스 의과대학을 설립했고, 옥스퍼드 의과대학 교수가 되었다. 이는 대영 제국 의사가 가질 수 있는 가장 명예로운 직책이었다. 또한 영국 왕실은 그에게 기사 작위를 수여했다. 그가 세상을 떠난 후 그의 인생이 담긴 두꺼운 책이 두 권으로 출간되었다. 분량은 무려 1,466페이지에 달했다. 그가 바로 윌리엄 오슬러 경이다. 그가 1871년 어느 봄날에 읽은 한 구절, 그가 걱정에 얽매이지 않는 삶을 살 수 있도록 도와준 토마스 칼라일의 문장은 다음과 같다.

"우리의 주 임무는 저 멀리 막연한 것을 보는 것이 아니라, 지금 눈앞에 보이는 확실한 무언가를 실행하는 것이다."

"Our main business is not to see what lies dimly at a distance, but to do what lies clearly at hand."

42년 후, 캠퍼스에 튤립이 만개하던 어느 따스한 봄날 저녁, 윌리엄 오슬러 경은 예일대학교 학생들 앞에서 연설했다. 그는 다음과 같이 말했다.

"저처럼 대학 네 곳에서 교수로 일하면서 대중에게 인기 있는 책을 쓴 사람은 분명 두뇌가 아주 남달리 특별할 것이라고 생각할지도 모릅니다. 하지만 그건 사실이 아닙니다. 제 친한 친구들은 제가 아주 평범한 두뇌를 가지고 있다는 사실을 잘 알고 있지요."

그렇다면 그의 성공 비결은 무엇일까? 그는 단순히 '오늘을 충실하게' 살았을 뿐이라고 대답했다. 이것은 무슨 뜻일까? 예일대학교에서 연설하기 몇 달 전, 윌리엄 오슬러 경은 대형 원양 어선을 타고 대서양을 건널 준비를 하고 있었다. 그가 탄 배는 선장이 갑판에 서서 버튼 하나만 누르면 배의 각 부분이 분리되어 방수 구역으로 변하는 형태였다. 오슬러 경은 예일대학교 학생들에게 다음과 같이 말했다.

"여러분은 그 배보다 훨씬 더 놀라운 유기체입니다. 또한 그보다 더 먼 길을 항해해야 하는 사람들이지요. '오늘의 구획'을 만들어 하루를 충실히 보내는 것만이 여러분이 안전하게 항해할 수 있는 가장 확실한 방법입니다. 갑판에 올라서서 방수벽이 질서 정연하게 작동하는 모습을 한번 보세요. 인생의 매 단계마다 버튼을 눌러 굳센 철문이 죽은 '과거'를 격리하는 소리를 들어 보세요. 또 다른 버튼을 눌러 아직 태어나지 않은 '내일'을 금속 커튼으로 격리하세요.

그래야 여러분의 오늘이 안전합니다. 과거를 격리하세요. 죽은 과거는 죽은 채로 내버려 두십시오. 어리석은 이들을 죽음의 잿더미로 가는 길로 안내하던 과거를 이제 격리하세요. 아무리 건강한 사람이라도 어제의 짐과 내일의 짐을 오늘 함께 지고 간다면 쓰러질 수밖에 없습니다. 과거와 마찬가지로 미래 역시 철저히 격리해야 합니다. 오늘이 곧 미래입니다. 내일은 없습니다. 인간은 바로 '지금'에만 구원받을 수 있습니다. 미래를 걱정하는 것은 에너지 낭비에 불과합니다. 고통과 걱정에 끝없이 시달리게 되지요. 그러니 단단히 문을 걸어 잠그세요. 이물에서 고물까지 곳곳에 든든한 방수벽을 세우고 '오늘의 구획' 안에서 살아가는 습관을 익혀야 합니다."

이 말의 의미는 무엇일까? 내일을 위한 노력을 하지 말아야 한다는 것일까? 결코 그렇지 않다. 모든 지성과 열정을 동원해 오늘 할 일들을 잘 끝내는 것이 내일을 위한 최선의 준비라는 사실을 말하려는 것이다. 그것만이 미래를 대비할 수 있는 유일한 방법이다.

오슬러 경은 예일대학교 학생들에게 "오늘 우리에게 일용할 양식을 주옵소서."라는 주기도문을 외며 하루를 시작하라고 권했다.

이 기도문에는 오늘에 필요한 양식에 대한 이야기만 존재한다. 이 기도를 하는 사람은 어제 먹은 오래된 빵에 관해 불평하지 않는다. 또한 "주여, 요즘 밀밭에 비가 쏟아지지 않고 있습니다. 또 가뭄이 오

데일카네기 자기관리론

려나 봅니다. 이렇게 되면 내년 가을에 먹을 양식은 구할 수가 없습니다. 만약 제가 일자리를 잃게 된다면 어떻게 양식을 구해야 하겠습니까?"라고 구구절절 말하지도 않는다. 이 기도문은 우리가 오늘의 양식만 구해야 한다는 것을 말해 준다. 실제로 여러분이 먹을 수 있는 양식은 오늘의 양식뿐이다.

오래전의 일이다. 어느 가난한 철학자가 사방이 자갈밭으로 둘러싸인 황무지를 지나가고 있었다. 그곳은 너무 황폐해서 사람들이 끼니를 잇기도 어려운 장소였다. 그러던 어느 날, 철학자는 사람들을 언덕 위에 불러 모은 뒤 연설을 시작했다. 그 연설은 동서고금을 막론하고 셀 수 없이 인용되었을 것이다. 그리고 수백 년 동안 많은 사람에게 깨달음을 주었다.

"그러므로 내일 일을 위하여 생각하지 말라. 내일 일은 내일이 생각할 것이요. 한 날의 괴로움은 그날로 족하니라." (마태복음 6장 34절)

"Take therefore no thought for the morrow; for the morrow shall take thought for the things of itself. Sufficient unto the day is the evil thereof."

많은 사람이 "내일 일을 위하여 생각하지 말라."라는 예수의 말을 거부했다. 신비주의적 발상에서 나온, 실행하기 어려운 이상적인 조언일 뿐이라고 생각했기 때문이다. 그들은 다음과 같이 말했다.

"나는 내일 일을 생각해야만 해. 가족을 위해 보험에 들어야 하고, 노후를 대비하려면 저축도 해야 하지. 성공하려면 계획을 세워 준비해야만 해."

그렇다! 물론 그렇게 해야 한다. 하지만 제임스 왕이 통치하던 300

여 년 전에 번역된 그 말은 오늘날의 의미와는 다르다. 300여 년 전, '생각(thought)'이라는 단어는 의미적으로 '염려(anxiety)'에 더 가까웠다. 그래서 최근 번역된 성경은 "내일 일을 염려하지 말라."라고 예수의 말을 좀 더 정확하게 옮겼다.

그러므로 내일 일을 생각하라. 신중히 생각하고 계획을 세워 준비하라. 하지만 염려는 할 필요가 없다.

제2차 세계 대전 당시 미국군 사령관들은 항상 내일 일을 계획했다. 하지만 걱정하며 시간을 흘려보내지는 않았다. 미 해군을 지휘하던 어니스트 J. 킹 제독은 다음과 같이 말했다.

"나는 최정예 부대에 가장 좋은 물자를 보급하고, 그들에게 최고로 적합한 임무를 맡겼다. 내가 할 수 있는 건 그게 전부였다."

그는 계속해서 이렇게 덧붙였다.

"나는 침몰한 군함을 인양할 수도, 곧 침몰할 것 같은 군함을 구할 수도 없다. 어제의 일을 후회하기보다 내일의 문제를 해결하기 위해 시간을 투자하는 편이 훨씬 이롭다. 게다가 과거의 문제에 계속 신경을 쏟는다면 나는 버텨 내지 못할 것이다."

전시 상황에만 적용되는 말이 아니다. 그의 말은 지혜로운 생각과 어리석은 생각의 차이를 명확하게 보여 준다. 지혜로운 생각은 인과 관계를 분석해 논리적이고 건설적인 계획을 세울 수 있도록 한다. 하지만 어리석은 생각은 대체로 긴장과 신경 쇠약만을 유발한다.

최근에 나는 세계적으로 유명한 신문 〈뉴욕 타임스〉 발행인 아서 헤이스 설즈버거를 인터뷰했다. 그는 유럽 전역이 제2차 세계 대전 때문에 큰 영향을 받았을 때, 당황스럽고 불안한 걱정으로 거의 잠들지 못했다고 말했다. 그럴 때마다 그는 한밤중에 일어나 캔버스와 물감을 옆에 놓고 거울에 비친 자신의 모습을 그렸다. 그는 그림을 잘 그리지 못했지만, 걱정들을 몰아내기 위해 붓을 들었다. 하지만 걱정을 멈추지는 못했다. 설즈버거는 찬송가 중에 "다만 한 걸음씩 인도해 주소서."라는 한 구절을 부르고 나서야 마음의 평화를 되찾았다고 고백했다.

> 자비로운 주여, 길을 비추어 주소서
> 내 발걸음을 지켜 주소서
> 먼 곳을 보려 하지 않으니
> 다만 한 걸음씩 인도해 주소서.

비슷한 시기에 유럽의 한 지역에서 군 복무를 하던 어떤 청년도 같은 교훈을 얻었다. 그의 이름은 테드 벤저미노였고, 메릴랜드주 볼티모어시에 거주하고 있었다. 그는 아주 심각한 전쟁 후유증에 시달렸는데, 당시 상황에 대해 이렇게 적었다.

"1945년 4월, 나는 극심한 걱정으로 '경련선 가로 결장' 증세를 보였다. 심각하게 고통스러운 병이었다. 만약 그때 종전이 되지 않았다면 내 몸은 도저히 회복할 수 없었을 것이다.

나는 완전히 지쳐 있었다. 나는 제94보병사단 소속 하사관으로서 유해 발굴을 담당했다. 모든 전사자와 실종자, 부상자의 명단을 기록하고 관리하는 임무를 주로 맡았다. 격렬한 전투 중에 약식으로 매장된 연합군과 적군의 시신을 발굴하는 일도 했다. 전사자들의 소지품을 거두어들여 그 물건들을 소중하게 간직할 부모나 지인들에게 보내는 업무까지 했다. 나는 항상 우리가 말도 안 되는 큰 실수를 저지를까 봐 걱정했다. 그리고 항상 의구심이 들었다. 과연 이 일을 끝까지 해낼 수 있을까. 나는 살아남을 수 있을까. 아직 한 번도 만나지 못한 16개월 된 아들을 안아 볼 수 있을까. 이런 심각한 걱정에 시달리면서 몸무게가 15kg이나 줄었다. 걱정이 극에 달해 거의 미쳐 버릴 것만 같았다. 내 손을 내려다보니, 뼈와 가죽만 남아 앙상했다. 이렇게 망가진 몸으로 집에 돌아가야 할지도 모른다는 생각에 큰 두려움이 일었다. 나는 아이처럼 흐느껴 울었다. 정신적으로도 육체적으로도 피폐해져서 혼자 있을 때면 계속 울기만 했다. 벌지 전투가 시작된 이후에는 계속 눈물이 나서 다시 정상으로 돌아갈 수 없을 것만 같았다. 결국 나는 군 병원에 입원했다. 그런데 그때 그곳에 있던 군의관이 내게 조언을 건넸다. 이 조언은 내 삶을 송두리째 바꾸어 놓았다. 그는 내 몸 곳곳을 청진하더니, 문제는 몸이 아니라 정신에 있다고 말했다.

'테드, 인생을 모래시계라고 생각해 보게. 모래시계 위쪽에는 수많은 모래알이 있고, 그것은 서서히 일정하게 한 알씩, 가운데 잘록한 부분을 통과하지. 하지만 모래시계를 깨뜨려 버리지 않는 한 아무리 애를 써도 많은 양의 모래를 단번에 통과시킬 수는 없어. 구멍이 좁기 때문이야. 모든 사람이 이 모래시계와 마찬가지라네. 우리는 아침에 일과를 시작하면서 수만 가지 일을 해야 한다고 생각하지. 하지만 모래시계 속의 모래알 하나가 좁은 구멍을 통과해 나오듯 한 번에 하나씩, 서서히 일정하게 일을 처리해야만 해. 그렇지 않으면 육체도 정신도 무너지고야 말 테니까.'

나는 그 조언을 들은 날부터 지금까지 계속 이 철학을 실천에 옮겼다. '한 번에 모래알 하나씩. 한 번에 한 가지 일.' 이 조언은 전쟁 기간 동안 육체와 정신, 두 가지 면에서 나를 구원했다. 그 덕분에 나는 지금 애드크래프터스 프링틴 앤드 옵셋이라는 회사에서 광고 홍보부장을 맡고 있다. 그리고 나는 직장에서도 전쟁의 경험과 유사한 문제가 생긴다는 사실을 알게 되었다. 직장에서는 수십 개의 일을 한번에 처리해야 한다. 그런데 시간도 많지 않고, 재고도 충분하지 않다. 새로운 일을 처리해야 하고, 새로 주문을 넣어야 하며, 주소를 바꾸고, 사무실 문을 열고 닫아야 한다. 하지만 나는 긴장하거나 다급해하는 대신 군의관의 조언을 떠올렸다. '한 번에 모래알 한 알씩. 한 번에 한 가지 일.' 이 말을 되뇌면 일을 더 효율적으로 처리할 수 있다. 전장에서 나를 무너뜨릴 뻔했던 어수선한 마음이 다시 생기지도 않았다."

나는 현대인들의 생활 습관 가운데에서 놀라운 사실을 하나 발견했다. 입원한 환자의 반 이상이 과거 기억과 미래에 대한 두려움으로 신경과 정신에 문제가 생겼다는 점이다. 만약 그들이 "내일 일을 위하여 생각하지 말라."라고 했던 예수의 가르침이나 "오늘에 충실하자."라는 윌리엄 오슬러 경의 말을 따랐다면, 더 행복하고 보람찬 삶을 살고 있을 것이다.

우리는 지금 이 순간 계속해서 견뎌 온 무한한 과거와 기록된 시간의 마지막을 향해 쇄도해 오는 미래가 교차하는 지점에 서 있다. 우리는 이 두 개의 영원 중 어느 곳에서도 살 수 없다. 단 1초라도 그곳에 머문다면, 정신과 육체가 모조리 망가질 것이다. 그러므로 우리가 살아갈 수 있는 유일한 시간, 지금부터 잠이 들 때까지의 시간에 만족하며 살아가야 한다.

『보물섬』을 쓴 영국의 소설가 로버트 루이스 스티븐슨은 다음과 같이 말했다.

"짊어진 짐이 버겁더라도 밤이 올 때까지는 다들 견딜 수 있다. 해야 할 일이 아무리 힘들어도 하루 정도는 다들 할 수 있다. 해가 질 때까지라면 누구나 유쾌하게, 인내하면서, 다정하게, 순수한 마음으로 살 수 있다. 이것이 바로 '삶'이 말하는 의미의 전부다."

그렇다. 삶이 우리에게 요구하는 것은 단지 그것뿐이다. 하지만 미시간주, 새기노시, 코트가 815번지에 사는 E. K. 실즈 부인은 잠들 때까지만 하루를 살아가는 방법을 배우기 전까지는 자살을 결심할 정도로 절망에 빠져 있었다. 실즈 부인은 나에게 자신의 이야기를 털어놓았다.

"저는 1937년에 남편과 사별했습니다. 삶의 의욕을 전부 잃었지요. 게다가 저는 돈 한 푼 없는 빈털터리였습니다. 그래서 예전에 일했던 회사인 캔자스시 로치 파울러 컴퍼니의 상사였던 리언 로치 씨에게 편지를 보내 일자리를 구했지요. 그는 제가 이전에 하던 업무를 맡겼습니다. 예전에 저는 시골과 도시 지역의 학교에 책을 판매하는 일을 했었습니다. 2년 전, 남편이 병을 앓게 되었을 때 차를 팔았습니다. 그래서 여기저기서 돈을 모아 중고차를 할부로 샀지요. 그렇게 다시 책을 팔러 나갔습니다.

밖으로 나가면 이 우울함이 조금은 덜어지지 않을까 기대했습니다. 하지만 혼자 차를 타고 다니며 혼자 식사하는 게 참을 수 없을 만큼 괴로웠지요. 어떤 지역에서는 실적이 좋지 않아 그렇게 많지도 않은 자동차 할부금을 갚는 일조차 어려웠습니다. 1938년 봄에는 미주리주 베르사유에서 일했습니다. 그때 학교의 재정 상황이 좋지 않았고, 가는 길도 험했지요. 너무 외롭고 힘들어서 자살을 생각하기도 했습니다. 도무지 성공할 가망이 보이질 않았어요. 왜 살아야 하는

데일카네기 자기관리론

지, 이유를 찾을 수가 없었지요. 아침에 눈을 뜨고 또 하루를 맞이해야 한다는 사실이 두려웠습니다. 모든 것이 다 두려웠습니다. 자동차 할부금을 갚지 못할까 봐, 집세를 내지 못할까 봐, 식량이 떨어질까 봐 두려웠습니다. 건강은 점점 안 좋아지는데 병원비도 없는 현실이 두려웠습니다. 그런데도 자살하지 못했지요. 언니가 많이 슬퍼할 것도 걱정되고, 제게는 장례를 치를 비용도 없었기 때문이었습니다. 그러던 어느 날, 어떤 글을 읽게 되었습니다. 그 글을 보니 낙담한 마음이 정리되었고, 다시 살아갈 힘을 얻게 되었지요. 제게 용기를 준 그 문장을 저는 영원히 기억할 것입니다. '현명한 이에게는 모든 하루가 새로운 삶이다.' 저는 그 문장을 타이핑해서 자동차 앞 유리창에 붙였습니다. 그러고는 운전할 때마다 봤습니다. 한 번에 하루를 사는 것이 결코 어려운 일이 아니라는 사실을 깨달았지요. 어제를 잊는 법, 그리고 내일을 생각하지 않는 법을 배웠습니다. 아침마다 저는 이렇게 말합니다. '오늘은 새 인생이다.' 그렇게 저는 외로움과 가난에 대한 두려움에서 벗어날 수 있었지요. 지금 저는 행복하고, 어느 정도는 성공했다고 생각하며, 삶에 대한 열정과 사랑도 가지고 있습니다. 이제는 알고 있습니다. 삶이 아무리 저를 놀라게 하더라도 절대 두려워하지 않을 것을요. 또한 미래를 두려워할 필요가 없다는 것도 알고 있지요. 저는 이제 한 번에 하루를 살 수 있다는 사실과 '현명한 이에게는 모든 하루가 새로운 삶'이라는 사실을 알고 있습니다."

여러분은 혹시 이 시를 쓴 사람이 누구인지 알고 있는가?

행복한 이여, 홀로 행복하리라
오늘을 나의 것이라고 믿을 수 있는 사람

이렇게 확고히 단언할 수 있는 사람

내일이여, 무슨 짓이라도 한번 해 보라

나는 기어코 오늘을 살 것이니.

요즘에 나온 시처럼 느껴지는가? 이는 사실 기원전 30년에 로마의 시인 호라티우스가 지은 시다. 인간의 본성에 관한 비극적인 사실 중 하나는 인생을 즐겁게 사는 것을 자꾸 미루는 경향이 있다는 점이다. 대부분 사람은 창밖에 피어 있는 장미의 아름다움을 즐기기보다는 지평선 너머 멀리 어디쯤엔가 있을 법한 매혹적인 장미 정원을 꿈꾼다. 우리는 왜 이렇게 비극적이라고 할 수 있을 만큼 어리석을까?

스티븐 리콕은 자신의 책에 다음과 같이 적었다.

"우리의 이 짧은 인생은 얼마나 이상한가? 아이들은 '내가 좀 더 크면.'이라고 말하지만, 조금 더 큰 아이는 '내가 어른이 되면.'이라고 말한다. 다 자란 어른이 되면 이렇게 말한다. '내가 결혼하면.' 하지만 결혼한 뒤에는? 대체 어떻게 된다는 말인가? 생각은 이렇게 바뀌고 만다. '내가 은퇴하고 나면.' 그는 은퇴하고 지나온 나날들을 회상해 본다. 거기에는 차가운 바람만 남아 있다. 그는 모든 것을 놓쳤고, 삶은 그렇게 지나가 버렸다. 우리는 너무 늦게 깨닫고야 만다. 인생은 삶 그 자체에 있다는 것, 매 순간의 연속으로 짜여진다는 것을 말이다."

디트로이트 출신의 에드워드 S. 에번스는 걱정 때문에 죽기 직전이 되어서야 인생은 삶의 여정 그 자체에 있다는 사실을 깨달았다. 그는 빈곤한 가정에서 자랐다. 처음에는 신문을 판매하며 돈을 벌었고, 나중에는 식품점 종업원으로 일했다. 시간이 흐르자 먹여 살려야 할 식구는 일곱 명으로 늘었다. 그는 도서관 보조 사서로 일하게 되었다. 급여가 적었지만, 일을 그만둘 수는 없었다. 8년이 흐른 뒤에야 그는 자기 일을 시작했다. 우선 사업을 시작하기 위해 55달러를 빌렸다. 그 후 그는 연 수입 2만 달러가 될 정도의 규모로 사업을 성장시켰다. 하지만 큰 위기에 봉착하고 말았다. 어마어마한 위기였다. 그는 당시 큰돈을 대출한 친구를 위해 보증을 섰는데, 그 친구가 파산하게 된 것이었다.

설상가상으로 또 다른 불행이 그를 덮쳤다. 이번에는 그가 전 재산을 맡긴 은행이 파산하고 말았다. 그렇게 그는 전 재산을 잃은 데다가 1만 6,000달러라는 빚까지 떠안았다. 상황이 이렇다 보니 그의 정신은 버틸 수가 없었다. 그가 말했다.

"잠도 안 왔고 식사도 할 수 없었습니다. 몸이 너무 아팠어요. 걱정이 심했을 뿐인데 몸이 그렇게 아팠습니다. 어느 날, 길을 걷다가 정신을 잃고 쓰러졌어요. 더는 걸을 수 없었습니다. 그렇게 입원했는데 그때부터 온몸에 두드러기가 나기 시작하지 뭡니까. 몸 안쪽으로 점점 나기 시작해 나중에는 침대에 누워 있기조차 힘들 만큼 괴로웠습니다. 시간이 흐를수록 상태는 점점 더 나빠졌어요. 의사는 제게 살 날이 2주밖에 남지 않았다고 했습니다. 너무 놀랐지요. 그래서 유언장을 쓰고 침대에 누워 죽기를 기다렸습니다. 몸부림치며 걱정해 봐야 아무 소용이 없으니까요. 다 내려놓은 상태로 그냥 잠을 잤습니다. 몇 주 동안 하루에 두 시간 이상 잘 잔 적이 없었는데, 모든 게 끝난다고 생각하니 갓난아이처럼 편하게 잠들 수 있었지요. 그렇게 저를 힘들게 하던 피곤함도 사라졌습니다. 식욕도 돌아오고 체중도 늘었습니다. 그렇게 몇 주가 지나자, 목발을 짚으면 걸어 다닐 수 있을 정도로 호전되었습니다. 그리고 6주 후에는 다시 일을 시작했어요. 예전에는 1년에 2만 달러를 벌었지만, 지금은 1주일에 30달러만 벌어도 행복합니다. 저는 자동차를 선적할 때 차바퀴 뒤를 받쳐 주는 블록을 판매했습니다. 그동안 하나 깨달은 것이 있어요. '걱정하지 말자. 과거의 일을 후회하지도, 미래의 일을 두려워하지도 말자.' 그래서 제 모든 시간과 에너지, 그리고 정열을 블록을 판매하는 데에만 집중했습니다.”

이후 에드워드 S. 에번스는 급속도로 성장했고, 결국 그 회사의 사장이 되었다. 이미 오래전에 그의 회사 에번스 프로덕트 컴퍼니는 뉴욕 증권 거래소에 상장되었다. 비행기를 타고 그린란드에 간다면, 그의 이름을 따서 지은 에번스 필드 공항에 착륙할지도 모른다. 만약 에번스가 자신의 걱정이 쓸데없는 것임을 깨닫지 못했다면, 또 하루하루를 충실히 사는 법을 배우지 못했다면 사업에서도 자신의 삶에서도 이러한 성공들을 이루어 내지 못했을 것이다.

루이스 캐럴의 소설 『거울 나라의 앨리스』에서 하얀 여왕은 앨리스에게 다음과 같이 말했다.

“규칙은 어제도 잼을 발랐고 내일도 잼을 바르는 것이지만, 오늘만큼은 잼을 바르지 않는 거야.”

대부분이 그렇다. 빵에 오늘의 잼을 한가득 바르기보다는 어제의 잼 때문에 마음이 상하고, 또 내일의 잼 때문에 걱정한다. 프랑스의 위대한 철학자 몽테뉴도 비슷한 실수를 저질렀다고 한다. 그는 다음과 같이 말했다. “내 인생의 대부분은 일어나지도 않은 끔찍한 불행들로 가득했다.” 나의 인생도, 여러분의 인생도 그렇지 않았을까?

단테는 “오늘은 다시는 돌아오지 않음을 명심해야 한다.”라고 말

데일카네기 자기관리론

했다. 우리 인생은 믿기 힘들 정도로 빠르게 사라져 가고 있다. 우리는 초속 83km로 달려가고 있다. 그러니 오늘은 우리가 지닌 가장 귀한 재산인 것이다. 오늘이야말로 우리가 소유한, 유일하고도 확실한 재산이다.

기원전 5세기쯤의 일이다. 그리스의 철학자 헤라클레이토스는 제자들에게 다음과 같이 말했다. "변하지 않는다는 법칙만 제외한다면 모든 것은 변한다." 그는 다음 말도 덧붙였다. "똑같은 강물에 두 번 들어갈 수는 없다." 강물은 시시각각 변하고, 그 강물에 들어가는 사람도 마찬가지다. 우리의 인생은 계속 변화한다. 확실한 것은 오늘밖에 없다. 계속되는 변화와 불확실성으로 이루어진 미래, 결코 어느 누구도 예측할 수 없는 미래의 문제를 해결하기 위해 오늘의 행복을 놓칠 이유가 있을까?

로마 제국의 사람들은 이러한 상황에 적합한 단어를 알고 있었다. 바로 "오늘을 잡아라." 혹은 "오늘을 즐겨라."라는 뜻의 '카르페 디엠(Carpe diem)'이다. 이 말처럼 오늘을 잡아서 가능한 한 잘 활용해야 한다.

로웰 토마스의 철학도 비슷했다. 최근에 나는 그의 농장에서 그와 함께 주말을 보냈다. 그는 자신의 방송 스튜디오 벽에 성경의 '시편' 118편에 나오는 구절을 액자에 넣어 걸어 놓은 뒤 수시로 쳐다보았다.

이 날은 여호와가 정하신 것이니,

이 날에 우리는 즐거워하고 기뻐하리라.

존 러스킨의 책상에는 어느 쪽으로 살펴봐도 평범해 보이는 돌멩이 하나가 있다. 거기에는 '오늘'이라는 단어가 각인되어 있다. 나는 책상 위에 돌멩이를 두지는 않았지만, 욕실 거울에 시를 붙여 놓고 아침에 면도할 때마다 본다. 인도의 유명한 극작가 칼리다사가 쓴 시인데, 윌리엄 오슬러 경도 책상 위에 이 시를 올려 두었다.

새벽에 바치는 인사

이 하루를 살피자!
하루가 인생이며 또 인생 중의 인생이니
그 짧은 시간에는
그대 존재의 진실과 그 현실이 담겨 있으니
성장의 축복과
행함의 영광이
아름다움의 빛이
어제는 한낱 꿈이고
내일은 그저 환상이니
하지만 오늘에 충실한 이에게는
어제란 행복의 꿈이며
내일이란 희망 가득한 환상이리라
그러니 오늘 하루를 잘 살피자!
이것이 바로 이 새벽에 바치는 인사.

그러니 걱정에 대해 가장 먼저 이 사실을 알아야 한다. 인생에서 걱정을 없애고 싶다면, 다음과 같이 윌리엄 오슬러 경의 말을 실행해

데일카네기 자기관리론

보라.

자신에게 다음과 같은 질문을 던지고 답을 적어 보라.

1. 미래에 대한 걱정과 '지평선 너머 먼 곳에 있는 환상적인 장미 정원'을 꿈꾸며 오늘을 충실히 사는 것을 미루지는 않았는가?

2. 과거의 이미 돌이킬 수 없는 일로 후회하느라 괴로워한 적이 있는가?

3. 아침에 눈뜰 때 오늘을 즐기겠다는 결심과 하루 24시간을 최대한 잘 활용하겠다는 결심을 하는가?

4. 조금 더 보람찬 인생을 살기 위해 오늘에 충실하게 생활하는가?
5. 언제부터 이를 실행할 수 있는가? 다음 주? 내일? 오늘?

Dale Carnegie
걱정에 관한 기본적인 사실들 1

Shut the iron doors on the past and the future.
과거와 미래를 철문으로 단단히 막아라.
Live in Day-tight Compartments.
오늘을 밀도 있게 살라.

걱정되는 상황을 해결하기 위한 마법의 공식

A Magic Formula For Solving Worry Situations

이 책을 더 읽기 전에 걱정되는 상황을 빠르고 확실하게, 성공적으로 처리하는 비법을 먼저 알고 싶은가? 그렇다면 우선 냉방 장치 산업을 훌륭히 개척한 엔지니어 윌리스 H. 캐리어가 개발한 방법을 소개해 보겠다. 그는 뉴욕주 시러큐스에 있는 세계적인 회사인 캐리어사의 사장이다. 나는 그를 통해 내가 알고 있는 걱정을 해결하는 방법 중에 가장 뛰어난 것을 들었다. 캐리어와 함께 뉴욕에 있는 엔지니어스 클럽에서 점심 식사를 하게 되었을 때, 그가 그 방법을 내게 알려 주었다.

"저는 젊었을 때 뉴욕주 버펄로에 있는 버펄로 포지 컴퍼니에서 일했습니다. 미주리주 크리스털시에 있는 피츠버그 플레이트 글래스 컴퍼니의 어떤 공장에서 가스 정화 장비를 설치하는 업무를 담당했

데일카네기 자기관리론

지요. 수백만 달러가 들어간 공장이었는데, 거기서 정화 장비를 설치해 가스의 불순물을 없애는 방식으로 엔진 손상을 막는 일이었어요.

이는 가스를 정화하는 아주 새로운 방식이었습니다. 이전에 시도한 적도 있었지만, 그때는 지금과는 상황이 달랐지요. 그래서일까요? 미주리주 크리스털시에서 작업하는데 전혀 예상하지 못한 일이 벌어졌습니다. 작동하긴 했지만 저희가 보장한 만큼의 수준은 아니었던 겁니다. 그 실패에 굉장히 당황했지요. 부지불식간에 머리를 한 대 맞은 것 같았습니다. 위장에 문제가 생겼고, 한참 동안 걱정 때문에 잠도 못 잤어요. 그러던 어느 날, 걱정만 해서는 아무것도 해결되는 일이 없다는 생각이 들었습니다. 저는 걱정하지 않고 이 문제를 해결할 방법을 찾아냈습니다. 효력이 굉장했지요. 저는 30년 넘게 이 걱정 대처 방법을 사용하고 있습니다.

방법은 단순합니다. 3단계 방식으로, 누구나 할 수 있지요.

1단계. 두려워하지 않고 현재 상황을 솔직하게 분석했습니다. 실패하면 발생할 최악의 결과를 떠올려 봤지요. 확실히 누군가 저를 감옥에 가두거나 총으로 쏴 죽일 일은 없었습니다. 하지만 제가 직장을 잃을 위험은 있었지요. 또한 제 고용주가 장비를 철수하면 투자한 2만 달러를 잃게 될 수도 있었습니다.

2단계. 최악의 결과를 예측해 보고, 필요하다면 결과를 담담하게 받아들이기로 결심했습니다. 이렇게 생각했지요. '이번에 실패하면 분명 내 경력에 오점이 남을 것이다. 어쩌면 직장을 잃을 수도 있겠지. 하지만 그렇게 될지라도 나는 언제든 다른 일을 할 수 있다. 물론 상황은 훨씬 더 나쁠 수 있지만, 내 고용주의 입장에서 봐도 우리가 새로운 가스 정화 기술을 시험해 보고 있었다는 것을 알고 있는 상태였다. 또 이 실험으로 2만 달러를 잃게 된다고 해도 견뎌 낼 수 있을 것이다. 이번 일은 실험이니까 연구 개발비로 처리할 수도 있겠지.' 최악의 결과를 예견하고, 필요할 경우 그 결과를 담담하게 받아들이기로 했습니다. 그런데 이때 굉장히 중요한 변화가 찾아왔지요. 순식간에 마음이 가벼워지면서 평화로워졌습니다.

3단계. 그 후부터 저는 차분한 마음으로 생각한 최악의 결과를 바꾸기 위해 시간과 노력을 들였습니다. 그리고 발생할 수도 있는 2만 달러의 손해를 줄이기 위해 모든 방법을 동원했지요. 저는 몇 가지 시험을 거친 뒤 5,000달러를 더 투자해 추가 장비를 설치하면 문제를 해결할 수 있다는 사실을 알게 되었고, 그대로 실행했습니다. 그 결과 회사는 2만 달러의 손실 대신 1만 5,000달러의 이익을 얻었지요. 만약 제가 계속 걱정만 하고 가만히 있었다면, 결코 해내지 못할 일이었을 것입니다. 걱정은 집중력을 떨어뜨리기 때문입니다. 걱정이 계속되면 사고가 산만해지고 적절한 결단을 내릴 수 없는 상태가 됩니다. 대신 굳은 마음으로 최악의 상황을 생각해 본 뒤 그것을 수용하게 되면, 불분명한 생각들은 모두 사라지고 우리가 직면한 바로 그 문제에만 집중할 수 있습니다. 이 사건은 오래전의 일입니다만, 상당히 효험이 있어서 그 후에도 계속 사용하고 있지요. 이제 저는 거의 아무런 걱정 없이 살고 있습니다."

윌리스 H. 캐리어가 제시한 이 방법은 왜 가치가 있고 실용적일까? 걱정으로 눈앞이 흐려져 방황하고 있을 때도, 이 방법은 우리를 그 짙은 안개 속에서 꺼내 준다. 곧 대지 위에서 굳건히 발을 딛고 서 있을 수 있도록 도와주는 것이다. 스스로가 어느 곳에 서 있는지 알 수 있게 된다. 자신이 알고 있는 확실한 위치에 단단히 서 있다는 확신 없이는 무엇도 철저하게 판별할 수 없을 것이다.

응용 심리학의 아버지로 불리는 윌리엄 제임스 교수는 1910년에 세상을 떠났다. 만약 그가 지금 살아 있고 이 방법에 대해 듣는다면, 그는 분명 그 효용을 인정해 줄 것이다. 왜냐고 묻고 싶은가? 그는 학생들에게 다음과 같이 말하곤 했기 때문이다.

"흔쾌히 사실을 인정하라. 그 과정을 기꺼이 받아들여라. 이미 일어난 일을 인정하는 것이 모든 불행과 재난을 극복하기 위한 첫 단계다."

중국의 철학자 린위탕[林語堂] 역시 자신의 저서인 『생활의 발견』에서 비슷한 말을 했다.

"최악의 상황을 받아들이면 진정한 마음의 평화를 얻을 수 있다. 심리학적으로 말하면, 이는 에너지의 해방을 의미한다."

그렇다. 이는 심리적으로 보면 에너지의 해방을 뜻한다. 최악의 상황을 수용하고 나면 더 잃을 것이 없는 상황이 된다. 그러면 곧 무언가를 얻게 된다는 의미이기도 하다. 윌리스 H. 캐리어는 또 다음과 같이 말했다.

"최악의 상황을 겪고 나니, 순식간에 마음이 가벼워지면서 최근에 전혀 느끼지 못했던 평온한 기분을 얻게 되었습니다. 그때부터는 좋은 생각을 떠올릴 수 있었지요."

맞는 말이지 않은가? 그렇지만 아직도 많은 사람이 분노에 휩싸여 스스로 삶을 망치고 있다. 최악의 상황을 인정하지 않고, 상황을 바꾸기 위해 노력하지 않으며, 최악의 상황에서 얻을 수 있는 것들을 배제하기도 한다. 자신의 운명을 개척하려는 노력을 쏟는 대신 경험에 맞서 싸우기 일쑤다. 그러면 마침내 우울증의 희생자가 되고 마는 것이다.

또 하나, 윌리스 H. 캐리어의 방식을 수용해서 자신의 문제에 적용해 성공한 사례가 있다. 내 강좌의 수강생이기도 한, 뉴욕에 거주하는 한 오일 딜러의 이야기다.

"저는 협박을 당했습니다. 어떻게 그런 일이 벌어질 수 있는지 믿을 수가 없었지요. 영화에서나 나오는 일이라 생각했거든요. 하지만 실제로 그건 협박이었습니다. 사건은 이렇습니다. 제가 대표를 맡은 정유 회사에는 배달 차량 여러 대와 운전기사들이 있습니다. 당시 물가 관리국 규제가 꽤 엄격해서, 고객에게 배달할 수 있는 석유의 양이 제한되어 있었지요. 하지만 배달 기사 중에 단골 고객에게 적은 양의 기름을 배달하고, 그렇게 남은 기름을 다른 고객에게 다시 파는 이들이 있었습니다. 정부에서 조사관이 방문하고 나서야 이 불법 거래의 사실을 알게 되었지요.

그는 얼마의 돈을 주면 이 사건을 모른 척하겠다고 했습니다. 그는 우리 회사 기사들이 저지른 일을 기록한 서류를 내밀며 돈을 주지 않으면 지방 검찰청으로 그것들을 넘기겠다고 저를 협박했지요. 물론 저는 개인적으로는 걱정할 게 없다고 생각했지만, 회사는 고용인의 행위에 대해 법적 책임을 져야 합니다. 게다가 이 문제가 법정까지 올라 신문에라도 실리게 된다면 회사 이미지에 금이 갈 것이고, 이후 사업에 큰 지장이 생길 수 있었습니다. 이 회사는 24년 전 저희 아버지가 창립해서 저는 이 회사에 대한 자부심이 컸습니다. 그렇기에 이 일로 걱정에 지나치게 시달린 나머지 병에 걸렸지요. 거의 사흘간은 음식을 먹지도, 잠에 들지도 못했습니다. 넋이 나간 사람처럼 그저 서성거리기만 했지요. 5,000달러를 줘야 할지, 아니면 고발을 하

데일카네기 자기관리론

든 마음대로 하라고 소리쳐야 할지. 어느 쪽이든 정하고 싶었지만 고민만 깊어졌습니다.

그러던 어느 일요일 밤, 저는 『행복의 비결』이라는 소책자를 읽게 되었지요. 카네기의 대중 연설 강좌에 참석했다가 받은 책이었습니다. 거기서 '최악의 상황과 마주하라.'라는 문장을 봤습니다. 윌리스 H. 캐리어가 한 말이었지요. 이후 저는 스스로에게 물었습니다. '나를 협박하던 녀석에게 돈을 주지 않아서 그 기록이 지방 검찰에 넘어가면 최악의 경우 어떤 일이 생기게 될까?' 이런 답이 나왔습니다. '최악의 상황을 생각하면, 사업이 망하겠지. 그래도 감옥에 가지는 않을 것이다. 다만 회사의 이미지가 손해를 입게 되어 망할 뿐이다.' 이렇게 생각했습니다. '그래, 사업이 망하게 되는 거지. 마음속으로 그걸 수용하자. 그럼 그다음엔 어떻게 되는 거지?'

저는 계속 생각했습니다. '사업이 망하면 새로운 일을 찾으면 되겠지. 그것도 썩 나쁜 일은 아니야. 난 석유에 대해 잘 알고 있으니 나를 고용하려는 회사는 많을 게 분명하고.' 그렇게 생각하자 기분이 조금씩 괜찮아졌습니다. 사흘간 저를 무지막지하게 괴롭히던 두려움도 점차 줄어들었지요. 마음도 조금 편안해졌습니다. 그러니 여러 가지로 더 생각할 수 있게 되었습니다. 저는 3단계, 그러니까 최악의 상황을 바꾸는 단계에 이를 만큼 마음이 평온해졌지요. 해결할 방법을 여러 차원에서 생각하다 보니, 문제를 새로운 시각으로 바라볼 수 있었습니다.

이 일에 대해 변호사에게 자문을 구한다면, 그가 좋은 해결 방법을 제시할 수도 있겠다는 생각이 들었습니다. 이런 생각을 미처 하지 못했다고 한다면 바보 같은 사람이라고 생각하실 수도 있을 겁니다. 하지만 그전에는 생각 자체를 할 수 없었습니다. 걱정이 온통 저를 지배하고 있었으니까요. 다음 날 아침 일찌감치 변호사를 만나야겠다고 생각하고 아주 오랜만에 숙면을 취했습니다. 결과가 어땠느냐고요? 다음 날 변호사를 만났을 때 그는 제게 지방 검사에게 그 모든 사실을 말하라고 하더군요.

저는 그의 말대로 했습니다. 모든 이야기를 끝내자 검사는 놀라운 이야기를 했습니다. 몇 달씩 이런 식으로 협박해서 돈을 갈취하는 사례가 계속 있었다는 것이었지요. '정부 조사관'이라던 그 남자는 수배 중이던 사기꾼이었습니다. 사흘간이나 그 사기꾼에게 5,000달러를 주느냐 마느냐의 문제로 고심하던 저는 그 말을 듣고 안도의 한숨을 내쉬었습니다. 이 경험으로 저는 소중한 교훈을 얻었지요. 이제 걱정해야 되는 상황과 마주하게 될 때면 '윌리스 H. 캐리어 공식'을 사용합니다."

사실 이건 문젯거리도 아니다. 다음으로 매사추세츠주 윈체스터 웨지미어 애비뉴 52번지에 사는 얼 P. 헤이니의 이야기를 함께 들어보자.

"저는 20대부터 걱정 때문에 위궤양이 생겨서 위험했던 적이 있습니다. 어느 날, 저는 출혈이 심각해서 시카고에 있는 노스웨스턴 의과대학 부속병원에 입원했습니다. 몸무게가 80kg이었는데 당시에는 40kg으로 줄어들었지요. 몸이 너무 좋지 않았고, 손가락 하나도 움직여서는 안 된다는 지시를 받았습니다. 궤양 전문가를 포함한 세 명의 전문의의 진단으로도 치료가 불가능하다고 했지요. 그래서 매 시간마다 알칼리성 분말, 우유, 크림을 반반씩 섞은 음식물을 한 숟가락씩 삼키며 연명했습니다. 간호사는 매일 아침저녁으로 제 위에 고무관을 넣어 고여 있는 것들을 빼냈습니다. 그렇게 몇 달이 지났지요. 저는 이런 생각이 들었습니다. '어차피 아무 희망도 없이 죽을 날만 기다려야 한다면, 남은 시간이라도 최대한 잘 사는 게 좋지 않겠어? 늘 세계 여행을 떠나고 싶어 했잖아. 지금이야 바로. 여행을 갈 기회.' 그래서 저는 의사들에게 당장 세계 여행을 떠날 것이고, 하루에 두 번씩 스스로 위에 고여 있는 것들을 뽑아내겠다고 말했습니다. 당연히 그들은 말도 안 된다며 깜짝 놀랐지요. 지금껏 누구도 이런 이야기를 했던 적이 없다고요. 그들은 제게 그렇게 한다면 타국에서 죽어 수장될 거라고 경고했습니다. 그래서 저는 이렇게 대답했지요. '그럴 일은 없습니다. 저는 제 친척들에게 네브래스카주 브로큰보에 있는 가족 공동묘지에 묻힐 거라고 약속했으니까요. 관을 가지고 다닐 생각입니다.' 저는 관을 한 개 사서 배에 실었습니다. 그러고는 만약 제가 죽으면 관에 넣어 고국에 도착할 때까지 냉동 보관을 해 달라고 여객선 회사에 부탁했습니다. 그렇게 저는 페르시아의 수학자이자 시인인 오마르 하이얌이 지은 시의 정취를 마음에 새기며 여행을 시작했습니다.

> 아, 아직 쓸 게 존재한다면 아끼지 말고 쓰라
> 우리 또한 죽어 한 줌 먼지로 화하기 전에
> 먼지에서 먼지로 화하여 먼지 아래 누울 것이니
> 술도 없이, 노래도 없이, 가객도 없이, 끝도 없이!

로스앤젤레스에서 아시아로 향하는 SS 프레지던트 애덤스호에 올라타자 기분이 한결 나아졌습니다. 알칼리성 분말을 복용하는 일도,

위를 세척하는 일도 그만두었지요. 몇 주가 지난 후 저는 시가도 피우고 하이볼도 마셨습니다. 그렇게 저는 여느 때보다 훨씬 더 즐겁게 지내고 있습니다. 몬순과 태풍을 만나기도 했는데, 예전 같았으면 두려움에 떨었겠지만 오히려 그 모험을 짜릿하게 즐기기까지 했지요.

배 안에서 게임도 하고 노래를 부르고 친구를 사귀며 밤새 놀았습니다. 과거에 걱정하던 사업에 관한 여러 복잡한 문제들이 중국과 인도에서 목격한 가난과 기아라는 문제에 비하면 아무것도 아니라는 사실을 깨달았습니다. 걱정은 모두 사라졌고 마음은 평화를 되찾았지요. 미국으로 돌아왔을 때 몸무게가 40kg이나 늘어 있었습니다. 제가 위궤양 환자라는 사실조차 잊어버릴 만큼, 살아온 이후 지금이 가장 좋은 시간입니다. 그 후로는 하루도 아프지 않았습니다."

얼 P. 헤이니는 자신도 모르게 윌리스 H. 캐리어의 방법을 사용한 것 같다고 내게 말했다.

"첫째, 저는 스스로에게 물었습니다. '지금 일어날 수 있는 최악의 상황은 뭐지?' 그 대답은 죽음이었지요. 둘째, 저는 죽음을 받아들일 각오를 했습니다. 불가피한 일이었으니까요. 선택할 수 있는 게 아니었지요. 의사도 제게 죽음을 이야기했으니까요. 셋째, 저는 남은 짧은 시간만이라도 최대한 행복하게, 더 나은 생활을 하려고 노력했습니다. 여행을 떠나서도 계속 걱정만 하고 있었다면, 그 관 속에 누운 채로 돌아왔을 게 분명합니다. 하지만 마음을 편히 하고, 모든 걱정을 잊었어요. 평온한 마음으로 새롭게 솟아나온 에너지가 제 목숨을 살린 것입니다."

그러니 걱정거리가 있다면 윌리스 H. 캐리어의 공식을 한번 적용해 보라.

데일카네기 자기관리론

Ask yourself, 'What is the worst that can possibly happen?'

1단계. 지금 일어날 수 있는 최악의 상황은 무엇인지 스스로에게 물어보라.

Prepare to accept it if you have to.

2단계. 필요하다면 최악의 상황을 수용할 준비를 하라.

Then calmly proceed to improve on the worst.

3단계. 그 최악의 상황을 좋은 방향으로 바꾸기 위해 침착하게 노력하라.

걱정은 우리에게 어떤 영향을 미치는가

What Worry May Do To You

"걱정에 대비하지 못하는 사업가는 일찍 죽고 만다."

– 알렉시 카렐 박사

바로 최근의 일이다. 이웃에 사는 사람이 우리 집 초인종을 누르더니 천연두 예방 주사를 맞으라고 권했다. 그는 동네를 돌면서 각 집의 초인종을 누르는 많은 자원봉사자 중 한 명이었다. 두려움을 느낀 사람들은 예방 주사를 맞겠다고 몰려들었고, 모인 사람들은 몇 시간씩이나 대기해야 했다. 병원, 소방서, 경찰서, 심지어 대형 공장에도 예방 접종소를 설치했다. 2,000명이 넘는 의사와 간호사들이 갑작스럽게 몰려드는 사람들에게 예방 주사를 놓기 위해 밤낮으로 열심히 일해야 했다. 이런 큰 소란은 왜 벌어졌을까? 뉴욕 시민 여덟 명이 천연두에 걸린 적이 있었는데, 당시 그중 두 명이 사망했다. 이상하게 도 800만 명에 가까운 인구 가운데 두 명이 사망한 사실이 이런 소란 을 불러일으켰다.

나는 지금껏 뉴욕에서 37년 이상 살았지만, 걱정이라고 불리는 이 정서적인 질병을 예방하기 위해 우리 집 초인종을 누른 사람을 본 적 이 없다. 이 병이 37년 동안 천연두보다 1만 배 이상 더 많은 피해를 주었는데도 말이다.

미국에 사는 사람 열 명 중 한 명은 신경 쇠약에 시달리는 중이다. 주요 원인은 걱정 등 정서적인 피로지만, 그것을 예방해야 한다고 알 리기 위해 우리 집을 찾은 사람은 없다. 그러니까 나는 모두에게 이 사실을 알리기 위해 글을 쓰는 중이다. 노벨 의학상 수상자인 알렉시 카렐 박사는 다음과 같이 말했다. "걱정에 대비하지 못하는 사업가는 일찍 죽고 만다." 사업가만 그런 것은 아니다. 주부, 수의사, 벽돌공도 마찬가지다.

몇 년 전, 나는 휴가 기간에 O. F. 고버 박사와 함께 차를 타고 텍사 스와 뉴멕시코 지역을 여행했다. 고버 박사는 산타페 철도 회사 보건 담당 임원이었고, 직함은 걸프 콜로라도 앤 산타페 병원협회의 내과 과장이었다. 이야기하다가 대화 주제가 '걱정의 영향' 쪽으로 흐르자, 그는 다음과 같이 말했다.

"내과를 방문하는 환자 열 명 중 일곱 명은 걱정만 떨쳐 버리면 스 스로 병이 나을 겁니다. 그렇다고 그 사람들의 병이 거짓이라는 것은 아닙니다. 이런 병은 치통처럼 현실적이고 때로는 그보다 100배 이 상 심각하기도 하지요. 이러한 병은 곧 신경성 소화 불량이나 위궤 양, 심장 질환, 불면증, 두통, 마비 증상과 같습니다." 고버 박사는 계속해서 말했다. "이런 증세들이 결코 꾀병이 아니라는 것을 저는 누구보다 잘 알고 있습니다. 바로 제가 12년간 위궤양으로 고생했기 때문이지요. 두려움이 만든 걱정은 사람을 긴장하게 하고 예민하게 만드니까 곧 위 신경에 문제가 생길 수밖에 없지요. 걱정으로 위액이 비정상화되고 위궤양으로 진행되기도 합니다."

『신경성 위 질환』이라는 책을 쓴 조셉 F. 몬태규 박사도 비슷한 말을 했다. "위궤양은 당신이 먹은 음식 때문이 아니라 당신의 정신을 좀먹고 있는 무엇 때문에 발생한다."

메이오 클리닉의 W.C. 앨버레즈 박사도 다음과 같이 말했다. "궤양은 정신적 스트레스 정도에 따라 나빠지기도 하고 좋아지기도 한다." 메이오 클리닉에서 위장 관련 질환으로 치료를 받았던 1만 5,000명의 환자에 대한 연구가 이를 입증한다. 다섯 명 중 네 명은 위장 질환이 생길 만한 신체적 요인이 없었다. 위염이나 위궤양 환자들은 대부분 두려움, 걱정, 증오, 극도의 이기심과 현실에 대한 부적응이 원인이 되어 병을 앓았다. 위궤양은 죽음에 이를 수도 있는 큰 병이다. 〈라이프〉는 현대인의 생명을 위협하는 질병의 10위권 안에 위궤양이 있다고 밝혔다.

얼마 전 메이오 클리닉에서 근무하는 해럴드 C. 하베인 박사와 편지를 주고받았다. 그는 전미의사협회 정기 총회에서 기업체 임원 176명을 대상으로 연구한 논문을 발표했는데, 조사 대상이 된 사람들은 평균 연령이 44.3세였다. 그 논문을 보면, 그들 가운데 3분의 1 이상이 극도의 긴장 속에서 발병하는 3대 질병, 즉 심장 질환, 소화기 계통 궤양, 고혈압 증상을 가지고 있었다. 생각해 보자. 45세 이하, 3분의 1이 넘는 기업체 임원들이 심장 질환, 궤양, 고혈압 등의 질병으로 건

데일카네기 자기관리론

강을 해치고 있는 것이다. 작은 성공을 위해 얼마나 비싼 대가를 치르고 있는 것인지! 게다가 이들이 모두 성공했다고 볼 수도 없다. 위궤양이나 심장병을 앓는 큰 대가를 치르고 있는데, 이들이 성공했다고 말할 수 있는 것일까? 건강을 잃고서 세상 전부를 얻는다 해도 무슨 이득이 있겠는가? 세상을 다 가진다고 해도 그가 누워 잘 수 있는 것은 침대 하나뿐이고, 하루에 먹을 수 있는 양은 하루 세끼뿐이다. 대부분 사람이 이 정도는 누리며 산다. 아니, 오히려 고위직 임원들보다 평범한 사람들이 더 긴 시간을 자고 음식도 맛있게 먹을 것이다. 솔직히 나는 철도나 담배 회사를 경영하면서 45세에 건강을 잃느니, 차라리 계속 평사원으로 살더라도 한가롭게 사는 편이 더 좋다.

최근 세계적으로 유명한 담배 회사의 사장이 휴식을 위해 캐나다에 있는 숲에 갔다가 심장마비로 사망한 사건이 있었다. 그는 수백만 달러를 벌었지만, 61세의 나이로 생을 마쳤다. 그 역시 결국 '사업상의 성공'과 목숨을 맞바꾼 것이다.

내 아버지는 미주리주에서 농사를 지었는데, 89세에 세상을 떠나시면서 재산은 한 푼도 남기지 않았다. 하지만 나는 수백만 달러를 소유한 담배 회사 사장의 성공은 내 아버지가 이룬 성공의 반절에도 못 미친다고 생각한다.

그 유명한 메이오 형제는 병실 침상의 반 이상이 신경 질환자로 차 있다고 말했다. 하지만 그들이 사망한 후 부검해 최첨단 현미경으로 신경을 들여다보니 대부분 권투 선수 잭 뎀프시의 신경만큼 건강했다고 한다. 그러니까 그들이 앓았던 '신경 질환'은 결국 물리적인 문제로 말미암아 생겼다기보다 허무감, 좌절감, 불안, 걱정, 두려움, 패배감, 절망감이라는 부정적인 감정 때문에 발생한 것이다. 플라톤은 다음과 같이 말했다. "의사들이 하는 큰 실수는 정신이 아닌 육체를 치료하려는 것이다. 정신과 육체는 하나이므로 별개로 취급할 수 없다는 것을 알아야 한다."

이러한 위대한 진리를 우리 의학이 받아들이기까지 무려 2,300년이라는 긴 세월이 걸렸다. 이제 정신신체의학이라고 불리는 새 의학 분야가 생겨났다. 정신과 육체를 동시에 다루는 의학으로, 지금이 이를 실행하기에 딱 맞는 때다. 현대 의학은 병원균으로 발생하는 무시무시한 질병, 이를테면 수많은 사람이 갑작스럽게 죽게 된 천연두, 콜레라, 황열병 등을 대부분 극복했기 때문이다. 하지만 의학은 병원균이 아닌 감정, 즉 걱정, 두려움, 증오, 좌절감, 절망감 등으로 발생하는 정신적, 육체적 질병과 관련해서는 제대로 대처하지 못했다. 이러한 정신적 질병에 희생된 사람들이 매우 급격하게 증가하고 있다.

전문가들은 미국인 20명 중 한 명이 정신 질환 치료를 위해 시간을 보내게 될 것이라고 말했다. 제2차 세계 대전 당시 징집된 청년 여섯 명 중 한 명은 정신 질환 때문에 입대할 수 없었다고 한다. 정신 질환은 왜 발병할까? 그 이유에 대해서는 확실히 알 수 없다. 하지만 확실한 것은 그 원인이 불안과 걱정이라는 점이다. 무거운 현실을 견뎌 내지 못하고 걱정과 불안에 시달리는 사람들은 주변의 모든 관계를 끊고 스스로 만든 자기만의 상상의 세계로 숨어 걱정을 해결하려고만 한다.

지금 이 글을 쓰고 있는 내 책상 위에는 책 한 권이 놓여 있다. 에드워드 포돌스키 박사가 쓴 『걱정을 멈추면 병이 낫는다』라는 책이다. 소제목을 소개하면 다음과 같다.

　　　　　　　　　　데일카네기 자기관리론

걱정은 심장에 어떤 영향을 미칠까

고혈압을 유발하는 걱정

걱정은 류머티즘을 앓게 한다

위장의 건강을 위해 걱정을 줄이라

걱정은 감기에 걸리게 한다

걱정과 갑상샘

걱정이 많은 당뇨병 환자

『내 안의 적』은 '정신 의학계의 메이오 형제'라고 불리는 칼 메닝거 박사가 쓴 책으로, 걱정에 대한 통찰력을 보여 준다. 이 책은 걱정을 피하는 방법을 알려 주지는 않는다. 다만 걱정이나 좌절, 증오, 원한, 반감, 두려움 등이 사람의 몸과 정신을 어떻게 망가뜨리는지 분명하게 보여 준다.

신경이 무딘 사람이라도 걱정으로 병에 걸릴 수 있다. 그랜트 장군은 남북 전쟁 말기에 이 사실을 알게 되었다. 이야기는 다음과 같다. 그랜트 장군은 리치먼드를 9개월째 포위하는 중이었다. 보급품이 부족해 굶주림에 시달리던 리 장군의 군대는 거의 패잔병 집단과 같았다. 연대 전체가 탈영을 시도하기도 했다. 남은 병사들은 막사에서 기도회를 열고 소리를 지르고 흐느끼며 환영을 보기도 했다. 그렇게 점점 끝이 보이기 시작했다. 리 장군의 병사들은 리치먼드의 목화 창고와 담배 창고에 불을 지르고 무기고를 태운 뒤 어두운 밤하늘로 치솟는 불꽃을 등진 채 도시 밖으로 달아났다. 그랜트 장군이 그 뒤를 추격하면서 남군의 양옆과 뒤에서 총을 쏘아 댔고, 셰리든의 기병대는 적군의 퇴로를 막으면서 철로를 파괴하고 보급품을 실은 열차를 빼앗았다.

그랜트 장군은 눈도 제대로 뜰 수 없을 만큼 고통스러운 편두통을 앓고 있었기에 부대를 끝까지 추격하지 못하고 어떤 농가에 머물렀다. 그는 『회고록』에 다음과 같이 썼다. "나는 겨자를 푼 뜨거운 물에 밤새 발을 담그고 손목과 목 뒤에 겨자 반죽을 붙인 채 아침 정도에는 상태가 괜찮아지기를 기다리고 있었다."

다음 날 아침, 그의 편두통은 거짓말처럼 말끔히 사라졌다. 그의 병을 낫게 한 것은 겨자 반죽이 아니라 병사가 말을 타고 가져온, 항복 의사를 밝힌 리 장군의 편지였다. 그랜트 장군은 다음과 같이 썼다. "장교가 편지를 가지고 올 때까지 나는 계속 편두통에 시달렸다. 하지만 그 편지를 읽자마자 두통은 아주 말끔히 사라졌다." 극심한 걱정과 긴장 때문에 병이 생겼던 것이다. 부정적인 감정이 확신, 성취감, 성공으로 바뀌는 순간 두통이 나았다.

70년 후, 프랭클린 D. 루스벨트 내각의 재무 장관을 지냈던 헨리 모겐소 2세도 걱정 때문에 병이 나고 너무 아파서 어지러울 수 있다는 사실을 깨달았다. 그의 일기를 보면, 그는 대통령이 호밀 값을 인상하려고 하루에 440만 부대나 되는 호밀을 사들인 일에 관해 크게 걱정하고 있었다. 일기에는 다음과 같은 글도 있다. "그 일을 하는 동안 나는 말 그대로 머리가 핑핑 돌았다. 점심 식사를 한 뒤 집에 가서 두 시간 이상 침대에 누워 있어야만 했다."

걱정이 사람들에게 어떤 영향을 미치는지 알고 싶다면 어떻게 해야 할까? 도서관이나 병원을 찾아갈 필요도 없다. 단지 집에서 창밖을 내다보는 것만으로도 충분히 알 수 있다. 한 지역 내에서도 어느 집에는 걱정 때문에 신경 쇠약을 앓는 사람이 있고, 또 어떤 집에는

데일카네기 자기관리론

걱정 때문에 당뇨를 앓는 사람이 있다. 주가가 폭락하면 혈액과 소변에 당 수치가 증가한다.

프랑스의 철학자 몽테뉴는 보르도 시장으로 선출되었을 때 다음과 같이 말했다. "저는 제 힘으로 여러분의 일을 감당할 준비를 마쳤습니다. 하지만 제 간과 폐로 감당하지는 않을 것입니다."

내 이웃들은 주식 시장 관련 일을 자신의 혈관으로 감당해 내면서 거의 죽어 갈 지경이었다. 굳이 내 이웃의 예를 들 필요도 없다. 지금 내가 살고 있는 집의 경우만 이야기해도 충분하다. 이 집의 전 주인이 걱정 때문에 너무 빨리 죽음을 맞이했기 때문이다.

우리는 걱정 때문에 류머티즘이나 관절염에 걸려 휠체어를 타고 다니게 될 수도 있다. 관절염 분야에서 최고 권위자인 코넬대학교 의과대학 러셀 L. 세실 박사는 관절염을 일으키는 일반적인 원인을 네 가지로 이야기했다.

1. 부부 사이의 불화
2. 가난함과 경제적 고민
3. 외로움과 걱정
4. 오랫동안 품은 원한

물론 이 네 가지 정서적 상태가 관절염을 일으키는 원인의 전부는 아니다. 관절염의 종류는 다양하고 그 원인도 다양하다. 하지만 흔히 관절염을 일으키는 조건은 러셀 L. 세실 박사가 나열한 이 네 가지 상태다. 내 친구는 불황 때문에 큰 위기를 겪었다. 가스 공급이 중단되었고, 은행은 저당 잡힌 집을 처분하겠다고 통보했다. 그때 그 친구의 부인이 갑자기 심한 관절염을 앓게 되었다. 온갖 약을 다 써 보고 식이 요법을 해 봤지만 전혀 소용이 없었다. 하지만 경제 상황이 나아지자 관절염 증세도 씻은 듯이 나았다.

또한 걱정하면 충치까지 생길 수 있다. 윌리엄 I. L. 맥고니글 박사는 미국치과의협회에서 연설하면서 "걱정과 두려움, 잔소리 때문에 생겨난 불쾌함은 몸 안의 칼슘 균형을 무너뜨리므로 충치를 유발할 수도 있다."라고 말했다. 맥고니글 박사는 환자 한 명의 이야기를 해 주었다. 그의 부인이 갑자기 병에 들었는데, 이전에는 분명 치아가 완벽히 건강했는데도 부인이 입원한 3주 사이에 충치가 아홉 개나 생겼다는 것이다. 모두 걱정 때문에 생겨난 것이었다.

급성 갑상선 기능 항진증 환자를 본 적이 있는가? 그 질환을 앓으면 몸을 부들부들 떨면서 흔들게 된다. 마치 두려움에 질려 죽어 가고 있는 모습처럼 보인다. 실제로 죽어 가고 있는 것이나 마찬가지이기도 하다. 그들은 몸의 기능을 조절하는 내분비 기관인 갑상샘의 상태가 좋지 않은데, 그러면 심장 박동이 빨라진다. 몸의 모든 기관이 통풍구를 모두 열어 놓은 화덕처럼 에너지를 이리저리 쏟으며 덜컹덜컹 작동한다. 수술이나 치료를 통해 이런 움직임을 통제하지 않으면, 안타깝게도 불꽃처럼 자신을 완전히 소진하면서 죽게 된다.

최근 나는 갑상선 기능 항진증을 앓는 친구와 필라델피아에 다녀왔다. 38년간 이 병을 다루어 온 전문가 이스라엘 브람 박사와 상담하기 위해서였다. 병원 대기실 벽에는 큼지막한 나무 액자가 걸려 있고, 거기에는 환자들을 위한 조언이 적혀 있었다. 나는 기다리는 동안 봉투 뒷면에 그 문구를 적었다.

편안함, 그리고 활력

편안함, 그리고 활력을 주는 큰 힘은

건전한 종교와 잠, 노래, 웃음.

신을 믿고 숙면하는 법을 배우며

좋은 노래를 사랑하고 인생의 즐거운 면을 보면

건강과 행복이 당신 것이 될 것이다.

"어떤 고민으로 이런 증상이 생겼습니까?" 브람 박사가 내 친구에게 건넨 질문이다. 그는 걱정을 멈추지 않는다면 심장 질환이나 위궤양, 당뇨 같은 합병증이 생길 수도 있다고 경고했다. 그러고는 이렇게 덧붙였다. "이런 병들은 모두 친척이라고 할 수 있는데, 그중에서도 친 사촌지간입니다."

배우 멀 오베론과 대화한 적이 있었는데, 그때 그녀는 내게 말했다. "저는 절대 걱정하지 않으려고 해요. 걱정하는 순간 영화배우로서 최대의 자산이라 할 수 있는 얼굴을 망가뜨릴 수 있으니까요. 처음 영화계에 들어왔을 때 걱정도 되고 두려웠어요. 런던에서 일을 구해 보려고 했지만, 인도에서 온 지 얼마 안 되어 아는 사람도 없었지요. 제작자들을 만나 봤지만, 저를 고용할 사람은 없었어요. 그러다 몇 푼 없는 돈마저 떨어졌지요. 그래서 2주간 크래커와 물로 버텼어요. 그래서 걱정뿐만이 아니라 배고픔이 문제였지요. 저는 스스로에게 말했어요. '어쩌면 난 정말 멍청이일지도 몰라. 그리고 영화계에는 절대 발을 들이지 못할지도 모르지. 생각해 봐. 무대에 서 본 경험도 없는데. 내세울 거라곤 그나마 조금 반반한 얼굴뿐인데 말야.' 저는 거울 앞에 서서 제 얼굴을 물끄러미 바라봤어요. 그러자 걱정 때문에 제 얼굴이 어떻게 변해 가고 있는지 알게 되었지요. 주름이 생긴 거예요. 표정에도 근심이 가득했지요. 그래서 저는 이렇게 말했어요. '이런 건 당장 그만둬야 해! 지금 걱정할 만한 처지도 안 되는데. 내세울 거라곤 얼굴밖에 없으면서 그마저도 걱정 때문에 망치고 있잖아!'"

걱정만큼 급속도로 사람을 노화하게 하고 얼굴을 추하게 만들며 외모를 망치는 것은 없다. 걱정하게 되면 표정이 굳는다. 이를 악물게 하고 곧 얼굴에 주름을 만든다. 걱정 때문에 찡그린 표정은 계속 사라지지 않는다. 머리가 하얗게 세거나 빠지기도 한다. 또 피부를 망치며 발진이나 뾰루지, 여드름을 유발한다.

심장병은 현재 미국에서 가장 치명적인 질병 가운데 하나다. 제2차 세계 대전 때 미군은 약 30만 명 정도였지만, 그 기간에 심장병으로 죽은 사람은 200만 명이다. 그리고 그 심장병 사망자 중 반 정도는 걱정과 극도의 긴장이 원인이었다. 알렉시 카렐 박사가 "걱정에 대비하지 못하는 사업가는 일찍 죽고 만다."라고 말했던 가장 중요한 이유는 바로 심장병 때문이다.

윌리엄 제임스 교수는 다음과 같이 말했다. "신은 우리의 죄를 용서해 주지만, 신경 조직은 결코 용서해 주지 않는다."

믿기 어려운 사실이 하나 있다. 매해 미국에서는 전염성이 강한 다섯 가지 질병으로 죽는 사람보다 자살로 죽는 사람이 더 많다. 바로 '걱정' 때문이다.

오랜 옛날, 중국의 잔혹한 군주들은 포로의 손발을 묶어 놓은 뒤

물통 아래에 앉혀 놓고 밤새도록 물이 한 방울씩 똑똑 떨어지게 하는 고문을 했다. 정수리 위로 계속 떨어지는 물방울 소리는 이윽고 망치 소리처럼 크게 들리게 되어 포로들은 미쳐 갔다. 스페인의 종교 재판 과 히틀러가 통치하던 독일의 강제 수용소에서도 똑같은 방법을 사용했다. 걱정은 계속해서 똑똑 떨어지는 물방울과 같다. 그런 걱정은 정신 이상을 일으키고 자살을 유도하기도 한다.

나는 어릴 때 미주리주의 한 시골에서 살았다. 어느 날, 저승에 지옥 불이 있다는 빌리 선데이의 말을 들은 어린 나는 두려움에 떨게 되었다. 하지만 그는 지금 걱정에 시달리고 있는 사람들이 느끼는 육체적 고통을 지옥 불과 관련해서 언급한 적은 없다. 걱정을 고질병처럼 달고 다니는 사람이라면 언젠가는 사람이 경험할 수 있는 최악의 고통, 즉 협심증을 앓게 될지도 모른다.

여러분은 자신의 인생을 사랑하는가? 건강하게 오래 살고 싶은가? 그렇다면 그 비법을 알려 주겠다. 알렉시 카렐 박사의 말을 다시 인용해 본다. "현대 도시의 극심한 혼란 속에서도 내면의 평온을 유지할 수 있는 사람은 결코 정신 질환에 걸리지 않는다." 여러분은 현대 도시의 극심한 혼란 속에서도 내면의 평온을 유지할 수 있는가? 분명 흔쾌히 그럴 수 있다고 대답하는 사람도 있을 것이다. 사람은 대부분 자신이 생각하는 것보다 더 강하다. 지금껏 한 번도 써 보지 않은 내적인 능력이 누구에게나 있다. 데이비드 소로는 그의 책『월든』에서 다음과 같이 말했다.

"위안이 되는 것은, 사람에게는 의식적인 노력으로 자기 삶의 질을 높이려는 능력이 존재한다는 사실이다. 확신을 품고 꿈을 이루기 위해 노력한다면, 꿈꿔 온 인생을 살기 위해 애쓴다면, 흔히 기대할 수 없는 큰 성공을 거두게 될 것이다."

우리 또한 올가 K. 자비만큼 강한 의지와 내적 능력을 지니고 있다. 그녀는 아무리 나쁜 상황과 마주하더라도 걱정을 물리치는 일이 가능함을 알게 되었다. 이 책에서 다루고 있는 이 오랜 지혜를 적용한다면, 분명 누구나 할 수 있다. 올가 K. 자비는 내게 보낸 편지에 다음과 같이 적었다.

"8년 반 전쯤인가, 저는 곧 죽을 것이라는 통보를 받았습니다. 서서히 죽음에 이르게 되는 암이라는 병 때문이었지요. 의학 분야의 최고 권위자인 '메이오 형제'를 찾아갔는데도 같은 진단을 받았습니다. 더 이상 갈 곳이 없는 막다른 길에 몰린 기분이었지요. 저는 아직 젊었고, 죽고 싶지 않았습니다! 저는 켈로그에 있는 주치의에게 전화해서 그 절망감을 털어놓았습니다. 그런데 그는 말이 끝나기도 전에 저를 질책했습니다. '올가, 왜 그럽니까? 당신의 투지는 어디로 간 거지요? 그래요. 그렇게 계속 울기만 한다면 분명 죽을 겁니다. 올가는 지금 최악의 상태예요. 현실을 보세요! 걱정 같은 건 저 멀리 집어던지고 문제를 해결하기 위해 뭐라도 행동해야 하지 않겠어요?' 저는 그 즉시 마음먹었습니다. 그 결심은 너무 엄숙해서 못으로 살을 찌르는 것처럼 등골에 한기가 느껴졌지요. '걱정하지 않을 거야! 더 울지도 않겠어! 오직 하나만 생각하겠어. 나는 이겨 낼 수 있다! 나는 살 수 있다!' 라듐으로 치료할 수 없을 만큼 암이 진행되면, 하루에 10분 30초씩, 30일간 방사선 치료를 합니다. 저는 하루에 14분 30초씩, 49일간 방사선 치료를 받았지요. 휑한 언덕 위에 우뚝 솟은 바위처럼 깡마른 몸은 뼈만 앙상했고, 발은 납처럼 굳었습니다. 하지만 걱정하지 않았습니다! 단 한 번도 울지 않았고요. 그저 웃었습니다! 정말 그랬습니

데일카네기 자기관리론

다. 억지웃음이라도 지으려고 부단히 노력했으니까요. 웃는 것으로 암을 고칠 수 있다고 믿을 만큼 어리석지는 않습니다. 하지만 즐거운 마음가짐은 질병과 싸우는 데 도움이 된다는 것은 믿습니다. 어쨌든 저는 암 투병에서 생존하는 기적을 경험했습니다. 지난 몇 년간 훨씬 더 건강한 삶을 살았지요. 모두 다 제 주치의인 매캐프리 박사가 제게 해 준 도전적이고 용기 있는 조언 덕분입니다. '현실을 보라. 걱정은 집어치우고 문제 해결을 위해 무언가 행동하라.'"

이 장을 끝맺으면서 알렉시 카렐 박사의 말을 한 번 더 이야기하고자 한다. "걱정에 대비하지 못하는 사업가는 일찍 죽고 만다."

예언자 모하메드를 따르는 사람들은 코란의 한 구절을 가슴에 문신처럼 새기곤 했다. 이 책을 읽는 모든 독자도 가슴에 이 구절을 새겨 두면 좋겠다.

"걱정에 대비하지 못하는 사업가는 일찍 죽고 만다."

카렐 박사는 바로 우리의 이야기를 하고 있던 것은 아닐까? 그럴지도 모른다.

Dale Carnegie
상대를 다루는 기본적인 기술 3

**Business men who do not know how to fight
worry die young.**
걱정에 대비하지 못하는 사업가는 일찍 죽고 만다.

걱정에 관한 기본적인 3가지 사실

1. 윌리엄 오슬러 경의 말에 따르라.

'오늘 하루에 충실하라.'

'미래의 일 때문에 초조해하지 말라.'

'매일 잠들기 전까지, 오로지 그날 하루만을 살아라.'

2. 윌리스 H. 캐리어의 비법을 적용해 보라.

1단계: 자신에게 질문하라. '이 문제가 해결되지 않았을 때 발생하는 가장 나쁜 상황은 무엇인가?'

2단계: 필요하다면 그 최악의 상황을 수용할 마음의 준비를 하라.

3단계: 이미 마음으로 받아들인 최악의 상황을 좋게 바꾸기 위해 차분히 노력하라.

3. 걱정을 계속 끊지 못하면 건강이 해로워질 수 있음을 기억하라.

'걱정에 대비하지 못하는 사업가는 일찍 죽고 만다.'

Fundamental Facts
You Should Know
About Worry

Basic Techniques
In Analysing
Worry

Part 2

걱정을 분석하기 위한 기본 기술

걱정되는 문제를 분석하고 해결하라

How To Analyse And Solve Worry Problems

나는 충실한 하인 여섯을 두었다네

(내가 배운 건 모두 그들이 가르쳐 주었지)

그들의 이름은 이러하다네

누가, 무엇을, 어떻게, 왜, 언제, 어디서.

- 러디어드 키플링

앞서 언급한 윌리스 H. 캐리어의 방법으로 모든 걱정을 해결할 수 있을까? 물론 그렇지 않다. 그럼 어떻게 해야 할까? 문제를 분석하는 기본 3단계를 배워 다양한 종류의 걱정에 대처하는 방식을 익혀야 한다. 그 3단계는 다음과 같다.

데일 카네기 자기관리론

1. 사실을 확인하라.

2. 사실을 분석하라.

3. 결정을 내리고 나서 그것을 실행하라.

생각해 보면 너무 당연한 말이지 않은가? 고대 그리스의 철학자 아리스토텔레스도 이 방법을 가르치고 사용했다. 우리를 고통스럽게 하는, 밤낮 없이 지옥을 맛보게 하는 문제를 해결하기 위해서는 모두 이 방법을 사용해야 한다.

우선 사실을 확인하자. 사실을 정확히 알지 못하면 지혜롭게 문제를 해결하려는 시도도 할 수 없기 때문에 이는 중요한 부분이다. 사실 확인 없이는 그저 초조해하며 불안해하는 것만 가능하다. 지금은 세상을 떠난 허버트 E. 호크스도 그렇게 생각했다. 그는 22년간 컬럼비아대학교의 학장이었는데, 20만 명이나 되는 학생들의 걱정을 해결하는 데 도움을 주었다. 그는 내게 "걱정의 주요 원인은 혼란입니다."라고 하면서 다음과 같이 덧붙였다.

"세상 모든 걱정 중 반 정도는 결정을 어떤 근거로 내려야 할지에 대해 충분히 지식을 갖추지 못한 상황에서 발생합니다. 다음 주 화요일에 어떤 문제를 해결해야 한다고 상정해 봅시다. 저라면 다음 주 화요일이 되기 전까지는 그 문제에 관해서 어떤 결정을 내리려는 시도를 절대 하지 않습니다. 다만 그 문제와 관련된 사실들을 확인하는 데 집중하지요. 걱정도 고민도 하지 않으니 불면증에 시달리지도 않습니다. 오로지 사실 확인에만 집중합니다. 그리고 화요일이 되면, 그리고 모든 사실을 확인했다면 문제는 대부분 저절로 해결되지요."

그래서 나는 호크스 학장에게 그런 방식으로 걱정 문제를 완전히 해결했느냐고 물었다. 그러자 그가 다음과 같이 답했다.

"그렇지요. 이제 제 인생에서 걱정은 거의 없어졌다고 봐도 될 겁니다. 세상 누구나 공정하고 객관적인 방식으로 사실을 확인하기 위해 시간을 들인다면, 그 걱정거리는 지식이라는 빛 덕택에 증발하게 될 겁니다."

다시 한번 읽어 보자. "세상 누구나 공정하고 객관적인 방식으로 사실을 확인하기 위해 시간을 들인다면, 그 걱정거리는 지식이라는 빛 덕택에 증발하게 될 겁니다."

하지만 대부분은 어떠한가? 만약 우리가 사실을 확인하는 데 신경을 쓰고 있다고 생각해 보자. 토머스 에디슨은 "생각하는 수고를 덜 수만 있다면, 다들 어떤 방법이라도 동원할 것이다."라고 말했지만, 그래도 한번 가정해 보자.

우리는 자신이 가지고 있는 생각을 합리화할 사실만 찾으려고 애쓸 뿐, 다른 것들은 모두 무시하게 된다. 다만 우리의 행동을 정당화해 줄 사실들만 원하고 있는 것이다. 자신이 원하는 생각에 맞는, 자신의 섣부른 생각을 지지해 줄 사실만을 말이다. 앙드레 모루아는 다음과 같이 말했다. "우리는 개인의 욕망에 맞는 모든 것들을 진실하다 생각하고, 그렇지 않은 것들에 대해서는 화를 내곤 한다."

스스로 문제를 해결할 수 있는 답을 찾는 일은 정말 어렵다. 그러면 어떻게 해야 할까? 먼저 감정을 생각에서 분리해야 한다. 호크스 학장의 말처럼 '공정하고 객관적인' 방식으로 사실을 확인해야 한다.

하지만 걱정에 매몰되어 있을 때는 그것이 쉽지 않다. 걱정이 앞서면 감정에 휘둘릴 수밖에 없다. 자신의 문제에서 한 걸음 멀어져서 사실을 명확하고 객관적으로 볼 수 있게 노력해야 한다. 그렇게 하기

데일 카네기 자기관리론

위해 도움이 될 만한 방법을 소개한다.

1. 사실 확인을 할 때 다른 사람을 위해 정보를 모으는 것처럼 하라. 증거를 냉정하고 공정하게 바라보는 데 도움이 된다.

2. 걱정스러운 문제와 관련된 사실을 수집할 때, 자기 입장과는 다른 변론을 준비하는 변호사처럼 생각해 보라. 즉, 내게 불리하거나 기대에 맞지 않는, 마주하고 싶지 않은 모든 사실을 모으기 위해 노력해 보라.

그다음에 스스로의 입장과 상반된 입장을 다 적어 본다. 이렇게 해 보면, 진실은 보통 그 양측의 중간쯤에 있다는 사실을 알게 된다.

이것이 바로 핵심이다. 여러분이든 나든, 아인슈타인이든 미국 대법원이든 사실 확인 없이는 결코 현명한 결정을 내릴 수 없다. 토머스 에디슨도 이러한 사실을 잘 알았다. 그는 살아 있을 때 직접 겪었던 문제와 관련된 사실을 기록한 노트를 2,500권이나 남겼다.

그러니까 문제 해결의 첫 번째 비법은 바로 사실을 확인하는 것이다. 호크스 학장처럼 공정하게 모든 사실을 수집한 다음에 문제를 해결하려고 시도해야 한다. 하지만 단지 사실만 파악한다고 해서 다 되는 것은 아니다. 그것을 분석하고 해석하는 작업을 거쳐야 한다.

내가 깨달은 바에 따르면, 사실을 기록해 두면 분석하기가 훨씬 쉽다. 사실을 종이에 쓰면서 문제를 명확히 기술하는 것만으로도 현명한 결론을 내리는 데 큰 도움을 받을 수 있다. 찰스 케터링은 다음과 같이 말했다. "명확하게 기술된 문제는 이미 절반은 풀린 것이나 다름없다."

100번 듣는 것보다 한 번 보는 것이 낫다는 말도 있지 않은가. 이 말이 실제로 어떻게 적용되는지 살피기 위해, 지금껏 언급했던 이야기들을 구체적으로 실행한 사람을 소개하겠다.

내가 수년간 알고 지낸 사람인 갈렌 리치필드의 이야기다. 미국 동부 지역에서 가장 성공한 사업가 중 한 명인 리치필드는 일본이 상하이를 침공한 1942년, 중국에 있었다. 그는 우리 집에 방문했을 때 내게 다음과 같은 이야기를 해 주었다.

"진주만을 공격한 일본군은 곧이어 상하이를 침공했습니다. 저는 당시 아시아생명보험 상하이 지사의 지점장이었지요. 일본군은 우리 회사에 '군 청산인'을 보냈는데, 그는 현역 해군 장성이었습니다. 그는 우리 회사의 자산을 청산하는 일에 협조하라고 제게 명령했지요. 저는 그 상황에서 다른 선택이라고는 절대 할 수 없었습니다. 그들에게 협조하거나 그저 죽음을 선택해야만 했습니다.

저는 단지 명령에 따를 수밖에 없었습니다. 다른 방법이라고는 전혀 없었으니까요. 하지만 저는 75만 달러 정도 되는 유가 증권 한 묶음을 해군 장성에게 넘겨 준 자산 목록에 넣지 않고 빼돌렸습니다. 홍콩 지사 소유로 되어 있어서 상하이 지사의 자산과는 무관했기 때문에 가능했지요. 하지만 혹시라도 일본인들에게 그것이 발각되면 저를 끓는 물에 던져 넣지는 않을까 두려웠습니다. 그렇게 우려는 현실이 되었습니다. 그들은 그 사실을 알아채 버렸지요. 마침 저는 사무실에 없었고, 제 상사인 경리과장만이 남아 있었습니다. 그의 말에 따르면, 일본군 장성이 몹시 화가 나 책상을 거칠게 내리치며 제게 도둑놈에 반역자라며 욕을 퍼부었다고 합니다. 그들은 분명 저를 브리지하우스에 처박아 놓을 게 분명했습니다.

브리지하우스는 일본 게슈타포의 고문실입니다. 제가 아는 사람들 가운데는 그곳에 끌려가느니 차라리 죽는 게 낫다며 목숨을 끊은 사람도 있었고, 열흘간의 고문을 이기지 못해 그곳에서 생을 마감한 사람도 있었습니다. 그러니까 그런 곳에 제가 끌려가게 될 상황이 되어 버린 겁니다. 그래서 어떻게 했냐고요? 그 소식은 일요일 오후에 듣게 되었지요. 그 당시 저만의 대처 방법이 없었다면, 분명 두려움에 떨며 꼼짝도 못했을 것입니다. 하지만 저는 오래전부터 이런 방법을 사용했지요. 무언가 걱정스러운 일이 생길 때마다 타자기 앞에 앉아 두 가지 질문을 타이핑하고, 그에 대한 답을 적어 보는 것이었습니다.

1. 내 걱정은 무엇인가?

2. 그 일에 관해 나는 무엇을 할 수 있는가?

얼마 전까지만 해도 이 두 가지 질문을 생각하지 않은 상태에서 답을 찾으려고 했습니다만, 몇 년 전부터는 그렇게 하지 않았습니다. 질문하고 그에 대한 답을 써 보는 과정을 통해 명확한 생각을 떠올릴 수 있다는 사실을 깨달았기 때문입니다. 일요일 오후, 저는 상하이 YMCA에 있는 제 방에서 타자기를 꺼낸 뒤 다음과 같이 적었습니다.

1. 내 걱정은 무엇인가?

내일 아침이 되면 브리지하우스에 억지로 끌려 들어갈지도 모른다는 걱정을 하고 있다.

이후 두 번째 질문을 써 넣었습니다.

2. 그 일에 관해 나는 무엇을 할 수 있는가?

몇 시간을 자리에 앉아 곰곰이 생각했습니다. 그 후 제가 할 수 있는 네 가지 대처 방법과 그 각각의 방법을 사용할 경우 가져올 결과를 적기 시작했지요. 첫째, 일본 장성에게 모든 사실을 이야기한다. 하지만 그는 영어를 모르므로, 통역관을 거쳐 설명한다면 오히려 그의 화를 돋우게 될 가능성이 있다. 그는 잔인한 사람이므로, 그렇게 되면 나를 곧바로 죽일 수도 있다. 단번에 나를 브리지하우스에 집어넣으려고 할지도 모른다.

둘째, 멀리 도망친다. 하지만 이는 불가능하다. 그들은 늘 나를 감시하고 있기 때문이다. YMCA에 있는 내 방에 드나들 때도 항상 보고해야 한다. 도망치려 한다면 바로 붙잡혀 총살당하게 될 것이다.

셋째, 이 방 안에서만 지내면서 사무실 주위로는 절대 가지 않는다. 하지만 그렇게 한다면 내 이상한 행동을 의심한 일본군 장성이 군인들을 보낼 것이 분명하고, 변명도 들어 주지 않은 채로 브리지하우스에 가둘 것이다.

넷째, 월요일 아침에 평소처럼 사무실로 출근한다. 너무 바빠서 일본군 장성이 내가 한 일을 잊어버렸을 수도 있다. 혹시 생각이 난다 해도 그때가 되면 화가 누그러져 트집 잡지 않을 수도 있다. 그렇게 된다면 문제가 없을 것이다. 그가 트집을 잡는 일이 있더라도 내게 설명할 기회가 생기는 것이기 때문이다. 그러므로 월요일 아침, 평소처럼 아무렇지 않게 사무실로 출근해 일한다면 브리지하우스로 가

데일 카네기 자기관리론

는 것을 피할 수도 있을 것이다.

심사숙고한 끝에 마지막 계획대로 월요일 아침에 아무렇지 않게 사무실로 출근하기로 결심하자, 마음이 평온해졌습니다. 다음 날 아침, 사무실에 출근하니 일본군 장성은 담배를 피우며 앉아 있었습니다. 그는 늘 그랬듯이 저를 노려보기는 했지만 아무 말도 하지 않았지요. 6주 뒤 그는 도쿄로 돌아갔고, 저는 더 이상 걱정할 일이 없었습니다. 일요일 오후, 침착하게 책상 앞에 앉아 제가 할 수 있는 행동들을 생각해 보고 그에 대한 결과를 적어 본 일이 제 목숨을 구했는지도 모릅니다. 아마 그렇게 하지 않았다면 허둥지둥하다가 충동적으로 좋지 않은 행동을 저질렀을지도 모르지요. 제가 마주한 문제를 깊이 고민하고 그에 대한 결론을 이끌어 내지 못했다면, 지독한 걱정에 시달리며 일요일 오후 내내 초조해하며 뜬눈으로 밤을 샜을 것입니다. 월요일 아침, 몹시 지치고 걱정 가득한 얼굴로 사무실에 출근했을 게 분명하고, 그것만으로도 분명 일본군 장성은 저를 수상하게 여겨서 어떤 조치를 취했을 겁니다. 이런 몇 번의 경험을 해 보면서 결론에 대한 중요성을 깨닫게 되었습니다. 확실한 결론을 내린 후에 당황해 방황하는 일을 멈춰야 하는데, 그게 어렵기에 신경 쇠약에 걸리거나 고통스러운 시간을 보내게 되는 것이지요. 분명하고 확고한 결정을 내리기만 한다면, 걱정의 반은 사라지게 됩니다. 그렇게 내린 결정을 실행하기 시작하면 나머지 40%의 걱정도 사라지게 되지요. 다음과 같은 4단계 조치를 취한다면, 그 걱정의 90%는 사라지게 될 것입니다.”

1. 내가 무엇을 걱정하고 있는지 정확하게 적는다.

2. 그와 관련해 내가 할 수 있는 일을 적는다.

3. 어떻게 할 것인지 결정한다.

4. 그 결정을 즉시 실행한다.

뉴욕 존 스트리트에 본사를 둔 스타 파크 앤 프리먼 컴퍼니의 동아시아 지역 담당 이사인 갈렌 리치필드는 대형 보험과 금융 관련 일을 하고 있다. 그는 오늘날 아시아에서 가장 성공한 미국인 사업가로 꼽힌다. 그는 자신의 성공 요인에 대해 걱정을 분석하고 그 문제에 정면으로 맞서는 방법을 활용했다고 말했다.

그의 방법은 훌륭했다. 어째서일까? 우선 효율적이고 구체적으로 문제의 본질을 파악했다. 또한 필수 규칙으로 '해결하기 위해서는 곧 실행하라.'는 규칙을 지켰다. 행동하지 않으면 곧 사실을 확인하고 분석하는 그 모든 과정은 아무것도 얻을 수 없는 에너지 낭비에 불과한 것이다.

윌리엄 제임스는 다음과 같이 말했다.

"일단 결정한 후 실행할 일만 남았다면, 그 결과에 대한 책임감과 관심은 완전히 잊어라." (이 말에서 윌리엄 제임스는 '관심'과 '걱정'을 같은 뜻으로 사용했다.) 그러니까 사실에 근거해 신중히 결정한 뒤에 실행하라는 것이다.

언젠가 나는 오클라호마주에서 가장 유명한 석유 사업가 웨이트 필립스에게 결정을 어떻게 실행하느냐고 질문한 적이 있다. 그는 다음과 같이 대답했다.

"마주한 문제를 너무 오래 생각하면 반드시 혼란과 걱정이 생깁니다. 지나치게 조사나 생각을 많이 하면 오히려 해가 되기도 합니다.

데일 카네기 자기관리론

결정을 내렸다면 뒤돌아보지 말고 실행해야 합니다."

지금 드는 걱정을 해결하는 데 갈렌 리치필드의 방법을 써 보는 것이 어떨까? (질문 아래의 빈 곳에 답을 적어 보자.)

질문 1. 내 걱정은 무엇인가?

질문 2. 그 일에 관해 나는 무엇을 할 수 있는가?

질문 3. 앞으로 할 수 있는 일들을 어떻게 시행할 것인가?

질문 4. 언제부터 시행할 것인가?

사업에서의 걱정을 반으로 줄이는 방법

How to Eliminate Fifty Per Cent of Your Business Worries

여러분이 사업가라면 아마 이런 생각을 하고 있을지도 모른다.

'이 장은 제목부터 황당하군. 사업에서의 걱정을 반으로 줄이는 방법이라니. 나도 사업을 19년이나 했는데 말야. 남들이 아는 정도는 알고 있다고. 걱정을 반으로 줄여? 말도 안 되는 소리지!'

그렇다. 나도 역시 이 장의 제목을 몇 년 전에 봤다면 그렇게 생각했을 것이다. 이 제목은 많은 것을 약속하고 있지만, 약속만큼 헛된 것도 없다. 약속으로는 무엇을 못 하겠는가.

솔직히 나는 여러분이 품고 있는 사업에서의 걱정을 반으로 줄여 주지 못할 수도 있다. 그렇게 할 수 있는 사람은 바로 여러분 자신밖에 없기 때문이다. 하지만 내가 도울 수 있는 일이 있다. 다른 사람들이 어떻게 행동하고 있는지를 보여 준 뒤, 이후의 일들은 여러분 스

데일 카네기 자기관리론

스로에게 맡기는 것이다.

알렉시 카렐 박사의 말을 다시 한번 떠올려 보자. "걱정에 대비하지 못하는 사업가는 일찍 죽고 만다."

걱정은 정말 심각한 문제다. 만약 여러분의 걱정이 10%라도 줄어들 수 있다면 그것으로도 충분한 이득이 아닐까? 이 말에 동의한다면, 지금부터 어떤 사업가 이야기를 들려주려 한다. 그는 걱정을 반으로 줄인 것이 아니라 회의에 소모하는 시간을 70%가량 줄였다. 이 이야기는 허무맹랑한 가상의 이야기가 아니라, 리언 심킨이라는 실존 인물의 실화다. 그는 미국 최대 규모의 출판사 중 한 곳인 사이먼 앤 슈스터의 공동 경영자 중 한 사람으로, 총괄 책임자 업무를 맡았다. 리언 심킨은 다음과 같이 말했다.

"저는 무려 15년간 업무 시간의 반을 회의하는 데 썼습니다. 문제를 해결하기 위해서지요. 이럴까, 저럴까? 아무것도 하지 않는 게 좋을까? 아주 예민해진 저는 의자에 앉아 몸을 꼬아대거나 회의실 안을 돌아다녔지요. 하지만 논쟁만 계속되고, 결론이 나지 않았어요. 그러다 저녁쯤이 되면 쓰러질 것만 같았습니다. 남은 생을 이렇게 보내야 한다는 생각이 드니, 정말 끔찍했지요. 지난 15년간 이런 방식으로 일했기 때문에 더 좋은 방법이 있을 거라고는 생각하지 못했습니다. 누군가가 회의에 쓰는 시간과 그 심리적 부담의 4분의 3을 줄일 수 있다고 한다면, 저는 그 사람을 현실을 모른 채 의욕만 앞서 탁상공론만 하는 낙관주의자라고 생각했을 겁니다.

그런데 해결책을 발견했습니다. 그리고 저는 이 방법을 8년간 사용하고 있지요. 그 이후로 놀랍게도 효율적으로 일할 수 있게 되었습니다. 또 행복하고 건강한 생활도 덤으로 얻었지요. 마술 같은 일이라고 생각할 수 있지만, 모든 마술이 그러하듯 이 역시 알고 보면 굉장히 단순합니다. 먼저 15년간 계속해 오던 회의 방식을 바로 중단했습니다. 과거에는 동료들이 문제를 하나하나 설명한 뒤, '이제 어떻게 할까요?'라고 질문했습니다. 두 번째로, 저는 새로운 규칙을 만들었습니다. 문제를 제기하고 싶은 사람은 먼저 다음 네 개의 질문에 대한 답변을 적은 뒤 제출하게 했습니다.

질문 1. 문제가 무엇인가?
지금까지 우리는 한두 시간이 넘는 회의를 진행하면서도 문제의 핵심을 구체적으로 파악하지 못하고 시간을 소모했다. 열띤 토론을 하면서도 문제를 구체적으로 기록하지 않았다.

질문 2. 문제 발생의 원인은 무엇인가?
문제를 명확히 파악하려는 노력도 없이 소모적인 회의로 시간을 낭비했다. 그렇게 없어진 시간을 생각하면 식은땀이 날 것 같다.

질문 3. 문제를 해결할 수 있는 방법은 무엇인가?
전에는 누군가가 한 가지 해결책을 제시하면, 다른 사람이 반박하며 논쟁만 벌였다. 서로 흥분해서 회의 주제를 잊어버리기도 했다. 문제를 해결하기 위해 우리가 어떤 방법을 써야 할지 기록한 사람이 아무도 없었다.
질문 4. 문제 해결을 위해 제안할 수 있는 사항은 무엇인가?
전에는 특정 문제에 관해 모두 몇 시간씩 고민을 거듭하기만 했다. 자기가 무엇을 제안할지 기록한 뒤에 문제를 이야기하는 사람이 아

　　　　　　　　　　　　　데일 카네기 자기관리론

무도 없었다.

이제 회사에서 자신의 문제 때문에 제게 찾아오는 사람은 거의 없어졌습니다. 어떻게 그럴 수 있냐고요? 네 가지 질문에 답하려면 모든 사실을 파악해야 하고 문제를 철저하게 검토해야 한다는 사실을 모두 알게 되었기 때문이지요. 대부분 저와 의논할 필요가 없는 문제라는 사실을 알게 됩니다. 시간이 흐르면 토스트기에서 구워진 빵이 튀어나오듯 적절한 해결 방법이 저절로 나오게 되지요. 토론에 쓰는 시간이 전에 비해 3분의 1로 줄었습니다. 체계적이고 논리적인 과정을 거쳐 합리적인 결론을 이끌어 낼 수 있었기 때문이지요.

이제 사이먼 앤 슈스터에서는 토의하는 시간이 줄었습니다. 그 대신 문제를 해결하기 위해 행동하는 시간은 늘어났지요."

미국 최고의 보험 판매원으로 꼽힌 프랭크 베트거도 비슷한 방법을 사용했다. 그는 사업에서의 문제가 줄어들기도 했지만, 수입 또한 두 배로 늘었다고 말했다.

"몇 해 전의 일입니다. 제가 보험을 판매하기 시작했을 무렵, 저는 제 직업에 대한 열정과 애정으로 가득 차 있었습니다. 그러다 문제가 발생했지요. 저는 너무 실망했던 나머지 제 일을 경멸하게 되었습니다. 결국 그만둬야겠다는 생각까지 했습니다. 어느 토요일 아침, 문득 이런 생각이 들었어요. 내가 걱정하고 있는 게 뭔지, 무엇 때문인지 확인해 봐야겠다는 생각이 든 겁니다. 그 생각을 하지 못했다면 저는 아마 그 일을 그만두었을 거예요.

1. 저는 제 자신에게 먼저 이런 질문을 했습니다. '대체 무엇이 문

제인가?' 문제는 수없이 많은 고객을 찾아가지만, 수입이 생각보다 적다는 데 있었지요. 고객을 끌어들이는 데는 소질이 있었지만, 막상 계약하려고 하면 고객들은 다음과 같이 말했습니다. '베트거 씨, 조금 더 생각해 보겠습니다. 나중에 한번 들러 주세요.' 이런 식으로 몇 번을 방문하는 데 시간이 너무 많이 들었기 때문에 스트레스를 받았습니다.

2. 이런 질문도 해 봤지요. '어떠한 해결책이 있을까?' 이 질문에 대한 답을 찾기 위해서는 사실을 확인해야만 했습니다. 최근 1년간의 기록을 꺼내 유심히 살펴보니, 놀라운 사실을 발견할 수 있었습니다. 제 실적의 70%는 첫 방문에서 성사되었다는 사실이었지요. 23%는 두 번째 방문에서 이루어졌고, 세 번째, 네 번째, 다섯 번째에 성사된 계약은 7%에 불과했습니다. 이런 경우가 제 시간을 허비하고 맥 빠지게 만들었는데 말입니다. 그러니까 실적의 7%밖에 안 되는 일 때문에 업무 시간의 절반을 허비했던 셈입니다.

3. '해답은 무엇인가?' 명확했지요. 저는 고객을 두 번 이상 방문하지 않기로 했습니다. 그리고 새로운 고객을 찾는 데 나머지 시간을 썼지요. 결과는 정말 놀라웠습니다. 얼마 지나지 않아 1회 방문의 효과로 현금 가치가 평균 2.80달러에서 4.20달러로 증가했지요."

그에게도 물론 포기하고 싶은 순간이 있었다. 하지만 실패를 인정했고, 이후에는 문제가 무엇인지 분석함으로써 성공할 수 있게 되었다. 여러분의 사업 문제에도 이러한 질문을 적용할 수 있겠는가? 이 질문들은 우리의 고민을 반으로 줄여 줄 수 있다. 그러니 이 질문을 다시 확인하라.

1. 문제가 무엇인가?

2. 문제 발생의 원인은 무엇인가?

3. 문제를 해결할 수 있는 방법은 무엇인가?

4. 문제 해결을 위해 제안할 수 있는 사항은 무엇인가?

걱정을 분석하기 위한 기본 기술

1. 사실을 확인하라. 컬럼비아대학교 호크스 학장의 말을 기억해 보라.

"세상 모든 걱정 중 반 정도는 결정을 어떤 근거로 내려야 할지 모른 채 섣불리 결정하려는 사람들이 만들어 낸 것이다."

2. 사실을 신중하게 확인하고 결정하라.

3. 결정을 내린 후에는 실행하라! 결정을 실행하기 위해 노력하라. 결과를 결코 두려워하지 마라.

4. 어떠한 문제에 대해 걱정하고 있다면 다음과 같은 질문을 생각해 보라.

1) 문제가 무엇인가?
2) 문제 발생의 원인은 무엇인가?
3) 문제를 해결할 수 있는 방법은 무엇인가?
4) 문제를 해결할 수 있는 최선의 해결책은 무엇인가?

Basic Techniques
In Analysing
Worry

데일 카네기 자기관리론

How To Break The Worry
Habit Before It Breaks
You

Part 3

걱정하는 습관을 없애는 방법

마음속에서 걱정을 내보내는 방법

How To Crowd Worry Out Of Your Mind

몇 년 전, 매리언 J. 더글러스라는 사람이 내 강의를 수강하러 왔다 (그가 신분을 밝히지 말아 달라고 요청했기에 가명으로 부른다). 나는 그 밤을 영원히 잊지 못할 것이다. 우선 나는 그가 내 수강생들 앞에서 한 이야기를 그대로 전하고 싶다. 그는 자신에게 두 번이나 일어난 불행한 가정사를 이야기했다. 처음에 그는 너무 사랑하는 다섯 살 난 자신의 딸을 잃었다. 그와 부인은 그 상실감과 슬픔을 절대 이겨 내지 못할 것이라 생각했다고 한다. 그는 다음과 같이 말했다.

"열 달 뒤에 신께서는 저희에게 사랑스러운 딸을 주셨지만, 그 아이 역시 태어난 지 닷새 만에 저세상으로 떠났습니다."

연달아 찾아온 불행은 견딜 수 없을 만큼 큰 고통으로 다가왔다. 그는 말했다.

데일 카네기 자기관리론

"도저히 이 현실을 받아들일 수가 없었습니다. 잠도 잘 수 없었고, 음식도 먹을 수 없었지요. 조금도 쉴 수 없었고, 마음을 편히 가질 수 있다고는 상상조차 할 수 없었습니다. 잔뜩 예민해졌고, 모든 일에서 자신감도 잃었지요."

결국 그는 병원을 찾아갔다. 의사들은 그에게 수면제를 처방해 주기도 하고, 여행을 권유하기도 했다. 그는 그것을 다 해 보았지만 어떤 것도 효과가 없었다. 그는 말했다.

"저는 마치 바이스 사이에 껴 있는 기분이었습니다. 그게 점차 서서히 조여들어 제 몸을 으깨어 버릴 것만 같았지요. 정신과 육체가 비통함으로 가득 찼어요. 숨이 막힐 만큼 큰 슬픔에 잠겨 본 사람이라면 알 수 있을 거예요.

하지만 다행히 한 명의 아이가 아직 제 곁에 있었습니다. 네 살배기 아들이었지요. 그 아이가 답을 알려 주었습니다. 어느 날이었어요. 깊은 슬픔에 잠겨 멍하니 앉아 있었는데, 아들이 배를 하나 만들어 달라고 말하는 겁니다. 저는 전혀 그럴 기분이 아니었어요. 솔직히 아무것도 하고 싶지 않았습니다. 하지만 아들은 끝까지 고집을 부렸고, 결국 제가 졌습니다. 장난감 배를 만드는 데 무려 세 시간이 걸렸어요. 그런데 배 만들기를 거의 마무리하면서 깨달았습니다. 그 배를 만들면서 보낸 세 시간이 몇 달 만에 제가 느낀 평온한 시간이었다는 것을요.

그렇게 정신이 든 저는 무기력함에서 벗어날 수 있었습니다. 정말이지 몇 달 만에 해 보는 생각다운 생각이었지요. 어떤 계획과 생각이 필요한 일에 몰두하면 걱정할 틈이 없다는 사실을 알게 되었어요. 배를 만드는 일이 제 걱정을 완전히 잊게 한 것이지요. 그래서 늘 바쁘게 움직여야겠다고 다짐했습니다.

　이튿날 밤, 저는 집 안을 이리저리 살피며 할 일에 대한 목록을 작성했습니다. 책장, 계단, 덧문, 블라인드, 손잡이, 자물쇠, 물이 새는 수도꼭지 등 수리해야 할 곳이 수두룩했지요. 그렇게 2주 동안 수리 목록을 적어 보았는데, 무려 242가지나 되었습니다. 그리고 그 목록에 따라 2년간 손볼 곳을 수리했습니다. 또 아내에게도 기운이 날 만한 일을 부탁했습니다. 저는 일주일에 두 번, 성인 교육 관련 강좌를 수강하러 뉴욕으로 옵니다. 지역의 여러 활동에도 참여하고, 교육위원회 위원장도 맡고 있지요. 참여하는 모임만 수십 개입니다. 적십자 활동이나 모금 활동에도 참여하고 있지요. 지금은 너무 바빠 도무지 걱정할 틈이 없습니다.”

　‘걱정할 틈이 없다!’ 제2차 세계 대전이 한창 벌어지고 있을 때 하루에 18시간씩 일하던 윈스턴 처칠이 했던 말이다. 누군가 그에게 무거운 책임감 때문에 걱정되지는 않느냐고 묻자 그는 “정말이지 너무 바빠서 걱정할 틈이 없습니다.”라고 답했다.

　자동차에 넣을 자동 시동기를 개발할 무렵, 찰스 케터링도 이와 똑같은 어려움을 겪었다. 케터링은 은퇴하기 전까지 GM사 부사장직에 있으면서 동시에 세계적으로 유명한 GM연구소를 맡고 있었다. 하지만 과거의 그는 건초를 쌓아 둔 창고를 실험실로 써야 할 정도로 가난했다. 식료품을 사기 위해서는 피아노 강사인 아내가 일해서 번 1,500달러를 써야 했다. 또 생명 보험을 담보로 보험사로부터 500달러를 대출받기도 했다.

　과학자 루이 파스퇴르는 ‘도서관과 연구실에서 찾을 수 있는 평화’에 대해 언급한 적이 있는데, 그런 곳에서 어떻게 평화를 찾을 수

　　　　　　　　　　　데일 카네기 자기관리론

있을까? 생각해 보라. 도서관이나 연구실에 있는 사람들 대부분은 자신의 일에 몰두한 나머지 걱정할 틈이 없다. 연구원들이 신경 쇠약에 걸릴 일은 거의 없다고 본다. 그럴 만한 여유가 없기 때문이다.

바쁜 일에 몰입하는 단순한 일이 어째서 걱정을 잊는 데 도움이 될까? 심리학이 알아낸 근본적인 법칙 중 하나가 여기에 작용한다. 아무리 머리가 좋은 사람일지라도 한 번에 하나 이상의 생각을 할 수 없다는 것이다. 못 믿겠는가? 그럴지도 모른다. 그럼 한 가지 실험을 해 보기로 하자. 지금 당장 편하게 누운 상태로 눈을 감아 보아라. 그리고 자유의 여신상과 내일 아침 해야만 하는 일을 동시에 떠올려 보는 것이다.

이 두 가지 생각을 하나씩 집중할 수는 있어도 동시에 집중할 수는 없다는 사실을 알게 될 것이다. 이는 감정의 영역도 마찬가지다. 즐겁고 재미있는 일을 열심히 하면서 동시에 걱정 때문에 우울해하는 것은 불가능하다. 하나의 감정이 다른 감정을 몰아내고 그 자리를 차지하기 때문이다. 제2차 세계 대전 당시 정신 치료를 하던 군의관들이 기적 같은 결과를 이루어 낼 수 있었던 것 역시 이런 단순한 발견을 했기 때문이다.

끔찍한 전쟁의 충격으로 신경 쇠약증에 걸려 후송된 장병들이 있었다. 군의관들은 "정신없이 바쁘게 지내라."라는 처방을 내렸다. 정신적 충격을 받은 군인들은 정신없이 바쁘게 움직여야 했다. 보통 낚시, 사냥, 야구, 골프, 사진 찍기, 정원 다듬기, 춤추기 같은 야외 활동을 했다. 그렇게 하면 끔찍한 기억을 떠올릴 만한 시간의 여유가 없다.

최근 정신 의학에서 사용하는 '작업 요법'은 약을 처방하는 것처럼 활동을 처방하는 것이다. 이는 전혀 새로운 방식이 아니다. 기원전 5

세기, 고대 그리스 의사들은 이미 작업 요법의 효능을 알고 자주 사용했다.

이는 벤저민 프랭클린이 활동하던 시기에 필라델피아의 퀘이커교도들도 사용한 방법이다. 1774년, 한 사람이 퀘이커교도 요양소를 찾았다. 그곳에서 그는 정신병 환자들이 리넨 옷감을 짜느라 바쁘게 움직이는 모습을 보며 아주 놀랐다. 그는 이 불쌍한 환자들이 착취당하고 있다고 생각했다. 하지만 퀘이커교도들은 환자들이 적당한 노동을 하면 정신병 증세가 호전된다는 사실을 알아냈고, 그 방법을 사용하고 있었던 것이다.

정신과 의사라면 모두가 활동, 그러니까 바쁘게 움직이는 행동이 신경 질환에 가장 효과적인 치료법이라고 이야기할 것이다. 미국의 시인 헨리 W. 롱펠로도 부인과 사별한 뒤에 이런 사실을 깨닫게 되었다. 어느 날, 그의 부인이 봉인용으로 쓰는 밀랍을 촛불에 녹이다가 옷에 불이 붙게 되었다. 롱펠로는 비명 소리를 듣고 달려갔지만 결국 부인은 화상을 입어 죽고 말았다. 롱펠로는 그 후 한참을 끔찍한 기억으로 괴로워하며 거의 미쳐 버릴 지경에 이르렀다. 하지만 그에게는 돌봐야 할 아이들이 셋이나 있었다. 비통하고 슬픈 심정이었으나 아이들에게 아빠이자 엄마의 역할을 해 주었다. 아이들과 함께 산책을 나가고, 이야기를 들려주었다. 함께 놀며 쌓은 정을 바탕으로 「아이들의 시간」이라는 시를 지어 영원히 추억하기도 했다. 또한 단테의 작품들을 번역했다. 이 모든 일을 해내느라 아주 정신없이 바쁘게 보내야 했다. 그는 그런 일들을 하면서 자기 자신에 대해 완전히 잊고 평온함을 누릴 수 있었다.

영국의 시인 알프레드 테니슨은 절친한 친구인 아더 할람을 먼저 떠

데일 카네기 자기관리론

나보낸 뒤 "절망의 늪에 빠지지 않도록 행동에 몰두하라."라고 말했다.

열심히 일하고 있을 때나 그날의 임무를 수행하고 있을 때 행동에 몰두하는 것 자체는 그리 어렵지 않다. 하지만 그 모든 일과를 마치고 난 이후의 시간이 가장 위험하다. 여유로움을 즐겨야 할, 가장 행복한 그 시간에 걱정이라는 이름을 한 우울한 악마가 우리를 찾아오기 때문이다. 제대로 살고 있는지, 쳇바퀴를 돌리듯이 사는 것은 아닌지, 상사가 했던 말에 어떤 다른 의도가 있는 것은 아닌지, 혹은 성적 매력을 잃어 가고 있는 것은 아닌지 고민하게 되는 때가 바로 그 시간이다.

인간의 정신은 바쁜 일이 없을 때 진공 상태에 가까워진다. 물리학을 공부한 사람이라면 '자연은 진공 상태를 싫어한다.'는 말을 알고 있을 것이다. 흔히 볼 수 있는 것 가운데 가장 진공에 가까운 것은 백열전구의 내부다. 전구를 깨뜨리면, 이론적으로 자연은 그 빈 곳에 공기를 채워 넣을 것이다.

자연은 진공 상태인 정신을 채우기 위해 가득 밀려 들어온다. 그러면 무엇으로 채워질까? 대부분 감정이다. 걱정, 공포, 증오, 질투, 부러움 같은 감정들은 마치 원시림에서 분출되는 듯한 원시적이고 역동적인 에너지에 의해 움직인다. 이러한 감정은 너무 강렬해서 우리 정신에 자리 잡은 여유로운 생각과 감정을 모두 몰아내 버린다.

컬럼비아대학교 교육학 교수인 제임스 L. 머셀은 이러한 현상을 다음과 같이 설명했다. "걱정은 일하고 있을 때가 아니라 모든 일을 마친 뒤에 인간을 공격해 쓰러지게 만든다. 그때 우리의 상상력은 난동을 부리며 어리석은 가능성을 불러오고 사소한 실수들을 크게 부풀린다. 이런 상황에서 정신은 멈추지 않고 작동하는 모터나 마찬가지다. 무조건 질주하며 베어링을 과열시켜 타게 만들거나 부서뜨린다. 그러니 걱정을 치료하는 방법은 건설적인 일을 하는 데 완전히 시간을 들여 몰입하는 것이다."

이런 사실을 알기 위해 굳이 대학교수까지 되어야 할 필요는 없다. 제2차 세계 대전이 한창 벌어지던 시기에 나는 어떤 가정주부를 만났다. 시카고에 사는 그녀는 내게 '걱정을 치료하는 방법은 건설적인 일을 하는 데 완전히 시간을 들여 몰입하는 것'이라는 사실을 어떻게 몸소 깨닫게 되었는지 말해 주었다. 나는 그 부인과 남편을 미주리주행 기차의 식당 칸에서 만났다. 이 부부는 일본이 진주만을 습격했던 다음 날 아들이 군에 입대했다고 말했다. 부인은 하나뿐인 아들의 신변이 걱정되어 앓아누울 지경이라고 했다. '지금 어디에 있을까? 몸은 괜찮은 걸까? 전투하고 있을까? 어디 다치기라도 한 건 아닐까? 혹시 전사한 건 아니겠지?' 하는 생각을 도무지 멈출 수가 없었다.

어떻게 그런 걱정을 극복했는지 물었더니, 그녀는 "정말 쉴 새 없이 바쁘게 지냈습니다."라고 대답했다.

처음에 그녀는 가사 도우미를 내보내고 직접 집안일을 하며 바쁘게 지냈다고 한다. 하지만 별 도움이 되지 않았다고 한다. "집안일은 굳이 신경 써서 몰두하지 않아도 기계적으로 해낼 수 있었던 게 문제였어요. 머릿속으로 걱정을 계속 하게 되었지요. 잠자리를 준비하고 설거지를 하면서도 낮 동안에 쉴 틈 없이 정신적·육체적으로 바쁘게 지낼 수 있는 새로운 일을 찾아야만 했습니다. 그래서 백화점 판매원으로 일하기로 했지요. 확실히 효과가 있었습니다. 정신을 차려 보니 쉴 새 없이 일하고 있었습니다. 고객들이 제 주변으로 몰려들어 가격, 사이즈, 색상을 물어봤지요. 그래서 해야 할 일 말고 다른 생각을 할 여유라곤 전혀 없었어요. 밤이 되면 아픈 다리를 풀어 줘야겠다는 생각 말고는 할 수 있는 게 없었지요. 저녁을 먹은 뒤에는 곧바로 침대에 누워 잠에 들었어요. 걱정할 시간도, 또 그럴 힘도 없었지요."

그녀는 그렇게 『불쾌한 기억을 잊는 기술』이라는 책에서 존 쿠퍼 포이스가 말했던 것을 깨닫게 되었다. 포이스는 다음과 같이 말했다. "어떤 일에 몰입하는 순간에는 평온함, 깊은 내면의 평화, 그리고 행복한 무아지경 상태가 되어 인간의 신경을 안정시켜 준다."

정말 다행인 일이다. 얼마 전, 세계적으로 유명한 탐험가 오사 존슨이 걱정이나 비통함에서 벗어나기 위해서 했던 자신만의 방법을 이야기해 주었다. 아마 그녀의 삶에 대해서는 한 번쯤 들어 본 적이 있을 것이다. 그녀는 『나는 모험과 결혼했다』라는 책을 썼는데, 이 책의 제목처럼 그녀는 모험과 결혼한 여성이었다. 그녀는 열여섯 살 때 마틴 존슨과 결혼했고, 남편을 따라 캔자스주 샤누테에서 보르네오의 험한 정글로 거처를 옮겼다. 캔자스 출신의 이 부부는 그 후 25년간 전 세계를 돌며 아시아와 아프리카에 있는 멸종 위기 야생 동물의 생태와 관련한 영화를 제작했다.

몇 년 후 미국으로 돌아온 부부는 직접 촬영한 영상을 보여 주며 순회강연을 했다. 그러던 어느 날, 부부가 탄 비행기가 덴버에서 태평양 연안으로 향하던 중 그만 산으로 추락하고 말았다. 남편 마틴 존슨은 그 자리에서 사망했고, 의사들은 오사 존슨이 침대에서 일어나지 못할 것이라고 말했다. 하지만 그것은 오사 존슨이 어떤 사람인지 몰랐기에 할 수 있는 말이었다. 3개월이 지났을 무렵, 그녀는 휠체어에 몸을 의지한 채 수많은 청중 앞에서 강의했다. 한 번이 아니다. 그무렵 무려 100회 이상의 강의를 했다. 그녀는 매번 휠체어에 탄 채로 강단에 섰다. 그녀에게 왜 그렇게 무리하느냐고 물었더니, 다음과 같이 답했다.

"슬퍼하거나 걱정할 틈이 없어야만 하니까요."

오사 존슨은 테니슨이 100년 전에 말했던 그 진리를 이미 알고 있었다. "절망의 늪에 빠지지 않도록 행동에 몰두하라."

리처드 에벌린 버드 제독 역시 5개월간 고립된 생활을 하면서 이런 진리를 깨달았다. 그는 남극을 뒤덮고 있던 만년설에 파묻혀 있는 오두막에 머무르고 있었다. 남극을 뒤덮고 있는, 미국과 유럽을 합한 것보다 더 큰 빙하기 만년설은 원시적인 자연의 비밀을 간직하고 있었다. 주변 1마일 안에는 생명체가 존재하지 않았다. 얼마나 기온이 낮았는지 숨을 쉬면 귓가에 스쳐 가던 바람이 입김을 얼리는 소리가 들리는 것만 같았다. 버드 제독은 그의 책『혼자서』에서 그 막막하고 영혼을 앗아 가는 듯한 어둠 속에서 보낸 5개월에 대해 언급했다. 낮 또한 밤처럼 어두웠다. 그래서 온전한 정신을 유지하려면 계속 바쁘게 움직여야만 했다. 그는 다음과 같이 말했다.

"밤이 되어 불을 꺼야 할 때마다 습관처럼 내일 할 일들에 대한 계획을 세웠다. 예를 들면 대피로를 만드는 데 한 시간, 눈을 치우는 데 30분, 연료통 수리를 하는 데 한 시간, 식품 저장고의 선반을 만드는 데 한 시간, 썰매의 연결 부위를 수리하는 데 두 시간……. 이렇게 시간을 조금씩 나누는 것은 멋진 일이었다. 이런 방식으로 내 자제력은 크게 향상되었다. 그렇게 하지 않았다면 아무 목적 없는 힘겨운 나날을 보냈을 것이다. 분명 인생 자체가 무너졌을 것이다."

'목적 없는 날들을 보냈다면 인생 자체가 무너졌을 것이다.'라는 이 마지막 말을 한 번 더 새겨 보기를 바란다.

　　　　　　　　　　　　　　　　　　　　　　　　데일 카네기 자기관리론

만약 걱정거리가 있다면 예전부터 사용되던 일이 훌륭한 처방일 수 있다는 사실을 기억하라. 하버드대학교 임상의학 교수로 있었던 리처드 C. 캐벗 박사는 자신의 책『사람은 무엇으로 사는가』에서 다음과 같이 말했다.

"나는 의사로서 과한 의혹이나 망설임, 동요, 두려움을 버리지 못해서 마음의 병을 앓는 많은 사람이 일하면서 치유되는 사례를 보며 기쁨을 느꼈다. 우리가 일하면서 얻을 수 있는 용기는 에머슨이 말한 '자기 자신에 대한 신뢰'와 같다."

바쁘게 일하지 않고 자리에 앉아 쓸데없는 생각에만 빠져 있다면, 찰스 다윈이 말했던 '위버 기버'를 수없이 만들어 낼지도 모른다. 이 '위버 기버'는 옛날이야기에 등장하는, 인간에게 허탈함을 주고 활동력과 의지력을 없애 버리는 작은 악마다.

스스로 바빠지게 해서 조급해하거나 애태울 시간을 줄임으로써 '위버 기버'를 이겨 낸 뉴욕 출신의 사업가가 있다. 트렘퍼 롱맨이라는 사람인데, 월스트리트 40번지에 사무실이 있다. 내 성인 교육 강좌의 수강생이기도 한 그가 걱정을 극복한 이야기는 정말 흥미롭고 인상적이었다. 강의가 끝난 뒤에 그와 저녁 식사를 하며 경험담을 들었다.

"저는 18년 전 걱정에 시달린 나머지 불면증에 걸렸어요. 늘 극도로 긴장했고 예민해져서 신경과민 증상을 보였습니다. 이러다 신경 쇠약증에 걸릴지도 모른다고 생각했지요. 당시 그럴 만한 걱정이 있었습니다. 저는 뉴욕 웨스트브로드웨이 418번지에 있던 크라운 프루트 앤 익스트랙트 컴퍼니에서 회계를 담당하고 있었는데, 회사는 갤런 사이즈의 딸기 통조림에 50만 달러를 투자한 상황이었습니다. 회사는 20년간 아이스크림 제조업체에 딸기 통조림을 판매했습니다.

그런데 갑자기 매출이 급속도로 하락했지요. 대형 아이스크림 제조 업체들이 배럴 단위로 포장된 딸기를 구매하면서 시간과 경비를 절약했기 때문입니다.

결국 재고로 남은 딸기는 50만 달러어치에 달했습니다. 1년간 100만 달러에 달하는 딸기를 구매하겠다는 계약까지 해 둔 상황인데다가, 은행에서 대출받은 돈도 35만 달러나 되었습니다. 대출금을 갚거나 연장할 방법이 없었지요. 당연히 걱정할 수밖에 없는 상황이 아니겠습니까? 저는 회사 공장이 있는 캘리포니아로 서둘러 달려갔습니다. 사장에게 상황이 바뀌었으니 이대로 가면 파산할 것이라고 보고했지만, 그는 믿지 않았습니다. 사장은 마케팅 능력을 이유로 들며 문제 책임을 뉴욕 사무소로 돌렸지요.

저는 며칠간 사장을 설득했습니다. 그렇게 마침내 딸기 통조림 포장이 중단되었지요. 다른 딸기는 샌프란시스코 과일 시장에 팔기로 했습니다. 그렇게 거의 해결되는 것처럼 보였지요. 그렇다면 걱정도 멈춰야 했지만, 그럴 수 없었습니다. 걱정은 습관입니다. 제게 걱정이라는 습관이 생기고 만 것이지요. 뉴욕에 돌아온 후부터 이탈리아에서 들여오던 체리, 하와이에서 매입하는 파인애플 등 모든 분야에 대해 걱정하기 시작했습니다. 늘 긴장하면서 예민한 상태였기에 잠도 제대로 잘 수 없었지요. 그렇게 신경 쇠약 증세가 나타나기 시작했어요.

저는 이 막막한 상황에서 새로운 생활 방식을 택하기로 했습니다. 그 방식을 따른 뒤부터 불면증이 없어지고 걱정도 씻어 낼 수 있었지요. 그것은 바로 바삐 움직이는 것이었습니다. 이제 제 능력을 모두 발휘해야 하는 문제들 때문에 걱정할 시간이 전혀 없었습니다. 예전에는 하루에 7시간씩 일했지만, 이제는 15~16시간까지 일했습니다.

데일 카네기 자기관리론

매일 아침 8시에 출근해서 자정 무렵까지 사무실에 있었습니다. 새로운 업무와 책임도 맡았지요. 한밤중이 되어서야 집으로 돌아와 침대에 누우면 정말 너무나 피곤해 순식간에 잠이 들었습니다. 무려 3개월 동안 그렇게 생활했지요. 그러니 걱정하는 습관이 사라지더군요. 그래서 다시 하루 7~8시간 일했던 생활 습관으로 돌아왔습니다. 이는 18년 전 이야기예요. 그 후로는 불면증에 걸리지도 않았고, 걱정으로 고민한 일도 없습니다."

조지 버나드 쇼의 말이 맞았다. 그는 자신의 말을 다음과 같이 한마디로 요약했다.

"불행하고 싶다면 자신이 행복한지 아닌지 고민할 여유를 가져라."

자신이 행복한지 아닌지 절대 확인하려고 하지 말라. 쉴 틈 없이 몸을 움직여라. 혈액 순환이 잘되고 두뇌 회전도 빨라질 것이다. 여러분의 몸에 솟구치는 긍정 에너지가 마음속의 걱정을 몰아낼 것이다. 바쁘게 움직이라는 것. 이것은 세상에서 가장 값싼 처방이면서 가장 효험 있는 처방이라고 할 수 있다.

걱정하는 습관을 고치고 싶은가? 그렇다면 다음 방법을 따르라.

Dale Carnegie
걱정하는 습관을 없애는 방법 1

Keep busy. The worried person must lose himself in action, lest be wither in despair.

계속 바쁘게 움직여라. 걱정이 생긴다면 행동에 몰입하라. 그렇게 하지 않으면 곧 절망에 빠지게 될 것이다.

딱정벌레가 당신을 쓰러뜨리지 못하게 하라

Don't Let The Beetles Get You Down

내 평생 잊을 수 없는 극적인 이야기를 하나 들었다. 뉴저지주 메이플우드에 사는 로버트 무어라는 사람이 내게 들려준 이야기다.

"저는 1945년 3월, 수심이 80m 정도 되는 인도차이나의 바닷속에서 인생에 있어 가장 훌륭한 교훈을 얻었습니다. 저는 잠수함 바야 S. S. 318호에 탑승했던 88명의 선원 중 한 사람이었지요. 일본의 소형 호위선 한 대가 저희 쪽으로 다가오고 있는 것이 레이더망에 잡혔습니다. 날이 밝아 오자 저희는 공격하기 위해 잠항했습니다. 저는 잠망경으로 일본 호위 구축함과 유조선, 기뢰 부설함을 확인했지요. 어뢰 세 발을 일본 구축함에 발사했습니다. 어뢰는 빗나갔는데, 장치에 뭔가 문제가 있었던 것 같습니다. 적의 구축함은 아직 공격을 눈치채지 못했기 때문에 항해를 이어 갔지요. 이제 마지막 배인 기뢰 부설함을 공격할 준비를 했습니다. 그런데 갑자기 그 배가 방향을 바꿔 저

데일 카네기 자기관리론

희 쪽으로 다가오는 것이었습니다. 일본군 정찰기가 수심 18m에 있던 저희 잠수함을 발견하고 기뢰 부설함에 무전으로 그 사실을 전달한 겁니다. 저희는 적의 탐지를 피하려고 수심 45m까지 내려가 수중 폭뢰에 대비했습니다. 승강구에 추가 잠금장치를 걸어 두고 잠수함에서 소리가 새어 나가지 않도록 선풍기, 냉방 장치 등 모든 전자 장비의 전원을 차단했습니다. 그러고 나서 3분이 지나자 지옥 같은 상황이 벌어졌습니다. 수중 폭뢰 여섯 발이 터지면서 저희 잠수함이 수심 80m 바닥까지 곤두박질쳤기 때문입니다. 무시무시한 공포가 밀려왔습니다. 수심 300m 이내에서 잠수함이 공격을 당하는 것은 정말 위험한 상황입니다. 150m 이내라면 말할 필요도 없이 큰일이지요. 그런데 저희는 수심 150m의 절반이 조금 넘는 지점에서 공격당했던 겁니다. 안전의 측면에서 본다면 간신히 무릎 정도의 깊이였습니다. 일본군 기뢰 부설함은 15시간이나 폭뢰를 퍼부었습니다. 잠수함 반경 5m 이내에 폭뢰가 터지면 그 충격으로 잠수함에는 구멍이 생깁니다. 우리 잠수함의 15m 이내에서 수차례 폭뢰가 터졌지요. 그래서 선원들에게는 각자 침대에 누워 '안전하게 대기하라.'는 명령이 떨어졌습니다. 저는 너무 두려워서 숨 쉬기조차 어려웠습니다. '이젠 끝이구나!'라는 생각을 속으로 되풀이하기만 했지요. 선풍기와 냉방 장치를 모두 꺼 놓았으니, 잠수함 내부는 섭씨 40도에 육박할 정도로 뜨거웠습니다. 하지만 저는 공포에 젖어 추위를 느꼈고 스웨터와 모피 외투를 꺼내 입었는데도 계속 덜덜 떨렸습니다. 이가 딱딱 맞부딪혔고 식은땀이 죽죽 났습니다. 그런데 15시간이나 계속되던 적의 공격이 갑자기 중단되었습니다. 일본군 기뢰 부설함이 폭뢰를 다 써 버리자 자리를 떠난 듯했습니다. 그날의 15시간은 제게 1,500만 년처럼 느껴졌습니다. 과거가 주마등처럼 스쳐 지나갔지요. 그동안 제가 저질렀던 잘못들, 사소하고 어리석은 걱정이 생생히 떠올랐습니다. 해군에 입대하기 전, 저는 은행원으로 근무하고 있었습니다. 근무 시간은 길었는데 보수도 적었고, 진급할 가능성이 없다는 이유로 고민 중이었습니다. 집을 사지 못해서 걱정했고, 새 차를 사지 못해 고민했으며, 아내에게 멋진 옷을 사 주지 못해 속상했습니다. 그리고 늘 잔소리하며 질책만 하는 직장 상사를 얼마나 미워했는지 모릅니다. 밤이 되면 분노가 잔뜩 쌓인 상태로 집으로 돌아왔고, 아내와 사소한 일로도 다투었지요. 그런 기억들이 떠올랐습니다. 자동차 사고로 이마에 생긴 흉터로도 고민했었지요. 불과 몇 해 전까지만 해도 이런 게 저의 큰 걱정거리였습니다. 하지만 폭뢰의 위협 속에서 죽을 위기에 처해 있다가 벗어나자, 이런 고민이 정말 사소하게 느껴졌습니다. 그 자리에서 저는 다짐했습니다. 만약 이곳에서 살아남아 다시 해와 별을 볼 수 있다면, 다시는 걱정 따위는 하지 않겠다고 말입니다. 잠수함 안에서 두려움에 떨던 15시간 동안, 4년간 대학에서 책을 통해 배운 것보다 훨씬 많은 것을 배우게 되었습니다."

인생에 등장한 큰 문제에는 용감하게 맞서면서도, 목에 난 종기처럼 사소한 일에 굴복하는 일이 꽤 있다. 예를 들어, 런던에서 해리 베인 경이 참수당하는 장면을 기록한 사무엘 피프스는 처형대에 오른 해리 경이 결코 목숨을 구걸하지 않았다고 말했다. 하지만 사형 집행인에게 목에 난 종기는 건드리지 말아 달라고 부탁했다고 한다.

남극 대륙의 끔찍한 추위와 암흑 속에서 밤을 지새우던 버드 제독이 발견한 사실도 마찬가지였다. 부하 대원들은 중대한 문제보다는 사소한 일로 불만을 이야기했다. 그들은 온갖 험난한 역경을 겪고, 영

데일 카네기 자기관리론

하 60도까지 떨어지는 추위에도 불만을 호소하지 않았다. 버드 제독은 다음과 같이 말했다.

"침대 하나를 같이 사용하는 두 대원이 서로 말하지 않는 일이 있었습니다. 상대의 침구가 자기 자리를 조금씩 침범하고 있었다고 합니다. 음식을 먹을 때 반드시 스물여덟 번을 씹어야 한다고 주장하는 감식주의자 앞에서는 절대 음식을 먹지 않는 대원도 있었지요. 극지대의 캠프에서는 잘 훈련된 사람들이라도 이렇게 사소한 일로 분노하게 되곤 합니다."

버드 제독의 이 말에 다음과 같은 말을 덧붙일 수도 있을 것이다. "결혼 생활에서도 이처럼 사소한 일들이 사람을 화나게 하며, 그 사소한 일이 세상의 불행 중 반을 만들어 낸다."

이 분야의 권위자들은 그렇게 말하고 있다. 예를 들면, 이혼 사건을 4만 건 이상 조정한 경력이 있는 시카고의 조셉 새바스 판사는 다음과 같이 말했다. "이혼의 원인은 대부분 아주 사소한 일이다."

뉴욕 카운티의 프랭크 S. 호건 지방 검사도 다음과 같이 말했다. "반 이상의 형사 사건은 사소한 일로 발생합니다. 술집에서의 주정, 가족 간의 말다툼, 욕설, 모욕, 무례한 행동 같은 사소한 이유가 폭행이나 살인으로까지 이어지는 것입니다. 심각한 잘못으로 문제가 발생하는 경우는 극히 드물다는 거지요. 세상 대부분의 걱정거리는 자존심에 가벼운 상처를 입는다든가, 모욕을 받는다든가 하는 극히 사소한 일 때문에 발생합니다."

엘리너 루스벨트는 신혼 때 실력이 부족한 요리사 때문에 며칠간 고민했다고 하면서 다음과 같이 말했다. "지금이라면 뭐, 어깨를 한 번 으쓱하고 잊어버릴 일이지요."

바로 이러한 태도다. 이것이 바로 정서적으로 성숙한 사람의 행동일 것이다. 심지어 절대 독재자인 예카테리나 여제 역시 요리사가 부족한 요리를 내와도 그냥 웃어넘겼다고 하지 않은가.

한번은 아내와 함께 시카고에 사는 한 친구 집에서 저녁 식사를 했다. 그런데 고기를 썰던 친구가 실수했던 듯하다. 나는 알아채지 못했고, 만약 알았더라도 별로 신경 쓰지 않았을 것이다. 그런데 그 모습을 본 친구의 부인이 그 자리에서 친구를 머쓱하게 만들었다.

"여보, 지금 뭐하는 거예요? 제대로 해야지요!"

그리고 나서 그녀는 다음과 같이 말했다.

"남편은 늘 저런 실수를 하곤 하지요. 도무지 노력이라곤 하지 않는다니까요."

그가 음식을 제대로 만들지 못했을지도 모른다. 하지만 20년이나 이런 사람과 함께 살아왔다는 사실에는 존경을 표하고 싶다. 온갖 잔소리를 들으며 북경 오리나 상어 지느러미 같은 산해진미를 먹느니 마음 편한 분위기에서 머스터드를 뿌린 핫도그를 먹는 것이 나을 것 같았다.

이후 나는 아내와 함께 친구들을 집으로 초대해 식사했다. 약속 시간이 되자 아내는 냅킨 세 장이 테이블보와 어울리지 않는다는 것을 발견했다. 아내는 나중에 내게 말했다.

"급히 요리사한테 가서 물어봤는데, 나머지 냅킨 세 장이 아직 세탁실에 있다더군요. 손님은 이미 문 앞에 도착한 상태였는데요. 바꿀 만한 시간이 없었던 거지요. 그래서 정말 울 뻔했어요. '어쩌다 이런 실수를 해서 저녁 시간을 망쳐야 하는 거지?' 이 생각밖에 들지 않았어요. 그러다 그냥 '될 대로 되라지.' 하고 생각했지요. 어쩔 수 없으니 즐겁게 보내야겠다고 마음을 먹고 저녁 식사를 했어요. 그리고 실제로

데일 카네기 자기관리론

즐거운 시간을 보냈지요. 친구들이 저를 신경질적이고 예민한 사람으로 보는 것보다는 집안 살림에 서툰 주부로 보는 게 더 나을 것 같고요. 어쨌든 냅킨에 대해 알아챈 친구는 아무도 없었던 것 같아요!"

'법은 사소한 일에 관여하지 않는다.' 법률에 관한 격언이다. 마음의 평화를 바란다면, 사소한 걱정으로 고민하는 사람들도 이렇게 생각해야 한다. 사소한 일로 머리 아프고 싶지 않다면 관점을 바꿔야 한다. 새롭고 즐거운 생각을 해야 한다. 『그들은 파리로 가야만 했다』를 비롯해 수십 권의 책을 쓴 내 친구 호머 크로이는 마음을 바꾸는 일에 대한 놀라운 사례를 제시했다. 그는 글을 쓰고 있을 때 라디에이터에서 소음이 들려오면 참지 못했다. 스팀 소리나 끓는 소리가 들리면, 그도 덩달아 화가 나서 끓어오르곤 했다.

크로이는 다음과 같이 말했다. "그래서 친구들과 캠프를 떠났지. 나뭇가지가 모닥불에서 활활 타오르면서 타닥거리는 소리를 내는 것을 듣고 있으니 라디에이터 스팀 소리와 비슷하다는 생각이 들더라고. 이렇게 비슷한데 왜 하나는 좋고, 다른 하나는 싫지? 집에 돌아와 이런 생각을 했다네. '모닥불에서 타는 나뭇가지 소리는 참 좋았는데, 라디에이터 소리도 비슷한 것 같네. 그냥 소음에 신경 쓰지 말고 잠이나 자야겠다.' 그래도 며칠간은 라디에이터 소리가 거슬렸어. 하지만 계속 긍정적으로 생각하다 보니 그 이후에는 전혀 신경이 안 쓰였다네. 우리가 하는 사소한 걱정도 마찬가지야. 걱정을 즐기는 것도 아니면서 계속하는 건 너무 과장해서 생각하기 때문이지."

디즈레일리는 다음과 같은 말도 했다.

"사소한 일에 신경을 쓰기엔 인생이 너무 짧다."

앙드레 모로아도 이 말과 관련해 〈디스 위크〉에서 다음과 같이 말했다.

"이 말은 고통스러운 경험을 극복하는 데 큰 도움이 되었습니다. 가끔 사람들은 잊어도 될 만큼의 사소한 일에도 신경을 쓰지요. 그런데 우리에게 남은 삶은 고작 몇십 년에 불과합니다. 1년 안에 기억에서 사라지게 될 불만을 계속 떠올리면서 결코 되돌릴 수 없는 소중한 시간을 낭비하고 있습니다. 그래서는 안 됩니다. 우리는 인생을 가치 있는 행동과 감정, 위대한 포부와 진실한 사랑, 지속적인 일을 하면서 보내야 합니다. 사소한 일들에 신경 쓰면서 살기에는 우리 인생은 너무 짧기 때문이지요."

루디야드 키플링 같은 유명 인사 역시 '사소한 일에 신경을 쓰기엔 인생이 너무 짧다.'는 사실을 간혹 잊었다. 그래서 어떻게 되었을까? 그는 자기 처남과 버몬트 역사상 가장 유명한 법적 분쟁을 했다. 이 사건은 아주 유명해서 『루디야드 키플링의 버몬트 불화』라는 책으로까지 출간되었을 정도다.

사건은 다음과 같다. 키플링은 버몬트 출신인 캐롤라인 발레스티어와 결혼한 뒤 버몬트 브래틀보로에 집을 짓고 살 계획이었다. 그는 처남 비티 발레스티어와 금세 가까워져서 가장 친한 친구가 되었다. 두 사람은 일과 취미 생활도 같이 즐겼다.

그러던 어느 날, 키플링은 처남에게서 땅을 샀다. 해마다 일정 시기에 처남이 그 땅에서 건초를 베어 가도 괜찮다는 조건을 붙여서 말이다. 그런데 처남은 키플링이 이 목초지에 정원을 만들 계획을 세우고 있다는 것을 알게 되고는 몹시 화가 났다. 그는 화를 참지 못했고, 키플링 역시 지지 않고 응수했다. 버몬트 그린 산맥을 둘러싸고 냉기가 흘렀다.

며칠 후, 키플링은 자전거를 타고 가다가 처남의 짐마차가 갑자기 그의 앞길을 가로막은 탓에 넘어지고 말았다. 그러자 "주변 모든 사람이 이성을 잃고 당신을 탓하더라도 당신만은 이성을 유지할 수 있다면."이라고 말했던 키플링은 이성을 잃은 채 어떻게든 처남을 구속하려고 했었다. 이 사건으로 그 유명한 소송이 벌어진 것이다. 수많은 취재 기자가 마을로 몰려들었다. 소문은 순식간에 전 세계로 퍼져 나갔다. 둘은 화해하지 못했고, 키플링 부부는 이 싸움으로 고향인 미국을 떠나 평생 다시 돌아오지 못했다. 이 비극을 유발한 것은 황당하게도 건초 한 더미였다.

2,400년 전 아테네의 페리클레스는 "우리는 사소한 일을 하는 데 너무 많은 시간을 보내고 있습니다."라고 말했다.

그렇다. 우리는 정말 그러고 있다. 해리 에머슨 포스틱 박사가 해 준 이야기를 하나 소개해 보겠다. 숲속 거목의 싸움에 관한 이야기다.

콜로라도주 롱스피크 언덕에는 거대한 나무 잔해가 있다. 식물학자의 말로는 이 나무의 나이가 약 400세라고 한다. 콜럼버스가 산살바도르에 도착할 당시 이 나무는 작은 묘목이었고, 영국 청교도들이 미국으로 건너와 플리머스에 정착했을 때는 어느 정도 큰 나무가 되어 있었다. 그 긴 세월 동안 나무는 벼락을 열네 번이나 맞았다. 이외에도 이 나무는 셀 수 없이 많은 산사태와 폭풍우를 버텼다. 하지만 어느 날, 작은 딱정벌레들이 나무를 공격했고, 나무는 쓰러지고 말았다. 벌레들은 나무껍질 속으로 들어가 내부를 조금씩 갉아먹으며 계속 공격했다. 이런 식으로 나무가 지닌 단단함은 서서히 파괴되었다.

세월도 시들게 하지 못했고, 벼락과 폭풍우도 견딘 거목은 손끝으로도 쉽게 죽일 수 있는 작디작은 딱정벌레 때문에 쓰러진 것이다.

우리 또한 저 숲의 거목과 비슷하지 않은가? 우리에게 간혹 찾아오는 사나운 폭풍우나 벼락, 눈사태 같은 재해는 극복해도 걱정이라는 작은 딱정벌레, 손끝으로도 쉽게 죽일 수 있는 아주 조그마한 딱정벌레에 지배당하고 있지 않은가?

몇 년 전, 나는 와이오밍주 고속도로 경찰 본부장으로 있는 친구 찰스 세이프레드와 그의 친구들과 함께 와이오밍주에 있는 티턴 국립 공원에 갔다. 우리는 공원 안에 있는 존 D. 록펠러 기념관을 방문할 예정이었다. 그런데 내 차가 길을 잘못 들어서서 다른 차들보다 한 시간이나 늦게 도착했다. 열쇠를 가지고 있었던 세이프레드는 우리가 도착할 때까지 모기가 우글거리는 후덥지근한 숲속에서 한 시간이나 기다렸다.

모기떼는 성인도 이성을 잃을 만큼 극성스러웠다. 하지만 세이프레드를 이기지는 못했다. 그는 우리를 기다리는 동안 포플러 나뭇가지를 꺾어 피리를 만들었다. 우리가 도착했을 때 그는 모기 따위는 개의치 않고 자기가 만든 피리를 불고 있었다. 사소한 일에는 신경도 쓰지 않던 그에 대한 추억으로 나는 그 피리를 고이 간직하고 있다.

걱정하는 습관을 없애고 싶다면, 다음 방법을 따라 해 보라.

Dale Carnegie
걱정하는 습관을 없애는 방법 2

**Let's not allow ourselves to be upset by small things
we should despise and forget. Remember
"Life is too short to be little."**

**무시해도 좋을 사소한 일이 마음을 망치도록
방치하지 말라. 인생은 사소한 일에 신경 쓰기에는
너무 짧다는 것을 기억하라**

데일 카네기 자기관리론

수많은 걱정을 씻어 낼 수 있는 방법

A Law That Will Outlaw Many Of Your Worries

　나는 어릴 적 미주리주 농가에서 자랐다. 어느 날, 나는 어머니를 도와서 버찌씨를 발라내고 있다가 갑자기 울음이 터졌다. 어머니가 "데일, 도대체 왜 우는 거니?"라고 묻자, 나는 울먹이며 다음과 같이 말했다. "땅에 산 채로 묻히게 될까 봐 무서워요!"

　그 무렵, 나는 온갖 것을 다 걱정했다. 비바람이 불고 번개가 치면 벼락에 맞아 죽을까 봐 걱정했고, 가세가 기울면 식량이 떨어질까 봐 걱정했다. 죽은 다음에는 지옥에 가게 되면 어쩌나, 내 귀를 자른다고 협박하던 동네 형 샘 화이트가 정말 그렇게 하면 어쩌나 하고 걱정했다. 내가 인사를 건네면 여자애들이 나를 비웃을까 봐 걱정했다. 또 결혼하지 못할까 봐 걱정했다. 조용한 시골 교회에서 결혼식을 올린다면, 마차를 타고 농장으로 오는 도중에 무슨 이야기를 나누어야 할지도 걱정했다. 대체 어떻게 해야 하지? 나는 밭둑을 서성거리며 이렇게 '대단한' 문제들에 관해 고민했다.

시간이 흘렀다. 나는 내가 걱정하던 일의 대부분은 실제로 일어나지 않는다는 것을 알게 되었다. 예전에는 벼락을 맞을까 봐 노심초사했는데, 이제는 내가 한 해에 벼락을 맞아 죽을 확률은 35만분의 1도 안 된다는 사실을 안다.

'산 채로 땅에 묻히면 어떡할까?' 하는 걱정은 더 쓸데없었다. 시체를 미라로 만들던 시대 이전에도 산 채로 땅에 묻히는 사람은 1,000만 명 중 한 명 정도도 안 되었다. 하지만 예전에는 이 모든 것이 눈물이 날 정도로 무서웠다.

여덟 명 가운데 한 명 꼴로 암으로 사망한다. 벼락에 맞거나 땅에 묻히는 것보다 암을 걱정하는 것이 맞다. 어릴 적 내 걱정들은 허황된 것이었지만, 어른들의 걱정도 이와 크게 다르지 않다. 쓸데없이 많은 걱정을 달고 사는 것은 매한가지다. '평균의 법칙'에 따르면 걱정의 90%는 근거가 전혀 없어서 지금 당장이라도 없앨 수 있다.

런던 로이즈 보험사는 사람들이 일어날 확률이 거의 없는 일들을 걱정하고 있다는 사실을 간파해 큰돈을 벌었다. 이 보험사는 사람들이 걱정하고 있는 일들은 절대 일어나지 않는다고 확신하고는 내기를 걸었다. 이들은 그것을 '보험'이라고 부른다. 하지만 이는 평균적인 법칙을 따른 것에 불과하다. 로이즈 보험사는 200년 넘게 성장세를 보였다. 인간 본성이 변하지 않는 한 앞으로 5,000년은 더 거뜬히 성장할 것이다. '평균의 법칙'에 따르면, 사람들은 자주 발생하지 않는 온갖 재난을 걱정하며 보험을 들 것이기 때문이다.

평균의 법칙에는 정말 놀랄 만한 사실이 많다. 만약 내년부터 5년

　　　　　　　　　데일 카네기 자기관리론

간 게티즈버그 전투에 버금갈 격렬한 전쟁에 참여해야 한다는 사실을 알게 된다면 두려움에 떨게 될 것이다. 아마 온갖 보험 회사의 생명 보험을 모조리 들어 놓을지도 모른다. 유언장을 작성하고 재산과 일을 모두 정리한 뒤 "전쟁에서 살아 돌아오지 못할 수도 있으니 이 몇 년 만이라도 최선을 다해 살겠어!"라고 말할 것이다. 하지만 평균의 법칙은 꼭 전쟁이 벌어지지 않더라도 50세부터 55세까지 사는 것이 게티즈버그 전투만큼 위험하고 치명적인 일들로 가득하다는 사실을 제시한다. 50세에서 55세 사이 인구의 사망률은 게티즈버그 전투에 참전한 16만 3,000명 대비 사망률과 비슷하다.

나는 심슨 소유의 '넘티가 로지'라 불리는 오두막에서 이 책의 일부분을 집필했다. 그 오두막은 캐나다 로키산맥 보호 기슭에 자리잡고 있다. 나는 그곳에서 여름을 나는 동안 샌프란시스코주에 사는 허버트 H. 샐린저 씨 부부를 만났다. 샐린저 부인은 차분하고 조용했기에, 나는 그녀가 걱정 없이 사는 사람이라고 느꼈다. 어느 날 저녁, 모닥불 앞에 앉아 그녀에게 걱정에 시달려 본 적이 한 번이라도 있느냐고 물었다. 그러자 그녀는 놀랍게도 다음과 같이 말했다.

"걱정이요? 인생을 망칠 정도로 시달려 봤지요. 걱정을 이겨 내는 법을 깨닫기 전까지는 제 자신이 만든 지옥 속에서 11년을 살았습니다. 저는 화를 잘 냈고 성미도 급했어요. 그래서 늘 심각하게 긴장한 상태로 살고 있었습니다. 매주 쇼핑하기 위해 저희 집이 있는 샌마티오에서 버스를 타고 샌프란시스코로 갔지만, 쇼핑하면서도 항상 불안했어요. 전기다리미 코드를 뽑지 않은 것은 아닐까. 혹시 집에 불이 나면 어쩌지. 아이들만 집에 둔 채로 가정부 혼자 도망가면 어떡하지. 아이들이 길에서 자전거를 타고 다니다가 교통사고를 당하면 어쩌나. 쇼핑하다가도 온갖 걱정 때문에 식은땀이 날 정도였습니다. 그러면 재빨리 뛰어나가 버스를 타고 집으로 들어가서 집 안을 살펴봤지요. 결국 제 첫 결혼은 실패로 끝났습니다. 두 번째 남편은 변호사인데 차분하고 분석적인 사람이라 걱정에 쉽게 빠지지 않았습니다. 제가 긴장할 때마다 남편은 다음과 같이 말했어요. '여보, 긴장 풀어요. 당신이 무엇을 걱정하고 있는지 같이 생각해 봅시다. 평균의 법칙으로 봤을 때 실제로 일어날 가능성이 있는 걱정인지 생각해 봐요.'

어느 날, 우리 부부는 뉴멕시코의 앨버커키에서 칼즈배드 동굴이 있는 국립 공원에 차를 타고 가고 있었습니다. 그러던 중 폭풍우를 만났지요. 차가 계속 미끄러지면서 통제 불가능한 상태가 되었습니다. 저는 분명 차가 미끄러져 도랑에 빠지게 될 거라고 생각했어요. 하지만 남편은 계속 말했습니다. '정말 천천히 운전하고 있으니 별일 없을 겁니다. 차가 미끄러져 도랑에 빠진다 해도 평균의 법칙으로 봤을 때 우린 전혀 다치지 않을 게 분명해요.' 남편의 침착함과 확신은 저를 안심하게 해 주었지요.

어느 여름날, 캐나다 로키산맥 투캥 계곡으로 캠핑하러 떠났습니다. 해발 2,000m에서 야영했는데, 바람이 너무 세게 불어서 텐트가 찢어질 것 같았어요. 줄을 이용해서 나무 받침대에 텐트를 묶어 놓았지만, 바깥쪽 텐트는 바람 때문에 거세게 펄럭거렸지요. 저는 곧 이 텐트가 찢어져 바람에 날아갈지도 모른다고 생각했습니다. 너무 두려웠어요! 하지만 남편은 계속 이렇게 말했습니다. '여보, 괜찮을 거예요. 우린 브루스터스사 가이드와 함께 여행하고 있지 않아요? 브루스터스 사람들은 모두 전문가입니다. 60년간 여기서 텐트를 쳤지요. 이 텐트 역시 이 자리에 오래 있었는데도 아직 멀쩡하고. 평균의 법

데일 카네기 자기관리론

칙으로 따져 보면 이 텐트가 오늘 밤에 날아갈 가능성은 없어요. 날아간다 해도 다른 텐트에서 자면 되지, 걱정할 건 없어요.' 저는 남편의 말을 듣고 나서야 편안하게 잘 수 있었습니다.

몇 년 전, 저희가 사는 캘리포니아 지역에 소아마비가 유행했습니다. 예전이라면 저는 몹시 예민해져 있었겠지요. 남편은 차분하게 저를 위로해 주었습니다. 저희는 할 수 있는 모든 예방 조치를 했습니다. 사람이 많이 붐비는 곳은 피하고, 아이들을 학교에 보내지 않고, 극장에도 가지 않았지요. 위생국에 알아보았더니, 캘리포니아 역사상 소아마비가 가장 극심했을 때조차 전염병에 걸린 아이는 주에서 1,835명에 불과했다는 것입니다. 일반적으로는 200~300명 정도고요. 물론 적은 수가 아니어서 마음이 아팠지만, 평균의 법칙을 적용하면 한 아이가 그 병에 걸릴 가능성은 거의 없었지요. 평균의 법칙에 따르면 그런 일은 생기지 않을 것이라는 말이 제 걱정을 거의 없앴습니다. 저는 이 말 덕분에 지난 20년 동안 예전에는 상상도 못할 만큼 아름답고 평온하게 살아갈 수 있었습니다."

되돌아보면 지난 수십 년간 내 걱정은 대부분 상상에서 비롯된 것이었다. 뉴욕에서 제임스 A. 그랜트 유통 회사를 운영하던 제임스 그랜트도 마찬가지였다고 한다. 그는 플로리다산 오렌지와 자몽을 구매할 때, 한 번에 화물차 10~15대 분량을 주문했다. 그럴 때마다 그는 이런 생각 때문에 몹시 힘들었다고 고백했다. '열차 사고라도 나면 어쩌지? 과일을 실은 기차가 지나갈 때 다리가 무너지면?' 물론 보험에 가입된 상태라 과일은 보상받을 수 있을 것이다. 하지만 만약 과일을 제 시간에 공급하지 못하면 거래처를 잃을 수도 있을 것이라는 걱정에 시달렸다. 너무 많이 걱정한 나머지 자신이 위궤양에 걸린 것은 아닐까 하는 생각까지 했다고 한다. 의사는 신경과민 상태이기는 해도 몸에 큰 이상은 없다고 말했다.

"그때서야 정신이 들었지요. 저는 스스로에게 물었습니다. '한번 보자. 1년에 운송되는 과일 트럭이 얼마나 되지?' 답은 '약 2만 5,000대 정도.'였습니다. 저는 다시 물었습니다. '그중에 사고가 난 트럭은 몇 대였지?' 대답은 '아마 다섯 대 정도.' 2만 5,000대 가운데 겨우 다섯 대? 이 말은 곧 5,000분의 1 확률이란 거지. 평균의 법칙에 따라 트럭 한 대에 사고가 발생할 확률이 5,000분의 1 정도란 얘기야. 대체 왜 걱정하고 있는 건가?' 저는 또 이렇게 물었습니다. '하지만 다리가 무너질 수도 있을 것 같은데?' '다리가 무너져서 떨어진 트럭은 몇 대나 되지?' 답은 '한 대도 없지.'였습니다. 저는 또 이렇게 되물었지요. '여태껏 다리는 한 번도 무너지지 않았고, 열차 사고가 일어날 확률은 5,000분의 1에 불과한데 그걸 걱정하느라 위궤양에 걸린다면 너무 바보 같지 않은가?'"

그랜트는 내게 다음과 같이 말했다.

"그제야 제가 너무 어리석었다는 사실을 깨달았습니다. 그 자리에서 평균의 법칙에 모든 걸 맡긴 채 그냥 걱정하지 않기로 마음먹었습니다. 그 후로 위궤양 걱정도 하지 않았지요."

앨 스미스가 뉴욕 주지사로 있을 때의 일이다. 그는 정적들에게 공격을 받을 때마다 계속 "기록을 먼저 살펴보겠습니다."라고 대답했다. 그런 뒤에 사실을 제시했다. 만약 일어나지 않을지도 모르는 일로 걱정하고 있다면, 스미스의 이전 경험에서 교훈을 얻자. 우선 기록을 살펴보고, 계속되는 걱정에 근거가 있는지, 만약 있다면 어떤 근거인지를 살펴보자. 프레드릭 J. 말스테드는 죽음에 대한 두려움을 느꼈을 때 이런 방법으로 두려움을 떨쳐 냈다. 그가 내 성인 교육 강좌에서 해 준 이야기를 들어보자.

"저는 1944년 6월 초, 오마하 바닷가의 참호에 엎드려 있었습니다. 저는 제999통신 중대대 소속으로 있었는데, 우리 부대는 이제 막 노르망디에 상륙해 참호를 갖춘 상황이었지요. 바다에 직사각형 모양 구멍을 파 놓은 비좁은 참호 주변을 둘러보다가 문득 이런 생각이 들었습니다. '이곳은 마치 무덤 같구나.' 그 안에 누워서 잠을 청하려 하니 마치 무덤에 들어와 있는 기분이었지요. '어쩌면 이게 정말 내 무덤이 될지도 몰라.' 그런 생각이 계속 들었습니다. 밤 11시쯤 독일 폭격기가 공격을 시작했는데, 너무 두려워서 미칠 지경이었지요. 처음 2~3일 동안은 밤새 한숨도 자지 못했습니다. 4~5일째가 되니 신경쇠약에 걸릴 정도가 되었습니다. 어떤 방법을 마련하지 않는다면 그냥 미쳐 버릴 것 같았지요. 이미 닷새가 지났고 저는 살아 있었습니다. 그리고 또 다른 대원들도 모두 그럴 거라고 생각했습니다. 고작 두 명이 다쳤을 뿐이고, 그것도 독일군 공격 때문이 아니라 아군의 고사포에서 발생한 포화 때문에 상처를 입었습니다. 저는 생산적인 일을 하면서 걱정을 없애야겠다고 다짐했지요. 떨어지는 유탄에 대비하기 위해 참호 위에 두꺼운 나무 지붕을 올렸습니다. 그리고 우리 부대가 있는 지역이 얼마나 큰지를 생각했지요. 이렇게 깊고 좁은 참호에 있는데도 죽는다면, 그건 폭탄이 내 쪽으로 곧바로 떨어질 때뿐이라는 사실을 깨달았습니다. 그러고 보니 확률은 1만분의 1도 채 되지 않았지요. 그런 식으로 생각을 전환하고 이틀 정도가 지나자 마음이 평온해졌습니다. 그제야 공격이 시작되었다 해도 잠을 잘 수가 있더군요."

미 해군은 장병들의 사기를 끌어올리기 위해 평균의 법칙에서 나온 통계 자료를 활용했다. 전직 해군인 한 남자가 내게 다음과 같은 이야기를 들려주었다. 그는 같은 배를 탄 동료들과 고옥탄 휘발유를 나르는 유조선에 배치되자 걱정을 멈출 수가 없었다. 고옥탄 휘발유를 싣고 떠나는 유조선이 어뢰에 맞게 되면 승선한 사람들 모두가 단숨에 죽게 되리라고 생각했다. 하지만 미 해군은 그렇지 않다는 사실을 알았다. 해군은 정확한 수치를 들어 설명했다. 유조선 100척이 어뢰에 맞았다고 한다면 그중 60척은 침몰하지 않으며, 가라앉은 유조선 40척 가운데 5척만이 10분 이내에 침몰한다는 사실을. 이러한 설명만으로 과연 사기가 올랐을까?

"평균의 법칙을 알게 된 후부터 불안감이 싹 사라졌지요."

지나친 걱정이 여러분의 삶을 망치기 전에 걱정하는 습관을 없애고 싶다면, 다음 방법을 따르라.

Dale Carnegie
걱정하는 습관을 없애는 방법 3

"Let's examine the record." Let's ask ourselves: "What
are the chances, according to the law of averages,
that this event I am worrying about will ever occur?"

여러 기록을 살펴보라. 그리고 나서 스스로에게 물어보라.
'평균의 법칙'으로 볼 때 내가 걱정하고 있는 일이 실제로
발생할 확률이 얼마나 되는가?

데일 카네기 자기관리론

피할 수 없는 일이라면 수용하라

Co-Operate With The Inevitable

어렸을 적에 있었던 일이다. 나는 미주리주 북서부에 있는 낡은 오두막 다락방에서 친구들과 재미있게 놀고 있었다. 나는 다락방에서 내려오려고 창문턱에 발을 잠깐 내디뎠다가 뛰어내렸다. 그때 나는 왼손 둘째 손가락에 반지를 끼고 있었는데, 뛰어내리다가 반지가 못에 걸리는 바람에 손가락이 잘리고 말았다. 나는 크게 소리를 질렀다. 너무 무서웠고, 이렇게 죽게 된다고 생각했다. 하지만 손가락을 치료한 뒤에는 한순간도 그 일 때문에 걱정하지 않았다. 걱정해 봐야 무슨 소용이 있겠는가? 나는 피할 수 없는 결과를 받아들였다.

나는 내 왼손 손가락이 네 개라는 사실을 종종 잊고 지낸다. 몇 해 전, 뉴욕 시내에 있는 사업자용 빌딩에 사무실을 차리고 화물용 엘리

베이터 사업을 하는 사람을 만났다. 그는 왼손이 없었다. 그에게 왼손이 없어서 괴롭지 않으냐고 묻자, 그가 다음과 같이 말했다.

"아닙니다. 손이 없다는 생각도 별로 들지 않아요. 저는 아직 독신인데, 바늘에 실을 꿸 때 말고는 별로 제 손의 상태가 신경 쓰이지 않습니다."

사람들은 자신의 힘으로 어쩔 수 없는 일이라면 놀라우리만큼 빨리 그 사실을 받아들이고 적응한다. 그 후에는 그런 일이 있었다는 사실조차 잊게 된다.

나는 종종 네덜란드 암스테르담에 있는 대성당을 떠올린다. 15세기에 건축된 그 성당은 이미 폐허가 되어 버렸다. 그곳에는 한 글귀가 새겨져 있다. 그 글귀는 플랑드르 언어로, 다음과 같은 뜻을 담고 있다.

'이미 그러하니 다른 방법은 없다.'

인생을 수십 년 살다 보면 불쾌한 상황도 종종 겪게 된다. 이는 부정할 수 없는 사실이다. 하지만 선택은 할 수 있다. 상황을 피할 수 없으니 받아들여 적응하거나, 아니면 거부함으로써 인생을 망쳐 버린 뒤 신경 쇠약에 걸리는 것이다.

내가 좋아하는 철학자 윌리엄 제임스는 이에 대해 지혜로운 조언을 해 주었다.

"있는 그대로의 사실을 받아들이기 위해 노력하라. 어떤 불행이 찾아올지라도, 이미 일어난 일을 받아들이는 것이 그 결과를 극복하기 위한 첫걸음이다."

오리건주 포틀랜드 북동부에 사는 엘리자베스 콘리는 시련을 겪으며 어떤 깨달음을 얻었다. 그녀가 내게 보낸 편지의 일부를 옮겨

데일 카네기 자기관리론

본다.

"미국이 북아프리카에서 승리한 전투에 축배를 들던 날, 저는 국방부에서 보낸 전보를 받았습니다. 제가 가장 사랑하는 조카가 작전 중 실종되었다는 내용이었지요. 그리고 얼마 뒤 조카가 전사했다는 내용의 전보가 도착했습니다. 비통함과 슬픔이 극에 달해 저는 정신을 잃었습니다. 그 전까지 제 인생은 너무 즐거웠고, 직업도 만족스러웠습니다. 조카 양육에도 도움을 줄 수 있었지요. 조카는 정말 멋지고 훌륭한 청년이었습니다. 눈에 넣어도 아프지 않을 만큼 사랑스러웠지요. 그런데 이런 전보를 받게 된 겁니다. 정말이지 세상 모든 게 무너져 버렸습니다. 더 이상 삶의 의미를 찾을 수 없었지요. 일에도 무심해지고 친구들과도 멀어졌습니다. 만사가 귀찮기만 했습니다. 마음이 너무 아프고 모든 게 원망스럽기 그지없었습니다. 도대체 왜 사랑하는 내 조카가 죽어야 하나? 그렇게 착하고 살아갈 날이 수두룩한 청년이 왜 죽어야만 했는가? 그 사실을 저는 받아들일 수 없었습니다. 하던 일을 그만두고 멀리 떠나 슬픔 속에 몸을 웅크리려고 했습니다. 일을 그만두려고 책상을 정리하는데, 잊고 있던 편지를 하나 발견했습니다. 몇 해 전, 어머니가 돌아가셨을 때 조카가 제게 보낸 편지였습니다. 편지에는 다음과 같이 쓰여 있었습니다.

'분명 돌아가신 할머니가 그리울 거예요. 고모님은 더욱 그러시겠지요. 하지만 잘 견뎌 내실 거라고 믿습니다. 고모님은 확고한 철학을 가진 분이니까요. 고모님이 제게 가르쳐 주신 아름다운 진리를 결코 잊지 못할 거예요. 고모님께서는 어느 곳에 있든, 얼마나 멀리 떨어져 있든 항상 웃으라고 했지요. 무슨 일이 생기더라도 남자답게 받아들이라던 고모님의 가르침을 결코 잊지 않겠습니다.'

저는 그 편지를 몇 번이고 다시 읽었습니다. 조카가 바로 제 옆에서 말하는 듯했지요. '고모님이 제게 가르쳐 주셨잖아요. 무슨 일이 생기더라도 꼭 견뎌라. 작은 슬픔을 미소 뒤에 숨기고 견뎌야 한다. 그런데 고모님은 왜 그렇게 하지 않고 계신가요?' 저는 직장으로 다시 돌아갔습니다. 그리고 슬퍼하며 숨는 일을 멈추었고, 다음과 같이 결심했습니다.

'이미 일어난 일이고, 내가 바꿀 수 있는 건 없어. 하지만 그 아이가 바라는 대로 이 슬픔을 이겨 낼 수는 있지. 꼭 반드시 이겨 내고야 말겠다.'

저는 일하는 데 최대한 모든 정신을 집중했습니다. 그리고 그 아이와 같은 장병들에게 편지를 보냈지요. 새로운 관심사를 찾고 새로운 사람들을 만나기 위해 야간 성인 교육 강좌를 수강했습니다. 그런데 그 일을 하는 것만으로도 믿기 어려울 정도로 변했습니다. 지금 저는 하루하루를 즐겁게 살고 있고, 제 조카도 그러기를 바랐을 겁니다. 저는 인생과 화해했고, 운명을 받아들였습니다. 그렇게 지금은 그 어느 때보다 풍요로운 삶을 살고 있지요."

콘리는 우리가 배워야 할 것을 이미 배웠다. 피할 수 없는 일들은 그냥 받아들여야 한다. "이미 그러하니 다른 방법은 없다." 배우기 쉬운 교훈은 아니다. 권위 있는 왕들이라도 이 교훈을 마음에 새겨 두어야 했다. 조지 5세는 이런 글귀를 액자로 만들어 버킹엄 궁전에 있는 서재 벽에 걸어 놓았다. "하늘의 달을 따 달라고 조르지 않고, 이미 쏟아진 우유가 아깝다고 후회하지 않도록 가르쳐 주소서." 아르투르 쇼펜하우어도 같은 생각을 다음과 같이 표현했다. "인생의 항해에서 가장 중요한 준비는 어떠한 어려움이라도 수용하겠다는 마음가짐이다."

주변 상황 자체가 우리를 행복하게 하거나 불행하게 하지 않는다는 사실은 확실하다. 그 상황에 반응하는 태도가 곧 감정을 결정하는 것이다. 예수는 천국도 지옥도 우리 안에 있다고 말했다.

마음을 굳게 먹는다면 우리는 재난과 불행을 이겨 낼 수 있다. 불가능하다고 생각할 수도 있다. 하지만 우리에게는 자신을 끝까지 지켜 줄 강력한 내적 자원이 있다. 우리는 생각보다 훨씬 더 강하다.

부스 타킹턴은 항상 "나는 인생에 어떠한 고난이 강제로 찾아와도 모두 견뎌 낼 수 있다. 다만 앞이 보이지 않는 것은 예외다. 그것만은 절대 견뎌 낼 수 없다."라고 말했다.

타킹턴이 60대에 접어들었을 때, 그는 바닥에 깔린 카펫의 색이 뿌옇게 보인다는 사실을 알아챘다. 무늬도 알아볼 수 없었다. 그는 의사를 찾아갔고, 비극적인 소식을 듣게 되었다. 차츰 시력이 사라지고 있었던 것이다. 한쪽 눈은 이미 거의 시력을 잃은 상태였고, 반대쪽 눈도 나빠지고 있었다. 그가 가장 두려워하던 일이 일어난 것이다.

타킹턴은 최악의 불행에 어떻게 반응했을까? '이젠 다 끝이야. 내 인생은 끝장이라고.'라고 생각했을까? 아니다. 그는 놀랄 만큼 활기차게 지냈다. 심지어 농담을 던지며 상황을 표현하기까지 했다. 그를 괴롭히는 것은 '작은 반점들'이었다. 눈 속에서 여기저기 떠돌다가 눈이 전혀 보이지 않게 만드는 것이었다. 그 작은 반점 가운데 아주 큰 것이 떠다니다가 눈앞을 가로막으면 그는 다음과 같이 말했다.

"아이고, 할아버지가 또 걸음을 하셨군요. 이 따사로운 아침에 대체 어디를 가시는 걸까!"

이렇듯 단단한 영혼을 운명 따위가 이길 수 있겠는가? 운명은 결코 그를 이기지 못했다. 타킹턴은 시력을 완전히 상실했을 때 다음과 같이 말했다.

"사람들이 다른 것들을 받아들이는 것처럼 나도 시력을 잃었다는 사실을 받아들일 수 있음을 깨닫게 되었다. 설사 오감을 전부 잃는다고 해도 마음으로 계속 살아갈 수 있다는 것을 알았다. 나는 나 자신도 모르게 마음으로 보고 마음으로 살아가고 있다."

그는 시력을 되찾을 수도 있다는 희망을 품기도 했다. 그래서 1년 동안 무려 열두 번이 넘는 수술을 하기도 했다. 부분 마취를 한 상태로 말이다. 그는 그 일로 분노했을까? 그렇지 않다. 피할 수 없는 일임을 알고 있었기에 고통을 줄이는 유일한 길은 그 사실을 품위 있게 받아들이는 것뿐이었다. 그는 개인 병실을 거절하고, 일반 병실에서 같은 질환을 앓는 사람들과 함께 지냈다. 그러면서 그 사람들을 즐겁게 해 주기 위해 노력했다.

그는 어떤 눈 수술을 하고 있는지 분명하게 의식할 수 있는 상태에서 수술을 받았다. 그는 그때마다 스스로 얼마나 운이 좋은 사람인지 의식하려고 애썼다. 그는 다음과 같이 말했다.

"정말 놀라운 일이지 않나! 과학이 사람의 눈처럼 복잡한 것도 수술할 수 있다니!"

일반 사람이라면 열두 번 넘게 수술하고도 시력을 잃었다면 분명 신경 쇠약에 걸렸을 것이다. 하지만 타킹턴은 오히려 "내 경험을 더 행복한 경험과 바꾸지 않을 것이다."라고 이야기했다.

이 경험은 그에게 받아들이는 법을 알려 주었다. 그리고 그는 인생에 어떤 일이 벌어지더라도 견디지 못할 것은 없다는 점을 배웠다. 그는 이러한 경험을 통해 존 밀턴이 발견한 것처럼 "앞이 보이지 않는 것은 비참한 일이 아니다. 단지 그 사실을 견뎌 내지 못하는 것, 그

데일 카네기 자기관리론

것이야말로 비참한 일이다."라는 사실을 깨달았다.

뉴잉글랜드의 유명 여권주의자 마거릿 풀러는 자신의 신조에 대해 "나는 모든 우주를 받아들인다!"라고 말했다. 이에 토머스 칼라일은 조롱하듯이 말했다. "물론 그러시겠지! 그 편이 좋을 거야!"

그렇다. 우리 모두 피할 수 없는 것은 받아들이는 편이 좋다. 피할 수 없는 일을 받아들이지 못하고 불만으로 가득 찬 생각만 한다면, 그 현실을 결코 바꾸지 못한다. 우리 자신을 바꾸면 된다. 이것만큼은 자신 있게 말할 수 있다. 이미 경험한 일이기 때문이다.

과거에는 나도 나에게 닥친 불가피한 상황을 거부하려고 했었다. 미련하게도 불평하며 반발했다. 그래서 매일 밤 불면에 시달렸다. 내가 원하지도 않았던 온갖 나쁜 것들이 나를 찾아왔다. 나는 그 사실을 바꿀 수 없다는 것을 처음부터 알고 있었다. 하지만 1년간 스스로를 괴롭히고 나서야 그 사실을 받아들였다. 진작 월터 휘트먼의 이야기에 귀를 기울였으면 좋았을 텐데.

아, 나무나 짐승들이 그렇게 하듯
밤과 폭풍우, 빈곤함과 조롱, 재난 그리고 좌절까지
그렇게 맞이할 수 있기를.

나는 12년 동안 소 떼를 돌보았다. 그러면서도 가뭄으로 목초지가 마르거나, 진눈깨비가 내리거나, 수소가 다른 암소에게 관심을 가진다는 이유로 분노하는 젖소를 한 번도 본 적이 없다. 동물들은 어두운 밤이나 폭풍우, 굶주림도 자연스럽게 받아들인다. 그러니 신경 쇠약이나 위궤양에 걸릴 일도 없고 미치지도 않는다.

시련에 굴복하는 것이 최선이라는 뜻은 절대 아니다. 이것은 운명론에 불과하다. 상황을 개선할 가능성이 있다면 분명 최선을 다해 싸워야 한다. 하지만 이미 어쩔 수 없는 상황이라면 불가능한 일에 애써 노력할 필요가 없다는 것이다. 컬럼비아대학교 학장으로 있었던 허버트 E. 호크스는 〈엄마 거위의 노래〉라는 영국 전래 동요의 한 구절을 자신의 좌우명으로 삼았다.

태양 아래 모든 아픔, 거기엔 치료법이 있을 수도 없을 수도 있다네.
있다면 찾고, 없다면 굳이 신경 쓰지 말게.

나는 이 책을 쓰면서도 미국의 성공한 사업가와 몇 차례 면담했다. 나는 그들이 피할 수 없는 일들과 협력하면서 걱정하지 않는 인생을 살고 있다는 사실에 감명을 받았다. 만약 그렇게 하지 않았다면, 그들은 긴장을 이겨 내지 못하고 무너졌을 것이다. 내 말이 무엇을 의미하는지 보여 줄 만한 사례를 몇 가지 제시하겠다.

페니 스토어의 설립자인 J. C. 페니는 다음과 같이 말했다. "저는 재산 전부를 잃는다고 해도 걱정하지 않을 겁니다. 걱정한다고 달라지는 건 없을 테니까요. 다만 제가 할 수 있는 최선을 다한 뒤 그 결과는 신에게 맡길 겁니다."

헨리 포드 역시 비슷한 말을 했다. "제가 일을 컨트롤하지 못할 때, 저는 그 일이 알아서 굴러가도록 그저 내버려 둡니다."

나는 크라이슬러 사장인 K. T. 켈러에게 걱정이 생기면 어떻게 대처하느냐고 물었다. 그러자 그는 다음과 같이 대답했다. "저는 힘든 상황과 마주하더라도 할 수 있는 일이 있다면 그걸 합니다. 그게 불가능하다면 그냥 잊어버리지요. 절대 미래를 걱정하지 않습니다. 세상에 미래의 일을 예측할 수 있는 사람은 아무도 없기 때문이지요. 미래에 영향을 줄 수 있는 요인은 아주 많습니다. 하지만 그게 어떻게 발생하는지를 알고 있거나 또 이해할 수 있는 사람은 없지요. 그러니 걱정할 필요가 있습니까?"

켈러를 철학자라고 부른다면 그는 당황할 것이다. 그는 단지 훌륭한 사업가일 뿐이다. 하지만 그의 생각은 19세기 이전 로마에서 가르치던 에픽테토스의 철학과 같다. 에픽테토스는 로마인들에게 "행복에 도달하는 길은 오로지 하나다. 바로 우리의 의지를 뛰어넘는 일은 걱정하지 않는 것이다."라고 가르쳤다.

'성스러운 사라'로 알려진 사라 베르나르의 사례를 살펴보자. 피할 수 없는 일과 협력하는 법을 아는 것이 어떤 의미인지 보여 주는 훌륭한 사례다. 그녀는 지난 50여 년 동안 세계에서 가장 사랑받는 배우이자 네 대륙의 무대를 휘어잡은 왕으로 통했다. 하지만 그녀는 70세 때 파산하고 전 재산을 잃었다. 대서양을 건너던 중 폭풍우로 갑판에 넘어져 다리에 부상을 입었기 때문이다. 정맥염이었다. 주치의인 포치 교수는 그녀에게 다리를 잘라 내야 한다고 말했다. 그러면서도 그는 다혈질인 '성스러운 사라'에게 앞으로의 일에 대해 설명하기를 꺼려하고 있었다. 그녀가 이 끔찍한 이야기를 듣게 된다면 신경질적으로 발작할 것이라 확신했기 때문이다. 하지만 그의 생각은 빗나갔다. 사라는 그를 잠시 응시하더니 조용히 말했다. "그래야만 한다면, 뭐 그래야겠지요."

운명적인 일이었다. 그녀가 침대에 누워 수술실로 향하는 동안 그녀의 아들은 눈물을 멈추지 못했다. 그녀는 아들에게 가볍게 손짓하며 경쾌한 목소리로 말했다. "여기서 기다리고 있으렴. 곧 돌아올 테니까."

그녀는 수술실로 들어가면서 예전에 했던 연극의 한 장면을 재연했다. 누군가가 그녀에게 힘을 내기 위한 의식이냐고 묻자 그녀가 말했다. "아니에요. 의사 선생님과 간호사 분들께 힘을 주기 위해서지요. 긴장하셨을 테니까요." 그녀는 수술을 잘 끝내고 회복했다. 이후 7년 동안이나 더 세계를 누비며 관객들의 마음을 훔쳤다.

〈리더스 다이제스트〉에서 엘시 맥코믹은 다음과 같이 말했다. "피할 수 없는 일과 싸우는 것을 그만둘 때, 풍요로운 인생을 살아갈 수 있는 힘이 나옵니다."

피할 수 없는 일과 싸우는 동시에 새로운 인생을 만들어 갈 수 있을 정도로 감정과 활력이 넘치는 사람은 없다. 어느 쪽이든 선택해야 한다. 여러분은 피할 수 없는 인생의 눈보라 속에서 꺾일 수도 있고, 굳건히 버티다가 부러질 수도 있다.

나는 미주리주에 있는 내 농장에서 이런 일을 경험했다. 농장에 수십 그루의 나무를 심었는데, 처음에는 놀라울 만큼 쑥쑥 자랐다. 어느 날, 진눈깨비가 내리자 나뭇가지에 얼음이 두껍게 덮였다. 나무들은 우아하게 휘지 못하고 그 무게를 굳세게 버티다가 결국 무게를 이기지 못하고 부러져 버렸다. 그래서 나는 나무들을 베어 내야만 했다. 나무들은 북부 숲이 가진 지혜를 깨닫지 못했다. 캐나다에 있는 상록 침엽수들을 수없이 보았지만, 진눈깨비나 얼음 때문에 부러진 전나무나 소나무는 본 적이 없었다. 그 상록수들은 가지를 구부리고 휘어지는 법과 피할 수 없는 것과 협력하는 법을 알고 있었다.

브라질의 유술(柔術) 사범들은 "버드나무처럼 휘어져라. 참나무처

데일 카네기 자기관리론

럼 버티지 말아라."라고 가르친다. 자동차 타이어는 도로 위에서 그토록 큰 충격을 어떻게 견딜 수 있는 것일까? 타이어 제조업자들은 처음에 바닥에서 오는 충격에 저항하는 타이어를 만들려고 했다. 하지만 그 타이어는 갈기갈기 찢어졌다. 그래서 그들은 바닥에서 오는 충격을 버틸 수 있는 타이어를 만들었다. 우리는 험난한 인생의 여정에서 마주하는 충격과 진동을 흡수하는 법을 배워야 한다. 그래야 오래 잘 버티면서 편안히 여행할 수 있다.

만약 인생에서 마주하게 되는 충격을 흡수하지 않고 거부한다면 어떻게 될까? 버드나무처럼 휘는 것을 거부하고, 참나무처럼 버티기만 한다면 어떻게 될까? 이미 답은 정해져 있다. 깊이 고민하게 될 것이다. 걱정, 긴장, 압박감에 시달려 신경 쇠약에 걸릴지도 모른다. 험난한 현실을 거부하고 스스로 만든 상상의 세계로 도피하는 순간, 아마 미쳐 버리고 말 것이다.

제2차 세계 대전 때 수많은 병사는 피할 수 없는 현실을 받아들이거나 압박감으로 쓰러지는 것 중 하나를 선택해야만 했다. 뉴욕주 글렌데일가에 사는 윌리엄 H. 캐설리어스의 이야기를 들어보자. 그는 뉴욕에서 열린 성인 교육 강좌에서 다음과 같이 발표해서 상을 받았다.

"저는 연안 경비대에 입대한 뒤 대서양 연안에서 가장 빈번하게 분쟁이 일어나는 지역에 배치되었습니다. 그곳에서 폭발물을 관리하는 임무를 맡았지요. 생각해 보십시오! 크래커 판매원이었던 제가 폭발물 관리자가 되다니요. 수천 톤의 T.N.T. 위에 서 있는 걸 생각만 해도 등골이 서늘했습니다.

교육은 겨우 이틀간 받았습니다. 거기서 배운 것들 때문에 더 두려워졌지요. 처음으로 현장에 나가던 날은 절대 잊지 못할 겁니다. 안개가 자욱하게 껴서 굉장히 어둡고 추웠습니다. 그날 뉴저지주 베이언에 있는 케이븐 포인트 부두로 출동하라는 명령을 받게 되었지요.

저는 배의 5번 선창에 배치되어 인부 다섯 명과 함께 선창에 내려가 일해야 했습니다. 그들은 거칠고 강한 사람들이었지만, 폭발물에 대해서는 전혀 아는 게 없었습니다. 하나당 1톤이 넘는 T.N.T.가 들어 있는 초대형 폭탄을 싣고 있었는데, 그건 그 낡은 배를 산산조각으로 부수고도 남을 만큼 충분한 양의 폭발물이었지요. 그 폭탄들은 케이블 두 개에 묶여서 내려오고 있었습니다. 저는 계속 이런 생각이 들었습니다. '케이블 중 하나라도 미끄러진다면, 아니 끊어진다면! 세상에, 신이시여!' 저는 너무 두려운 나머지 몸이 덜덜 떨려 왔습니다. 입술이 바짝바짝 타고 무릎이 후들거리고 심장이 거칠게 뛰었습니다.

하지만 도망갈 수 없었습니다. 분명 탈영으로 처리될 테니까요. 그건 저와 제 부모님께 불명예스러운 일이 될 테고, 잘못하다간 총살을 당할 수도 있었습니다. 그래서 도망갈 수 없었고, 그냥 그 자리를 지켜야만 했지요. 저는 인부들이 초대형 폭탄들을 함부로 다루는 것을 지켜보고 있었습니다. 배는 언제라도 곧 폭발할 것 같았습니다. 그런 서늘한 공포심을 품고 한 시간 넘게 있으니 약간 기지가 생겨났습니다. 저는 스스로를 질책했습니다.

'생각해 보자. 그래, 폭발이 일어났다고 생각해 봐. 그러면, 그래서 어쨌다는 거야? 별 차이도 없잖아! 깔끔하게 죽는 것도 나쁘진 않을 것 같고. 암으로 고생하다가 죽는 것보다는 100배는 낫지. 바보같이 굴지 말자. 인간은 영원히 살 수 없으니까. 이 일을 해야만 해. 그렇지

데일 카네기 자기관리론

않으면 총살을 당하겠지. 그럴 거면 차라리 이 일을 좋아하는 편이 낫지 않아?'

저는 몇 시간 동안 이렇게 스스로를 설득했습니다. 그러자 기분이 괜찮아졌지요. 피할 수 없는 상황을 받아들이자고 결심하니 걱정과 두려움이 조금씩 사라졌습니다. 저는 그날이 준 교훈을 결코 잊지 못합니다. 어쩔 수 없는 일 때문에 걱정이 될 때면 저는 어깨를 으쓱하며 말하지요. '잊자.' 이건 크래커 판매원에게도 효과가 있습니다."

정말 멋진 생각이다. 피너포어 출신의 이 크래커 판매원에게 박수를 보낼 만하다.

십자가에 못 박힌 예수의 죽음을 제외하면, 소크라테스의 죽음은 역사상 가장 유명한 죽음일 것이다. 사람들은 1만 년 후에도 그의 죽음에 대한 플라톤의 빛나는 묘사를 읽게 될 것이다. 이는 모든 문학을 통틀어 가장 감동적이고 아름다운 구절이다. 몇몇 아테네 사람이 나이 든 맨발의 소크라테스를 부러워하며 시기했다. 그래서 죄 없는 그를 고발해 재판을 받게 하고 사형 선고를 받게 했다. 친절한 간수는 소크라테스에게 독배를 건네며 말했다.

"피할 수 없는 일이라면 그저 담담히 견뎌 내시오." 소크라테스는 그렇게 했다. 죽음을 맞이하며 그가 보였던 침착함과 체념은 가히 신에 가까운 모습이었다.

"피할 수 없는 일이라면 그저 담담히 견뎌 내시오." 이 말은 기원전 399년의 말이다. 하지만 걱정으로 점철된 이 세상에서 과거의 어느 때보다 더 필요한 말이기도 하다.

"피할 수 없는 일이라면 그저 담담히 견뎌 내시오." 나는 지난 8년 동안 걱정을 없애는 법에 대해 조금이라도 언급한 책이나 글은 거의

다 읽었다. 그 결과 내가 찾게 된 걱정에 대한 충고 중에 가장 훌륭한 충고가 있다. 그것이 무엇인지 궁금한가?

그 글귀를 소개하겠다. 이 말을 세면대 앞 거울에 붙여 놓고 세수할 때마다 바라보면서 마음속 걱정을 씻어 내길 바란다. 이 기도문은 뉴욕 유니언신학교의 응용신학 교수인 라인홀드 니부어 박사가 썼다.

주여, 저에게 허락해 주소서.

바꿀 수 없는 것을 수용할 수 있는 평정심을,

바꿀 수 있는 것을 바꿀 용기를,

그리고 이 둘을 분별할 수 있는 지혜를 주소서.

Dale Carnegie
걱정하는 습관을 없애는 방법 4

Co-operate with the inevitable.
피할 수 없는 일이라면 수용하라.

데일 카네기 자기관리론

걱정에 대해 손절매 주문을 하라

Put A 'Stop-Loss' Order On Your Worrie

월 스트리트에서 많은 돈을 벌 수 있는 방법이 무엇인지 알고 싶은 가? 그것을 알고 싶어 하는 사람은 수없이 많을 것이다. 내가 그 답을 안다면 이 책을 한 권에 1만 달러씩 받고 팔 수도 있을 것이다. 성공한 중개인들이 쓰는 꽤 괜찮은 방법이 있다. 뉴욕 동부 43번가 17번 지에 사무실을 두고 근무하는 투자 상담사 찰스 로버츠가 알려 준 방법이다. 그는 다음과 같이 말했다.

"텍사스를 떠나 뉴욕에 처음 왔을 때 제게는 친구들이 모아 준 2만 달러가 있었습니다. 저는 주식 시장에 관해 꽤 잘 알고 있다고 생각 했습니다. 하지만 가지고 있던 돈을 모조리 날려 버리고 말았지요. 가끔은 수익을 크게 올리기도 했지만, 결국 몽땅 잃게 되었습니다.

제 돈을 잃은 것은 문제가 없었지만, 친구들의 돈까지 잃어 버려서 정말 걱정이었습니다. 친구들이 그 정도는 감당할 수 있다고 해도 그렇지요. 투자에 완전히 실패하자, 친구들의 얼굴을 다시 보는 게 무서워졌습니다. 하지만 친구들은 전혀 신경 쓰지 않았고, 오히려 긍정적으로 생각했습니다.

저는 그동안 대체로 모든 것을 운에 맡기며 다른 사람들의 말에 따라 투자했습니다. H. I. 필립스의 말을 빌려 표현하면, 저는 귀로 주식 투자를 한 것이지요. 저는 제가 어떤 실수를 했는지 하나하나 점검하기 시작했습니다. 원인을 제대로 파악하고 분석할 때까지 절대 주식 시장으로 돌아가지 않겠다고 결심했지요.

저는 이곳저곳 알아본 끝에 큰 성공을 거둔 주식 투자자 가운데 한 사람인 버튼 S. 캐슬즈를 알게 되었습니다. 그는 시간이 갈수록 투자에 더욱 성공해 명성을 높이고 있었지요. 저는 그런 일은 결코 운으로만 되지는 않는다는 사실을 알았기에 그에게 많은 것을 배울 수 있을 거라고 생각했습니다.

그는 저에게 예전에 어떤 식으로 거래했는지 물은 뒤 거래 원칙을 알려 주었습니다. '모든 주식 거래의 약정에 손절매(損切賣)를 해 놓습니다. 예를 들어, 주당 50달러에 주식을 샀다면 45달러가 되는 즉시 손절매하라는 주문을 해 놓는 겁니다.' 이 말은 주가가 매입가에서 5포인트 하락하게 되면 즉시 주식을 자동으로 팔도록 함으로써 5포인트로 손실을 최소화한다는 뜻이지요.

나이 든 고수는 다음과 같이 덧붙였습니다. '괜찮은 가격으로 매입했다면 수익은 평균 10포인트, 25포인트, 잘하면 50포인트까지도 오를 겁니다. 그러니 손실액을 5포인트로 정한다면 만약 반 이상 잘못

데일 카네기 자기관리론

된 선택을 해도 상당한 수익을 올릴 수 있지 않겠습니까?'

저는 그 이야기를 듣고 곧바로 이 원칙을 계속 지키고 있습니다. 그 원칙은 저와 제 고객들이 상당히 많은 수익을 얻을 수 있게 해 주었지요.

저는 시간이 흐르면서 손절매 원칙을 주식 시장이 아닌 다른 분야에도 적용할 수 있겠다고 생각했습니다. 무기력하거나 화가 나는 일이 생길 때마다 손절매 원칙을 썼지요. 그러자 마법 같은 효과가 생겼습니다.

예를 들어 볼까요? 저는 늘 습관처럼 지각하는 친구와 종종 점심을 먹습니다. 예전에는 그 친구가 점심시간의 반이 지나도록 오지 않아서 마음이 불편했지요. 저는 그에게 제 걱정에 대해 손절매하기로 했다고 알려 주었습니다.

'빌, 내가 자네를 기다리는 동안 손절매 기준은 정확히 10분이야. 자네가 10분이 지나도 오지 않는다면, 점심 약속은 없던 일로 하고 나는 가겠네.'"

참 아쉽다. 오래전에 이 방법을 알았다면, 즉 내 초조함과 분노, 자기 합리화의 욕구, 후회, 모든 정신과 감정의 부담을 손절매할 생각을 했더라면 얼마나 좋았을까. 내 마음의 평화를 위협하는 상황에 손절매 기준을 적당량 분배한 뒤 이렇게 말해야겠다는 생각을 왜 하지 못했을까? '지금 이 상황에서는 딱 이 정도만 신경을 쓰면 되지. 더는 필요 없다니까!' 왜 이렇게 생각하지 못했을까?

하지만 한 가지만큼은 스스로 잘했다고 인정할 수 있다. 매우 심각한 상황에서 있었던 일이다. 내 희망과 미래의 계획, 오랜 세월 동안의 노력이 물거품이 될지도 모를, 인생 최대의 위기가 왔던 때였다.

그 사건의 경위는 다음과 같다.

나는 30대 초반쯤 소설가가 되기로 다짐했다. 제2의 프랭크 노리스나 잭 런던, 혹은 토머스 하디가 되고 싶었던 것이다. 그 생각은 아주 진지해서 유럽에서 2년간 머무르기도 했다. 제1차 세계 대전이 끝나고 미국에서 달러를 마구 발행하던 때라 돈을 구하는 것은 어렵지 않았다. 나는 2년 동안 유럽에서 머물면서 내 필생의 역작을 썼다. 제목은 '눈보라'라고 붙였다.

딱 좋은 제목이었다. 출판사들이 타코타의 거대한 평원에 휘몰아치는 눈보라보다 더 서늘한 반응을 보였기 때문이다. 출판 대행을 맡아 주었던 사람이 나에게 소설에는 재능이 없는 듯하다고 말했을 때는 숨이 멎을 것만 같았다. 나는 넋이 나간 채 그의 사무실에서 나왔다. 그가 몽둥이로 내 머리를 내리친다 해도 이 정도로 충격을 받지는 않을 것 같았다. 정신이 나가서 아무 생각도 할 수 없었다. 지금 나는 인생의 갈림길에 서 있으며, 중요한 결단을 해야 한다는 사실을 깨달았다. '어떻게 하지? 난 어디로 가야 하나.' 멍한 상태로 몇 주를 보냈다.

당시 나는 "걱정에 대해 손절매 주문을 해라."라는 이야기는 들어본 적이 없었다. 지금 생각해 보니 나는 그때 정확히 그렇게 했다. 소설을 쓰기 위해 공을 들였던 2년이 정확히 그만큼의 가치가 있다는 것을 인정했다. 그렇게 한 걸음 앞으로 나아가기 시작했다. 나는 다시 되돌아와 성인 교육 강의를 진행했다. 그러면서도 틈틈이 전기를 썼다. 그렇게 쓴 전기와 자기 계발서 중 한 권을 여러분이 지금 읽고 있다.

나는 그때의 결정을 어떻게 생각하고 있을까? 그때를 떠올리면 거리로 뛰어나가 기쁨의 춤이라도 추고 싶은 마음이 든다. 조금의 거짓말도 없는 이야기다. 그 후 내가 제2의 토머스 하디가 되지 못한 것에 대해 단 하루도, 한 시간도 후회한 적이 없다.

약 100년 전, 헨리 소로는 스크리치 부엉이의 날카로운 울음소리가 들려오는 월든 호숫가에 있었다. 그는 그곳에서 집에서 만든 잉크에 깃펜을 적시며 다음과 같은 일기를 썼다. "어떤 일이든 거기에 든 비용은 짧든 길든 그 일과 맞바꾼 인생만큼의 양이다." 어떠한 일에 대해 인생의 대가를 과도하게 치른다면 바보 같은 사람이라는 말이다.

길버트와 설리번이 바로 그러한 일을 했다. 그들은 유쾌한 대사와 음악을 만들었지만, 자신들의 인생에서 유쾌함을 만들어 내는 능력은 부족했다. 그들은 〈인내심〉, 〈군함 피너포어〉, 〈미카도〉 같은 아름다운 희가극을 만들어 청중의 마음을 휘어잡았다. 하지만 정작 자신들의 감정을 조절하는 데는 실패하고 말았다.

그들은 카펫 가격을 놓고 싸우느라 인생을 슬프게 만들었다. 설리번은 그들이 구매한 극장에 깔 새 카펫을 주문했는데, 그 청구서를 보고 길버트는 분노를 억누르지 못했다. 그들은 이 일로 법원까지 갔고, 그 후 영원히 마주하지 않았다. 설리번은 새 작품을 쓰면 길버트에게 우편으로 보냈다. 길버트는 그 곡에 가사를 붙인 뒤 설리번에게 다시 보냈다. 두 사람은 어느 날 같은 무대에서 청중에게 인사했는데, 각기 다른 무대에서 나와 서로 얼굴도 보지 않고 외면했다. 그들에게는 링컨과는 달리 분노를 손절매하는 현명함이 없었다.

남북 전쟁이 한창 벌어지던 어느 날, 링컨의 친구들은 그를 사정없이 비난하는 정적들을 비판했다. 그러자 링컨은 다음과 같이 말했다.

"자네들은 나보다 더 화를 내는군. 어쩌면 내가 화내지 않는 건지도 모르겠고 말이지. 하지만 그게 결코 도움이 되지는 않을 거야. 누군가와 다투느라 인생의 반을 낭비할 만큼 시간이 많은 사람은 없으니까. 나를 향한 공격을 멈춘다면, 그게 누구라도 지난 일을 문제 삼지 않을 것이라네."

나이가 많은 내 숙모도 링컨처럼 용서의 마음을 가지고 계셨다면 얼마나 좋았을까. 프랭크 삼촌과 에디스 숙모가 살고 있던 농장은 저당이 잡힌 상태였다. 이곳은 사방이 도꼬마리 풀로 가득했으며, 땅은 푸석푸석했고, 물도 한참 부족했다. 두 사람은 어려운 시기를 보내야만 했고, 최대한 돈을 절약해야만 했다. 하지만 숙모는 허전한 집을 환하게 꾸미기 위해 커튼 등의 소품을 사는 것을 좋아했다. 숙모는 이런 소소한 사치품을 미주리주 메리빌의 댄 에버솔 포목점에서 외상으로 사 왔다. 빚이 걱정되었던 프랭크 삼촌은 숙모 몰래 포목점 주인에게 가서 앞으로는 절대 숙모에게 외상으로 물건을 주지 말라고 당부했다. 이 사실을 알게 된 숙모는 화를 참지 못했다. 50년이 지난 지금도 숙모는 그 화를 풀지 않고 있다. 숙모는 내게 계속 그 말을 했다. 마지막으로 숙모를 만났을 때는 숙모의 나이가 이미 70세가 넘었었다.

나는 숙모에게 말했다. "에디스 숙모, 프랭크 삼촌이 숙모의 자존심을 상하게 한 건 분명 잘못하신 거예요. 하지만 50년 동안이나 그 일로 화를 낸다면 삼촌이 한 일보다 더 좋지 않은 행동인 것 같아요." 숙모는 오래 묵은 감정의 응어리 때문에 값비싼 대가를 치러야 했다. 마음의 평화를 그 대가로 지급한 것이다.

벤저민 프랭클린은 일곱 살 때 한 번의 실수를 저질렀다. 이후 그

데일 카네기 자기관리론

는 무려 70년 동안이나 그 실수를 마음에 담아 두었다. 그는 일곱 살 때 피리 부는 것을 굉장히 좋아했다. 자신이 가지고 있던 동전을 싹 모아 문구점에 가서 가격도 묻지 않고 피리를 달라고 할 정도였다.

70년이 흐른 뒤, 그는 친구에게 다음과 같은 내용의 편지를 보냈다. "집으로 돌아와서는 기쁨을 억누르지 못해 온 집 안을 돌아다니며 피리를 불었지." 하지만 그의 형, 누나들은 그가 원래 피리 값보다 훨씬 더 많은 돈을 냈다는 사실을 알고 웃음을 멈추지 못했다고 한다. 그러면서 그는 말했다. "속이 상해서 울어 버리고 말았지."

그 후로 한참의 세월이 흐르고 프랭클린은 프랑스 대사로 임명되었다. 하지만 그때도 그는 과거에 자신이 피리 값을 과하게 냈다는 것을, '피리가 즐거움보다 더 큰 슬픔'을 주었다는 사실을 잊지 못했다.

그렇지만 그는 싼값으로 교훈을 얻은 것이나 마찬가지다. 그는 다음과 같이 말했다. "다 자란 후에 세상에 나와 다른 사람들의 행동을 관찰하면서 피리 값을 너무 많이 내는 사람들을 많이 만나고 있다는 생각이 들었다. 요약하자면, 사람들이 경험하는 불행 대부분은 자신이 가진 '피리'의 가치를 잘못 판단해서 너무 큰 대가를 치르기 때문에 발생한다."

길버트와 설리번도 피리에 너무 큰 대가를 치렀다. 에디스 숙모도 그렇고, 나 역시 그럴 때가 많다. 세계 명작으로 손꼽히는『전쟁과 평화』와『안나 카레니나』의 저자인 레오 톨스토이도 마찬가지였다.『브리태니커 백과사전』에 따르면, 톨스토이는 생애 마지막 20년 동안 아마 세상에서 가장 존경받은 인물이었을 것이다.

톨스토이가 세상을 떠나기 전 20년 동안, 그러니까 1890년에서

1910년까지 그의 집에는 그를 숭배하는 사람들이 몰려들었다. 그의 얼굴을 직접 보고, 목소리를 듣고, 옷자락이라도 한 번 만져 보기 위해서였다. 사람들은 그가 하는 말들을 마치 어떤 신성한 계시라도 되는 것처럼 기록했다. 하지만 인생의 관점, 행복한 인생이라는 관점에서 볼 때 톨스토이는 일곱 살 때의 프랭클린보다 분별력이 부족했다. 아니 아예 없었다. 이 말의 뜻은 다음과 같다.

톨스토이는 진심으로 사랑하는 여인과 결혼했다. 두 사람은 너무 행복한 나머지 그 행복이 영원하기를 신에게 기도했다.

하지만 톨스토이의 아내는 질투심이 많았다. 그녀는 농부로 위장하고 남편을 미행하며 숲속까지 따라 다니기도 했다. 그 사건으로 두 사람은 심하게 말다툼을 했다. 그녀는 자식들까지도 질투해서 총으로 딸의 사진에 구멍을 내기도 했다. 이 증상이 더욱 심해졌을 때는 아편 병을 입에 문 채 바닥을 뒹굴며 죽어 버리겠다고 협박하기도 했다. 아이들은 방 안에 웅크리고 앉아 공포에 떨었다.

이런 상황에서 톨스토이는 어떻게 행동했을까? 차라리 그가 화를 내며 온 집 안의 가구를 부수고 다녔다면 그를 비난하지 않을 것이다. 그럴 만한 일이니까. 하지만 톨스토이는 더 심한 행동을 했다. 그는 일기에 부인에 대한 온갖 비난의 말을 퍼부었다. 바로 이것이 그의 '피리'였다. 그는 미래 세대가 자신의 죄를 덮고 부인에게 온갖 비난을 퍼붓게 할 작정이었다.

그렇다면 그의 부인은 어떻게 행동했을까? 그녀는 일기 중 일부를 찢어 불태웠다. 그런 뒤 자신의 일기를 쓰기 시작했다. 물론 그 일기에서는 톨스토이가 나쁜 인간으로 그려졌다. 한 걸음 더 나아가 그녀는 『누구의 잘못인가』라는 소설을 써서 톨스토이를 가정의 폭군으

데일 카네기 자기관리론

로, 자신을 순교자로 표현했다.

　일이 왜 이렇게 되었을까? 두 사람은 왜 유일한 보금자리를 톨스토이의 말대로 '정신 병원'으로 만든 것일까? 여기에는 몇 가지 원인이 있다. 독자에게 좋은 인상을 남기려는 욕구가 강렬했기 때문이다. 그렇다. 그들이 자신을 어떻게 생각할까 걱정하던 미래의 세대가 바로 우리 독자들인 것이다. 그런데 독자들이 둘 중에 누가 잘못했는지 조금이라도 생각할까? 아니다. 독자들은 자기 자신의 문제를 생각하는 것만으로도 충분히 바쁘다. 톨스토이의 문제 때문에 낭비할 시간이 전혀 없다.

　이 불쌍한 부부가 자신들의 피리에 지급한 대가는 너무 크다. 두 사람 중에 그 누구도 "그만두자!"라고 외칠 분별력이 없었다. 그런 이유로 그들은 50년 동안 생지옥을 경험했다.

　"이제 이 문제에 대해 당장 손절매합시다. 인생을 낭비하고 있으니까요. 자, '그만두자.'라고 당장 말합시다." 두 사람 중 누구도 이렇게 말할 수 있는 분별력이 없었기 때문이다.

　그렇다. 나는 적절한 분별력이야말로 진정한 마음의 평화를 가져다주는 가장 큰 해결책이라고 확신한다. 우리가 각자의 황금률을 만든다면, 다시 말해 우리의 인생에서 무엇이 중요한가에 대한 황금률을 만들어 낸다면 모든 걱정 중에 절반은 사라질 것이라고 믿는다.

Whenever we are tempted to throw good money
after bad in terms of human living, let's
stop and ask ourselves these three Questions:

과거에 한 잘못 때문에 더 큰 잘못을 하게 될 것 같다고 생각하는
가? 스스로에게 다음 세 가지 질문을 해 보라.

1. How much does this thing I am worrying about
   really matter to me?

   지금 걱정하는 일은 실질적으로 내게 얼마나 중요한가?

2. At what point shall I set a "stop-loss" order on this
   worry -and forget it?

   이 걱정을 어느 정도 선에서 손절매하고 잊을 것인가?

2. Exactly how much shall I pay for this whistle? Have
   I already paid more than it is worth?

   이 피리에 정확히 얼마의 대가를 지불할 것인가? 이미 많은
   대가를 치른 것은 아닌가?

이미 켠 톱밥에 다시 톱질하지 말라

Don't Try To Saw Sawdust

이 글을 쓰고 있는 현재, 창밖 정원에 공룡 발자국 몇 개가 눈에 보인다. 이탄암(泥炭岩)과 돌로 된 지층에 있던 발자국이다. 예일대학교 피바디박물관에서 구매한 것인데, 관장은 내게 그 발자국이 1억 8,000만 년 전에 생긴 것이라고 알려 주었다. 어떤 사람이라도 그 발자국을 바꾸려고 1억 8,000만 년을 거슬러 올라가겠다는 생각은 하지 않을 것이다. 그런 생각을 하는 것처럼 어리석은 행동이 또 있다. 180초 뒤로 돌아가 과거를 바꿀 수 없는데도 바꾸려는 고민을 하는 것이다. 우리는 분명 180초 전 일의 결과를 바꾸기 위해 무언가 할 수는 있을 것이다. 하지만 이미 일어난 일은 사라지지 않는다. 건설적인 과거를 만드는 방법은 하나뿐이다. 지난날의 과실을 되돌아본 뒤 거기서 깨달음을 얻고 곧 과거의 일 자체는 잊어버리는 것이다.

이 말이 진실이라는 것을 굳게 믿는다. 하지만 나는 이를 실행할 용기와 분별력을 가지고 있을까? 이 질문에 대답하기 위해 오래전에 경험한 놀라운 일을 하나 제시하려고 한다. 30만 달러가 넘는 돈을 얻었다가 모조리 날려 버렸던 일이다. 그 일은 다음과 같이 진행되었다. 나는 대규모의 성인 교육 사업을 시작해 여러 곳에 분점을 냈고, 간접비와 홍보비로 많은 자금을 투자했다. 강의에 몰두하느라 경제적인 문제를 생각할 여유가 없었다. 경비를 관리해 줄 능력 있는 매니저가 필요하다는 사실을 알아차리기에는 내가 너무 순진했다.

이후 1년이 지나고 나서야 마침내 나는 정신이 번쩍 들게 한 놀라운 사실을 알게 되었다. 어마어마한 수입이 있었는데도 순이익이 전혀 없다는 것이었다. 나는 그 사실을 알고 난 뒤 두 가지 조처를 취했다. 우선 과학자 조지 워싱턴 카버가 은행 부도로 전 재산 4만 달러를 잃었을 때 했던 일을 따라야만 했다. 누군가가 그에게 은행 부도 소식을 들었느냐고 묻자, 그는 "들었습니다."라고 대답한 뒤 평소처럼 교육에 열중했다. 그는 그 일 때문에 손실이 있다는 사실을 완전히 잊고, 두 번 다시 그 일에 관해 이야기하지 않았다. 두 번째로 나는 지난날 내 실수를 분석해서 깨달음을 얻어야 했다.

하지만 나는 그 가운데 하나도 하지 못했고, 모든 의욕을 잃어 버렸다. 몇 개월 동안 정신을 차리지 못했고, 잠도 제대로 자지 못해 체중도 줄었다. 그 커다란 실수에서 깨달음을 얻지 못했기에 똑같은 실수를 한 번 더 저지르게 되었다.

스스로의 어리석음을 인정하기란 쉽지 않다. 하지만 나는 오래전에 '20명이 해야 할 일을 가르치는 것이, 해야 할 일을 실행하는 20명

데일 카네기 자기관리론

가운데 한 명이 되는 것보다는 훨씬 쉽다.'는 사실을 깨달았다.

　뉴욕에서 조지워싱턴고등학교에 다니며 폴 브랜드와인 박사와 함께 공부할 수 있었다면 얼마나 좋았을까 생각해 본다. 뉴욕 브롱크스 우디크레스트 939번지에 거주하던 앨런 손더스는 위생학을 가르치던 브랜드와인 교수가 자신에게 평생 기억에 남을 가르침을 주었다고 말했다.

　"당시 저는 10대였는데 걱정하는 습관에 빠진 상태였습니다. 제가 저지른 실수 때문에 속상했고, 또 그것 때문에 불안해했지요. 시험을 보고 온 날이면 밤새 한숨도 못 자고 전전긍긍했어요. 저는 과거의 일을 생각하며 '이렇게 할 걸.', 제가 한 말들을 되새기며 '더 멋있게 말했으면 좋았을 텐데.' 하고 후회했습니다. 어느 날, 반 친구들과 과학 실험실에 갔는데, 그곳에 브랜드와인 교수님이 있었습니다. 책상 모서리에 우유 한 병이 놓여 있었는데, 유독 신경이 쓰였지요. 우리는 대체 저 우유가 교수님이 담당하는 위생학과 어떤 연관성이 있는 걸까 생각했어요. 갑자기 브랜드와인 교수님이 자리에서 일어나 우유병을 개수대에 던져 깨뜨렸습니다. 그러고는 다음과 같이 말했지요. '쏟아진 우유 때문에 슬퍼하지 마라.'

　교수님은 우리를 개수대로 불러 깨진 우유병을 한번 보라고 말했습니다. '잘 봐 두렴. 지금 이 교훈을 평생 기억하길 바란다. 우유는 보다시피 하수도 구멍으로 사라졌다. 아무리 요란하게 버둥거려도 단 한 방울의 우유도 되찾을 수 없지. 주의하고 조심했다면 우유를 엎지르지 않았을지도 모른다. 하지만 때는 이미 늦었고, 우리가 할 수 있는 일은 하나다. 이것을 손실이라 여기고 잊은 뒤 다음 해야 할 일을 시작하는 것이다.'

저는 한참 시간이 지난 뒤 입체 기하학이나 라틴어를 모두 잊은 뒤에도 이 짧은 가르침만큼은 잊지 않았습니다. 고등학교 4년 동안 배웠던 어떤 것보다 이 가르침을 통해 인생의 실전에 대해 더 많은 것을 배운 셈입니다. 가능한 한 우유를 쏟지 않게 주의할 것, 하지만 일단 우유가 쏟아져 사라져 버리면 그때는 완전히 잊어야 한다는 사실을 말입니다."

"쏟아진 우유 때문에 슬퍼하지 마라."와 같은 오래된 격언 하나로 요란을 떤다고 비웃는 독자가 있을지도 모르겠다.

이 말이 구태의연하다는 것은 나도 잘 알고 있다. 또한 이미 수없이 들은 진부한 말이라는 사실도 알고 있다. 하지만 이러한 상투적인 격언에는 오랜 세월을 겪으며 얻은 지혜의 핵심이 담겨 있다. 이는 인류가 축적해 온 경험의 결과이며, 수많은 세대를 거쳐 후대로 전수된 것이다. 역사상 가장 훌륭한 학자들이 쓴 걱정에 관한 모든 것을 읽는다고 해도 "다리에 도착하기 전에 다리를 건너지 마라." 혹은 "쏟아진 우유 때문에 슬퍼하지 마라." 같은 격언보다 더 심오한 말을 찾기란 어려울 것이다. 이 격언을 비웃기 전에 그대로 실행했다면, 지금 이 책을 볼 필요조차 없었을 것이다.

오래된 격언 대부분을 현실에 적용하며 살아갈 수 있다면, 완벽에 가까운 인생을 거머쥘 수 있을 것이다. 하지만 사용하지 않는 지식은 아무짝에도 소용이 없다. 이 책을 통해 새로운 무언가를 말하고자 하는 것이 아니다. 우리가 이미 알고 있는 것을 일깨우고, 우리의 무릎을 걷어차면서 실행에 옮기라고 부추기는 것이 목적이다. 지금은 고인이 된 프레드 풀러 셰드를 떠올리면 감탄하게 된다. 그는 오래된 진리를 새롭고 생생하게 그려 내는 능력을 갖추고 있었다. 〈필라델피아 불리틴〉의 편집장으로 일하던 그는 어느 날 대학 졸업반 학생들에게 다음과 같은 질문을 했다. "톱으로 나무를 켜 본 사람 있나요? 있으면 손을 들어 보세요." 그러자 학생 몇몇이 손을 들었다. "그렇다면 톱으로 톱밥을 켜 본 사람은 없나요?" 아무도 손을 들지 않았다.

셰드가 이어 말했다. "물론 톱으로 톱밥을 켤 수는 없지요. 이미 톱으로 켠 상태니까요! 그러니까 과거 또한 마찬가지입니다. 이미 지난 일을 걱정하는 건 톱밥을 다시 켜는 일이나 다름없지요."

당시 81세였던 야구계의 전설 코니 맥에게 경기에서 져서 속상했던 적이 있었느냐고 물었다. 그러자 그는 다음과 같이 말했다. "물론 있었지요. 하지만 오래전에 그런 바보 같은 일은 멈추었어요. 그래 봐야 별 소용이 없다는 것을 알게 되었거든요. 이미 저만치 흘러간 냇물로 물레방아를 돌릴 수는 없으니까요."

그렇다. 이미 흘러간 냇물로는 물레방아를 돌릴 수도 없고, 나무를 켤 수도 없다. 하지만 얼굴의 주름이나 위궤양은 없앨 수 있을 것이다.

지난 추수 감사절 때 나는 잭 뎀프시와 저녁 식사를 함께했다. 그는 칠면조 고기에 크랜베리 소스를 곁들여 먹으면서 진 터니에게 져서 헤비급 챔피언 타이틀을 빼앗겼던 경기에 관해 말했다. 그 패배는 그의 자존심에 큰 상처를 남겼다. 그는 다음과 같이 말했다.

"경기하는 도중에 갑자기 '내가 늙었구나.'라는 생각이 들었다네. 10라운드가 끝났을 무렵, 내 얼굴은 퉁퉁 붓고 찢어진 상태였지. 눈도 뜰 수 없었고 말이야. 심판이 진 터니의 손을 들고 승자를 알리는 장면을 보았지. 나는 더 이상 세계 챔피언이 아니었어. 비를 맞으며 군중 사이를 지나 선수 대기실로 돌아왔지. 내가 지나가자 누군가 내 손을 잡으려 했고, 또 누군가는 눈물을 글썽이더군.

몇 년 뒤, 나는 진 터니와 다시 경기했지. 하지만 소용이 없었어. 내 시대는 영원히 사라졌으니까. 이 모든 일을 걱정하지 않는 건 어려웠지만 이런 생각을 했지. '과거에 머무르지 말자. 쏟아진 우유 때문에 슬퍼하지는 않겠다. 턱을 한 대 맞긴 했지만 이 정도로 쓰러지진 않겠어.'"

잭 뎀프시는 '지난 일로는 결코 걱정하지 않겠다.'라고 마음속으로 끊임없이 다짐했을까? 아니다. 그것은 도리어 과거의 걱정들을 다시 떠오르게 하는 일이었을 것이다. 그는 패배를 인정하고 잊은 뒤 미래 계획을 세우는 데 몰두했다. 그는 브로드웨이 57번가에 있는 그레이트노던호텔에 '잭 뎀프시'라는 이름의 레스토랑을 열었다. 그리고 프로 권투 경기와 권투 전시회를 열었다. 그는 몹시 바쁜 하루하루를 보내며 과거에 대해 걱정할 시간도, 또 그러한 마음도 생기지 않도록 했다. 뎀프시는 다음과 같이 말했다. "최근 10년 동안이 챔피언 자리에 있을 때보다 좋았어."

뎀프시는 독서를 많이 하지 못했다고 말했다. 하지만 그는 무의식중에 셰익스피어의 조언을 따르고 있었다. "현명한 사람은 손해를 봤을 때 한탄만 하지 않고, 결과를 바로잡기 위해 열심히 노력한다."

걱정과 비극을 잊고 행복한 인생을 살아갈 수 있는 능력을 지닌 사람들을 볼 때면 항상 놀라면서도 좋은 에너지를 얻는다. 어느 날, 싱싱교도소를 방문했을 때 가장 놀랐던 점이 있다. 그곳에 있는 죄수들이 바깥에 있는 일반 사람들과 마찬가지로 행복해 보였다는 점이다. 나는 당시 교도소장인 루이스 E. 로스에게 이러한 생각을 전했다. 그는 대부분 범죄자가 처음 이곳에 왔을 때는 억울해하며 세상을 원망했다고 했다. 하지만 서너 달이 지나면 수감 생활을 받아들이고 편안

데일 카네기 자기관리론

하게 지내려 한다고 했다. 로스 소장은 "수감자 중에 정원사가 한 명 있었는데, 그는 담장 안에서 채소와 꽃을 가꾸며 흥얼거린다."라고 말했다. 교도소 안에서 꽃을 재배하며 흥얼거리는 죄수는 어쩌면 우리보다 훨씬 분별력이 있는 사람일 것이다. 그는 알고 있었다.

움직이는 손은 글씨를 쓰고 모두 다 쓴 뒤에는 다시 움직이니
네 모든 마음과 지혜를 더해도
다시 그 손을 불러 반도 지우게 하지 못할 것이며
네가 흘리는 모든 눈물로도
그 가운데 단 한 글자도 지우지 못하게 하리라.

상황이 이러한데 별 필요도 없는 눈물을 흘려야 하겠는가? 물론 사람들은 실수도 하고 바보 같은 짓도 저지른다. 그런데, 그래서 어떻다는 말인가? 안 그런 사람이 있나? 나폴레옹조차 전쟁에서 세 번 중 한 번은 졌다. 어쩌면 우리의 승률이 나폴레옹보다 나을지도 모른다. 과연 누가 알겠는가?

'왕이 거느린 수많은 말과 군사'로도 과거에 갈 수 없다. 그러므로 다음 방법을 반드시 기억하라.

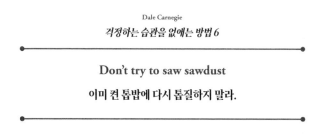

Dale Carnegie
걱정하는 습관을 없애는 방법 6

Don't try to saw sawdust
이미 켠 톱밥에 다시 톱질하지 말라.

걱정하는 습관을 없애는 방법

1. 바쁘게 움직여라. 그러면 마음속의 걱정을 씻어 낼 수 있다. '생각하는 병'을 고치는 최선의 방법은 바쁘게 많이 움직이는 것이다.

2. 사소한 일에 과민 반응하지 말라. 미미한 일로 자신의 행복을 망치지 말라.

3. '평균의 법칙'을 사용해 쓸데없는 걱정을 없애라. 스스로에게 물어라. '평균의 법칙'을 적용할 경우 내가 걱정하는 일이 실제로 일어날 확률이 얼마나 되는가?

4. 피할 수 없는 상황과 협력하라. 스스로 판단했을 때 변화하거나 개선할 수 없는 상황이라면 다음과 같이 말하라. '이게 현실이다. 아무것도 변하지 않는다.'

5. 걱정에 대해 '손절매' 주문을 하라. 걱정의 적정선을 정한 뒤, 그 이상의 걱정은 하지 말라.

6. 과거가 죽은 자를 묻어 잊도록 하라. 이미 켠 톱밥에 다시 톱질하지 말라.

Seven Ways To Cultivate
A Mental Attitude That Will Bring You
Peace And Happiness

Part 4

평화와 행복을 부르는 7가지 태도

인생을 변화시키는 한 문장

Eight Words That Can Transform Your Life

몇 해 전의 일이다. 한 라디오 프로그램에 출연했는데, "당신에게
있어서 가장 큰 교훈은 무엇입니까?"라는 질문을 받았다. 그 질문에
는 쉽게 대답할 수 있었다. 내가 배웠던 그 어떤 것과도 비교할 수 없
는 가장 큰 교훈은 바로 생각의 중요성이다. 생각이 나 자신을 만들
기 때문이다. 내 정신적 태도는 내 운명을 만드는 엑스(X) 함수다. 랠
프 월도 에머슨은 "온종일 생각하는 모든 것이 바로 그 사람 자체다."
라고 말했다. 과연 그러하지 않은가?

나는 우리가 해결해야 할 가장 큰 과제이자 유일한 문제는 올바른
생각을 어떻게 선택할 수 있느냐에 관한 것이라고 믿는다. 그것이 가
능하다면 모든 문제를 대체로 순탄하게 해결할 수 있을 것이다. 로마
제국을 지배하던 위대한 철학자 마르쿠스 아우렐리우스는 이런 내

용을 간결하게 한 문장으로 정리했다. 어쩌면 우리의 운명을 결정할 수도 있는 그 문장은 다음과 같다. "우리의 인생은 우리가 생각하는 대로 만들어진다."

그렇다. 행복한 생각을 하면 행복해지고, 비참한 생각을 하면 비참해지기 마련이다. 또한 두려운 생각을 하면 필히 두려워지고, 병에 대해 걱정하면 병에 걸릴지도 모른다. 실패한다고 생각하면 분명 실패하며, 자기 연민에 빠져 있으면 모두에게 외면받을 것이다. 노먼 빈센트 필은 다음과 같이 말했다. "당신이 생각하는 당신은 당신이 아니다. 당신의 생각, 그게 바로 당신 자신이다."

모든 문제를 긍정적으로만 바라보던 폴리애나와 같은 태도를 취해야 한다는 의미는 아니다. 인생은 그렇게 단순하지 않다. 부정적인 태도보다는 긍정적인 태도를 갖는 것이 좋다는 뜻이다. 우리 자신의 문제에 관심을 갖되, 걱정에 빠져서는 안 된다는 이야기다. 예를 들면, 관심과 걱정의 차이는 다음과 같다. 나는 혼잡한 뉴욕 거리를 걸을 때마다 내 행동에 관심을 기울이지만 걱정하지는 않는다. 관심이란 곧 문제에 대해 이해한 뒤 그것에 조용히 대처하는 것이다. 걱정은 정신 나간 사람처럼 제자리를 맴도는 것이다.

스스로에게 관심을 갖는 사람은 심각한 문제와 마주하더라도 가슴에 카네이션을 꽂은 채 고개를 들고 걸어 다닐 수 있다. 로웰 토머스가 그랬다. 나는 예전에 토머스가 제1차 세계 대전에서 활약하던 에드먼드 앨런비와 T. E. 로렌스에 관한 영화를 상영할 때 함께 작업한 적이 있다. 내게는 영광스러운 일이었다. 그와 동료들은 전장의 모습들을 사진에 담았다. 그들이 보유한 기록 중에서 로렌스와 그가 이끄는 아라비아 군대를 찍은 사진들과 앨런비가 팔레스타인을 탈환하는 모습을 찍은 필름은 정말 훌륭했다. 그는 '팔레스타인의 앨런비와 아라비아의 로렌스'라는 제목으로 강연을 열어 많은 사람에게 사진과 영화를 보여 주었다. 그 결과 런던뿐 아니라 전 세계에서 큰 호응을 얻었다.

코벤트 가든 로열 오페라 하우스에서 그가 직접 경험한 사건들에 관해 이야기하고, 사진을 보여 주는 일을 계속 진행하기 위해 런던의 오페라 시즌이 6주나 연기되기까지 했다. 그는 런던에서 크게 성공한 뒤 수많은 나라를 돌아다니며 강의했다. 그 후 인도와 아프가니스탄 사람들의 모습을 영화에 담기 위해 그곳에서 2년 동안 머물렀다. 하지만 믿기 어려운 불행이 연이어 닥쳤고, 일어나서는 안 될 일이 일어나고야 말았다. 런던에서 그가 파산하게 된 것이다. 나는 당시 그와 함께 있었다.

우리는 라이언스 코너 하우스 식당에서 저렴한 음식을 먹었다. 만약 토머스가 스코틀랜드 출신 유명한 예술가 제임스 맥베이에게 돈을 빌리지 못했다면, 그곳에서 식사도 하지 못했을 것이다. 그러니까 내가 하고 싶은 말은, 엄청난 빚을 지고 말로 할 수 없을 만큼 크게 낙담했음에도 토머스는 절대 걱정하지는 않았다는 것이다. 그는 만약 자신이 시련에 무너진다면, 채권자는 물론 모든 사람에게 불필요한 사람이 되리라는 것을 알았다. 그래서 매일 아침 집을 나서기 전에 꽃을 사서 단춧구멍에 꽂고는 고개를 꼿꼿이 들고 옥스퍼드 거리를 향해 힘차게 걸었다. 그는 용감하게 긍정적으로 사고했다. 그렇게 하면 패배가 자신을 무너뜨릴 수 없다는 것을 알고 있었다. 그에게 시련은 곧 게임이나 마찬가지였다. 정상에 오르려면 필수적으로 거쳐야만 하는 필수 훈련이나 다름없었다.

인간의 정신력은 믿기 어려울 만큼 지대한 영향력을 지니고 있다. 육체에 대해서도 마찬가지다. 영국의 유명한 정신의학자 J. A. 해드필드는 『힘의 심리학』이라는 소책자를 냈다. 54쪽 분량이지만 굉장히 훌륭한 책으로, 아주 놀라운 사례를 제시하고 있다. 그는 다음과 같이 썼다. "나는 실험하기로 했다. 우선 실험을 위해 남성 세 명을 모았다. 그리고 그들에게 암시가 근육의 힘에 미치는 영향력에 대한 실험을 하는 데 도움을 주었으면 한다고 말했다." 그러고 나서 그는 실험 참가자들로 하여금 최대한 세게 악력계를 쥐도록 했다. 또한 조건이 다른 세 가지의 실험을 했는데, 정상적으로 깨어 있는 상태에서 평균 악력은 45kg이 나왔다. 하지만 그들에게 '당신은 몹시 약하다.'는 최면을 건 뒤에 측정해 보니 악력은 겨우 13kg이었다. 정상적인 근력의 3분의 1에도 못 미친 것이다. (실험 참가자 중에는 격투기 경기 우승자도 있었다. 그에게 '당신은 약하다.'고 최면을 걸자 그는 자신의 팔이 '아기 팔처럼 연약하게' 보인다고 말했다.)

세 번째 실험 때는 '당신은 아주 강한 힘을 가지고 있다.'는 최면을 걸었다. 그러자 그들의 평균 악력이 무려 64kg으로 측정되었다. 긍정적인 사고를 한 후에는 육체적인 힘이 다섯 배 가까이 증가한 것이다. 이처럼 인간의 정신은 믿기 어려울 만큼의 힘을 가지고 있다.

미국 역사상 가장 놀라운 이야기를 들려주겠다. 책으로 써도 모자랄 정도의 이야기지만 짤막하게 이야기해 보겠다. 남북 전쟁이 끝난 직후 10월의 어느 추운 밤, 집도 돈도 없이 방랑하던 한 여성이 매사추세츠주 에임즈베리에 사는 퇴역한 해군 장성의 부인 '마더' 웹스터의 집으로 찾아가 현관문을 두드렸다.

문을 연 웹스터는 몸무게가 45kg이 채 되지 않을 것 같고 뼈에 살

가죽만 붙어 있는 듯한 체구의 누군가가 겁먹은 얼굴로 서 있는 모습을 보았다. 그 낯선 여인은 자신을 글로버 부인이라고 소개하며, 온종일 자신을 괴롭히는 문제를 해결하기 위해 거처할 곳을 찾고 있다고 했다. 웹스터는 그녀에게 자신의 집에 머물러도 좋다고 말했다.

마침 웹스터의 사위 빌 엘리스가 휴가를 보내기 위해 뉴욕에서 돌아와 있었다. 만약 그렇지만 않았어도 글로버 부인은 그 집에서 평생 몸을 의탁할 수도 있었을 것이다. 엘리스는 글로버 부인을 보자마자 다음과 같이 말했다.

"부랑자를 집에 들일 순 없습니다." 그러고 나서 그는 오갈 데 없는 여인을 밖으로 내쫓았다. 바깥에는 비바람이 몰아치고 있었다. 여인은 빗속에서 몇 분 동안 떨다가 머물 곳을 찾아 길을 떠났다.

놀라운 이야기는 지금부터다. 엘리스가 쫓아낸 그 '부랑자'는 인류의 사고에 커다란 영향을 미칠 운명을 지닌 사람이었다. 그녀는 '메리 베이커 에디'라는 이름으로 알려져 있으며, 수백만 명의 사람들이 그녀를 따르고 있다. 그녀는 곧 크리스천 사이언스의 창시자였다.

그때까지만 해도 그녀의 인생은 고통, 슬픔, 비극으로 가득했다. 그녀의 첫 번째 남편은 결혼한 지 얼마 되지 않아 사망했고, 두 번째 남편은 한 유부녀와 바람이 나서 집을 나갔다. 네 살배기 아들마저 가난과 질병, 질투로 빼앗기고 말았다. 그녀는 31년 동안 한 번도 아들을 만날 수 없었고, 소식도 전혀 들을 수 없었다.

에디 여사는 나날이 건강이 악화되었고, 그녀의 표현을 따르자면 '정신적 치유 과학'에 오랫동안 관심이 있었다. 그러던 어느 추운 날, 매사추세츠주 린에서 인생의 큰 전환점이 되는 사건이 일어났다.

그녀는 길을 가다가 미끄러져 넘어졌다. 차가운 바닥에 부딪혀 정신을 잃은 그녀는 척추를 심하게 다쳐서 종종 경련을 일으켰다. 의사는 그녀가 곧 죽을 것이라 생각했고, 기적적으로 살아난다 해도 다시는 걸을 수 없으리라 단언했다.

그녀는 병상에 누워 죽음을 기다리면서 성경을 읽었다. 그녀의 말에 따르면 '성령의 부름'으로 마태복음의 구절을 읽게 되었다고 한다. "그때 사람들이 침상에 누운 중풍 환자를 데리고 왔다. 그러자 예수께서 말씀하셨다. 아이야, 안심해라. 너의 죄를 사하노라. 일어나서 네 침상을 가지고 집으로 가라 하시었다. 그러자 그가 일어나 집으로 돌아가더라." (마태복음 9장 2~7절)

그녀는 예수의 이 말씀 덕분에 강력한 힘과 믿음, 거대한 파도 같은 위대한 치유력이 생겼다고 고백했다. 그녀는 즉시 자리에서 일어나 걸었다. 그리고 단언했다. "나는 뉴턴의 사과처럼 스스로 평온함을 얻고 다른 사람들까지 평온하게 만들 방법을 깨달았다. 모든 것은 마음에서 비롯된다. 모든 결과는 정신의 부산물이라는 과학적 확신을 갖게 되었다."

여성이 창시한 종교 가운데 가장 큰 종교인 크리스천 사이언스교의 교주 메리 베이커 에디는 이러한 방식으로 종교를 창시했다.

여러분은 지금 내가 크리스천 사이언스를 전파하는 중이라고 생각할지도 모르겠다. 하지만 그것은 오해다. 나는 크리스천 사이언스 신도가 아니다. 단지 생각이 지닌 엄청난 힘을 확신하는 것뿐이다. 나는 35년 동안 성인을 대상으로 강의하면서 사람들이 생각을 바꿈으로써 걱정, 두려움, 모든 종류의 질병을 몰아낼 수 있으며 충분히 인생을 바꿀 수 있다는 것을 알게 되었다.

나는 그런 사실을 정말 알고 있다. 믿기 어려운 변화가 일어나는 것을 수백 번이나 목격했다. 너무 자주 보아서 이제는 그런 변화를 봐도 그리 놀랍지가 않다.

수강생 중 한 명에게 '생각의 힘'을 실감할 수 있는 놀라운 변화가 있었다. 그는 걱정 때문에 신경 쇠약에 걸려 있었다. 그 수강생은 다음과 같이 말했다.

"저는 거의 모든 일을 걱정했습니다. 몸이 너무 말라서, 또는 탈모가 오고 있어서 걱정이었고, 결혼 자금을 마련하지 못할 것 같아서, 좋은 아빠가 되지 못할 것 같아서 걱정이었습니다. 결혼 상대를 놓치는 듯해 걱정이었으며, 제대로 살지 못하고 있는 것 같아서 걱정이었습니다. 그러면서 다른 사람들이 저를 어떻게 보고 있을지 걱정했고, 위궤양이 생기는 건 아닐까 하고 걱정했습니다.

더는 일할 수가 없어서 사직서를 냈습니다. 긴장이 한가득 쌓여 안전장치가 없는 보일러가 된 기분이었어요. 더 이상 견딜 수 없을 정도로 압력이 높아졌고, 마침내 터져 버리고 말았습니다. 신경 쇠약에 걸려 본 경험이 있으신가요? 없다면 절대 걸리지 않게 해 달라고 신께 기도하세요. 어떤 육체적 고통도 미치도록 고뇌하는 정신적 고통보다 괴롭지는 않을 테니까요. 신경 쇠약이 너무 심해서 가족에게도 말할 수 없을 정도였습니다. 생각을 스스로 통제하기 힘들었지요. 너무 무서웠습니다. 바늘 떨어지는 작은 소리에도 깜짝 놀랐어요. 저는 모든 사람을 피했습니다. 그러고는 이유도 없이 눈물을 흘렸어요. 하루하루가 고통의 연속이었습니다. 모든 사람이, 심지어 하느님마저도 저를 버렸다는 생각이 들었지요. 강물에 뛰어들어 그냥 모든 것을 끝내고 싶다는 유혹에 시달렸어요.

그렇게 지내다가 새로운 곳으로 가면 나아질지도 모른다는 생각

데일 카네기 자기관리론

이 들어서 플로리다로 여행을 떠나려고 했습니다. 기차에 막 오르려는데, 아버지가 편지를 건네며 플로리다에 도착해서 열어 보라고 하시더군요. 플로리다에 도착했을 때는 관광객이 한창 붐비던 시기였어요. 숙소를 구할 수가 없어서 차고에 있는 방 한 칸을 빌려 묵었습니다. 저는 마이애미에서 출발하는 화물선의 선원으로 일하고 싶었지만, 운이 따르지 않았지요. 그래서 해변에서 시간을 보냈습니다. 집에 있을 때보다 오히려 플로리다에 있는 게 더 비참하게 느껴졌어요. 그러다가 아버지의 편지를 읽었습니다. 편지에는 다음과 같이 쓰여 있었습니다.

'아들아, 지금 집에서 1,500마일이나 떨어진 곳에 있지만, 상태가 전혀 나아지지 않았을 것이다. 그렇지? 네가 너의 문제의 근원과 함께 떠났기 때문이다. 그건 바로 너 자신이다. 네 정신이나 몸은 아무런 이상이 없다. 너를 버린 건 주변 상황이 아니라 그 상황에 대한 네 생각이다. 사람이 마음속으로 생각하고 있는 그게 바로 그 사람 자체인 것이다. 이 사실을 깨닫게 된다면 집으로 돌아오는 게 좋겠구나. 그때쯤 분명 너는 괜찮아져 있을 테니까.'

아버지의 편지를 읽자 화가 솟구쳤습니다. 훈계가 아닌 위로를 바랐기 때문이지요. 너무 화가 나서 다시는 집으로 돌아가지 않겠다고 결심했습니다. 그날 밤, 마이애미 뒷골목을 걷다가 어느 교회 앞을 지날 때였습니다. 교회 안에서는 사람들이 예배를 드리고 있었지요. 교회 안으로 들어갔는데, 목사님이 다음 구절을 이야기하며 설교하고 계셨습니다. '자신의 마음을 다스릴 줄 아는 사람이 성을 탈환하는 사람보다 낫다.' 하느님의 성전 안에 앉아 있자, 아버지가 편지에 쓴 이야기와 같은 생각이 들었습니다. 이 모든 게 합쳐져 제 머릿속에 있던 잡생각들을 말끔히 쫓아내 버렸습니다. 그렇게 생전 처음으로 분명한 생각을 할 수 있었습니다. 제가 얼마나 어리석었는지 깨달았지요. 스스로를 있는 그대로 바라보게 되었습니다. 정말 놀라운 경험이었지요. 저는 이 세상의 모든 사람을 바꾸고 싶어 했던 겁니다. 정작 바꿔야 하는 것은 바로 저 자신의 생각이었는데 말이지요.

다음 날 아침, 저는 짐을 챙겨 집으로 갔습니다. 일주일이 지난 후 저는 다시 직장에서 일했습니다. 4개월 후에는 늘 잃을까 봐 두려워했던 아가씨와 결혼했습니다. 다섯 아이를 낳고 행복한 가정을 꾸렸지요. 신은 물질적으로도 정신적으로도 저에게 축복을 내려 주셨습니다. 저는 신경 쇠약에 걸렸을 때 작은 백화점의 야간 파트 조장이었고, 부하 직원 여덟 명을 두고 있었습니다. 지금 저는 종이 상자를 만드는 공장의 공장장으로서 450명의 직원들을 감독하고 있으며, 인생은 더욱 풍요로워졌습니다. 저는 삶의 진정한 가치를 깨달았습니다. 누구나 그럴 때가 찾아오겠지만, 불안할 때마다 저는 카메라 렌즈의 초점을 다시 맞추어 보라고 말합니다. 그러면 모든 게 제자리로 돌아오지요. 솔직히 저는 신경 쇠약에 걸렸던 게 오히려 다행이라고 생각합니다. 고통을 겪고 난 뒤 생각이 정신과 육체에 어떤 영향을 주는지 깨달았기 때문이지요. 지금 저는 제 생각이 저를 해치지 않고 스스로를 위해 일할 수 있도록 조절할 수 있습니다. 그리고 주변 상황이 아니라 그 상황에 대한 스스로의 생각이 고통을 가져다주는 것이라고 하셨던 아버지의 말씀이 옳았다는 것을 확실히 압니다. 그 사실을 깨닫자 저의 병은 치유되었고, 그 후로 다시는 고통을 겪지 않았습니다."

나는 마음의 평화와 삶의 즐거움은 오직 우리의 정신에 달려 있다

데일 카네기 자기관리론

고 확신한다. 내가 어디에 있고 무엇을 하는지, 그리고 내가 누구인지에 따라 그것이 달라지지는 않는다. 외부 조건은 아무 상관이 없는 것이다.

존 브라운의 경우를 살펴보자. 그는 하퍼스 페리에 있는 미국의 병기고를 약탈하고, 노예들의 반란을 주도한 죄로 교수형에 처해졌다. 그는 관 위에 앉은 채 처형대로 실려 갔다. 그의 옆에 앉아 있던 간수는 불안하고 초조해 보였다. 하지만 오히려 브라운은 조용하고 침착했다. 그는 버지니아의 블루리지산을 바라보며 경탄했다. "정말 아름다운 나라가 아닌가! 이전에는 제대로 이 나라를 보지 못했구나."

로버트 팰컨 스콧과 그의 동료들 이야기도 살펴보자. 그들은 영국인 최초로 남극에 도착했다. 하지만 그들의 귀환 길은 아마 인류 역사상 최대로 잔인한 여정이었을 것이다. 식량과 연료가 바닥난 상태였고, 11일 동안 밤낮으로 거칠게 휘몰아치는 눈보라 때문에 더 앞으로 나아갈 수도 없었다. 매섭고 날카로운 바람은 남극 얼음의 표면을 패게 할 정도로 강력했다. 스콧과 동료들은 점점 죽음으로 다가가고 있다는 사실을 알았다. 그들은 이런 상황에 대비해 꽤 많은 아편을 가지고 있었다. 적정량 이상을 피운다면 그들은 다시는 깨지 않을 행복한 꿈속에 빠져들 것이다. 하지만 그들은 아편을 사용하지 않았다. 그들은 힘차게 용기를 북돋우는 노래를 부르며 죽어 갔다. 이 사실은 그로부터 8개월 후 수색대가 그들의 얼어붙은 시체를 발견했을 때 함께 있던 마지막 편지로 알려졌다. 그렇다. 용기와 침착함을 지니고 창의적인 생각을 한다면, 관 위에 앉아 교수대로 향하는 상황에서도 풍경의 아름다움을 즐길 수 있는 것이다. 배고픔과 추위로 죽어 가면서도 힘찬 노래로 텐트를 채우며 용기를 북돋울 수 있는 것이다.

존 밀턴은 시력을 잃은 후 이러한 진리를 깨달았다. "정신은 그 자체가 하나의 세계이며 천국을 지옥으로, 지옥을 천국으로 만들기도 한다." 나폴레옹과 헬렌 켈러의 사례는 밀턴의 이러한 진술을 훌륭하게 입증한다.

나폴레옹은 영광, 명예, 부 등 사람들이 원하는 모든 것을 가지고 있었다. 하지만 그는 세인트 헬레나에게 "살면서 행복했던 날은 단 6일도 되지 않는다."라고 말했다. 보지도 듣지도 못하고 말도 할 수 없었던 켈러는 다음과 같이 말했다. "인생이 정말 아름답다는 사실을 알게 되었습니다."

인생은 내게 이런 것을 가르쳐 주었다. '평화를 가져다줄 수 있는 것은 오직 자기 자신뿐이다.' 지금 전하려고 하는 이 말은 에머슨이 '자립'이라는 글을 마무리하며 정리한 내용의 반복에 불과하다. "정치적 승리나 임대료 인상, 건강 회복, 떠나간 친구가 되돌아오는 일, 그리고 이외에 온갖 사건이 여러분을 즐겁게 하고 긍정적인 미래를 기대할 수 있도록 한다. 하지만 믿지 마라. 결코 그런 식으로는 안 된다. 스스로에게 평화를 가져다줄 수 있는 것은 오직 자기 자신뿐이다."

위대한 금욕주의 철학자 에픽테토스는 몸에 난 종기와 종양을 제거하는 것보다 마음에 있는 나쁜 생각을 떨쳐 내는 데 더 많은 관심을 가져야 한다고 경고했다. 1,900년 전에 한 이 말은 현대 의학으로도 입증되고 있다. G. 캔비 로빈슨 박사의 말에 따르면, 존스홉킨스 병원에 입원한 환자 다섯 명 중 네 명은 긴장과 압박 때문에 생긴 질환으로 고통받고 있다고 한다. 기질성 교란도 비슷한 이유로 빈번하게 발생한다. 그는 "이런 증상은 인생과 인생의 문제에 대한 부적응 때문에 일어납니다."라고 말했다.

데일 카네기 자기관리론

프랑스 철학자인 미셸 몽테뉴는 "인간은 일어난 일 때문이 아니라 일어날 일에 대한 자신의 생각 탓에 더 큰 상처를 받는다."라는 말을 좌우명으로 삼았다. 일어날 일에 대한 생각은 오로지 자기 마음에 달려 있다.

이것은 무슨 뜻일까? 날카롭게 온 신경을 곤두세우고 있는 여러분 앞에서, 그런 상황에서도 의지를 보이며 노력한다면 상황을 바꿀 수 있다는 엄청난 주장을 하는 것일까? 그렇다! 정확하게 그런 뜻이다. 물론 그것이 다는 아니지만 말이다. 이제부터 어떻게 그럴 수 있는지 증명해 보이도록 하겠다. 여기에 복잡한 비밀이 있는 것은 아니다. 약간의 노력이 필요할 뿐이다.

실용 심리학의 권위자 윌리엄 제임스는 다음과 같이 말했다. "행동이 감정에 수반되는 것처럼 보이지만, 실제로 행동과 감정은 동시에 발생한다. 의지의 직접적인 통제를 받는 행동을 조절하는 것으로 의지의 통제가 미치기 어려운 감정을 간접적으로 조절할 수 있다." 윌리엄 제임스는 '정신을 차리는 것'만으로는 감정을 즉각 바꿀 수는 없지만, 행동을 변화시킬 수 있다고 주장했다. 또한 행동을 변화시킴으로써 감정도 변화시킬 수 있다고 했다. "그러니 유쾌한 기분이 사라졌을 때 다시 유쾌해지기 위해 선택할 수 있는 최고의 방법은 마치 유쾌한 상태인 것처럼 행동하고 이야기하는 것이다."

이렇게 단순한 방법이 실제로 효과가 있을까? 한번 경험해 보기를 바란다. 진심이 담긴 미소를 크게, 시원시원하게 지어 보라. 어깨를 뒤로 젖히고, 숨을 있는 힘껏 들이마셔 보라. 그리고 노래 한 소절을 흥얼거려 보라. 노래가 싫다면 휘파람이라도 불어 보라. 휘파람이 안 되면 콧노래라도 괜찮다. 그렇게 해 보면 여러분은 곧 제임스의 말뜻을 깨닫게 될 것이다. 정말 행복할 때 나타나는 현상들을 몸으로 실행하고 있는 동안만큼은 물리적으로 우울해할 수 없음을 알게 될 것이다.

이것이 바로 일상에서 쉽게 기적을 만들어 낼 수 있는 기본 진리 가운데 하나다. 나는 캘리포니아에 살고 있는 한 여성을 알고 있는데, 그녀가 이 비밀을 알게 된다면 24시간 안에 비참한 기분을 완전히 씻어 낼 수 있을 것이다. 그녀는 나이가 든 미망인이다. 비극적인 사실이라는 것은 인정한다. 그런데 그녀는 행복하게 살기 위해 노력하고 있을까? 아니었다. 만약 그녀에게 지금 기분이 어떠냐고 묻는다면, 아마 "좋아요."라고 대답할 것이다. 하지만 그녀의 표정과 안타까운 목소리는 다음과 같이 말하고 있다. "제발 묻지 마세요. 당신은 제가 한 고생들을 절대 알 수 없을 거예요." 그녀는 마치 그토록 행복한 표정을 어떻게 자기 앞에서 지을 수 있느냐고 질책하는 것만 같다.

물론 그녀보다 불행한 사람은 너무도 많다. 그녀의 남편은 그녀가 남은 생을 편히 살 수 있도록 많은 보험금을 남겼다. 하지만 그녀는 옷조차도 거의 사지 않는다. 그리고 결혼한 자식들과 함께 사는 그녀는 자녀들의 집에 몇 달을 머무르면서도 사위 세 명이 다 이기적이고 인색하다며 불평을 늘어놓는다. 노후 자금으로 쓰기 위해 돈을 모두 숨겨 놓고, 딸들이 선물을 주지 않는다고 투덜거린다. 그녀는 자신뿐 아니라 가엾은 가족에게도 고통을 주고 있다. 그렇게 할 필요가 있을까? 이 점이 정말 안타깝다. 그녀에게 변하고자 하는 의지만 있다면, 언제라도 품위 있고 사랑받는 가족 구성원이 될 수 있을 것이다. 이를 위해 그녀가 해야 하는 일은 단지 유쾌하게 행동하는 것뿐이다. 불행한 자신에게만 사랑을 주는 것이 아니라 다른 사람에게도 사랑을 줄 수 있는 사람처럼 행동해야 한다.

H. J. 잉글러트는 인디애나주 텔시 11번가 1335번지에 살았다. 그는 10년 전에 성홍열에 걸렸지만, 이 비밀을 알게 된 덕분에 지금까지 살아 있다. 그는 병에서 회복되었지만 신장염에 걸렸다. 그는 온갖 의사들을 찾아다녔지만 누구도 그의 병을 고치지 못했다. 그러다가 다른 합병증이 생겼다. 혈압이 높아졌다. 의사는 수축기 혈압이 최고 214라며 치명적인 상태라고 이야기했다. 게다가 지금도 병이 진행 중이니 하루빨리 주변을 정리하라고 권했다. 그는 다음과 같이 말했다.

"저는 납부하지 않은 보험료가 있는지 확인한 뒤, 제가 저지른 잘못에 대해 신에게 용서를 빌었습니다. 그러고는 우울한 생각에 잠겼지요. 그렇게 모든 사람을 불행하게 만들었습니다. 가족들은 웃음을 잃었고, 저는 깊은 우울감 속에 잠겼습니다. 일주일을 자신에 대한 연민 속에서 헤매다 보니 문득 이런 생각이 들었습니다. '정말 멍청하게 구는구나! 적어도 1년은 더 살 텐데, 그 시간이라도 즐겁게 보내면 안 되는 건가?'

저는 가슴을 쭉 펴고 미소를 지었습니다. 그러고는 마치 아무 일도 없었던 듯이 행동하기로 마음먹었지요. 처음에는 그러기 위해 무지 애를 써야만 했습니다. 하지만 억지로라도 자신을 즐겁고 유쾌하게 만들려고 노력했습니다. 이런 태도는 가족뿐만 아니라 저에게도 도움이 되었지요. 우선은 기분이 유쾌해졌습니다. 유쾌한 척하는 만큼 기분도 좋아졌습니다. 그렇게 모든 게 나아지고 있었습니다. 저세상에 가야 할 날을 몇 달이나 넘긴 지금도 행복하고 건강하게 살고 있으며, 혈압도 내려갔습니다. 하나만은 확실히 압니다. 죽는다는 사실 때문에 계속 절망에 잠겨 있었다면, 저는 분명 의사의 말처럼 되고 말았을 것입니다. 하지만 저는 스스로 이겨 낼 기회를 만들었지요. 그어떤 것도 아닌 오로지 정신의 상태를 변화시켜서 말입니다."

그는 유쾌하게 행동하고 건강할 수 있고 용기를 낼 수 있다는 긍정적인 생각을 하는 것만으로도 생명을 유지할 수 있었다. 따라서 단 1분이라도 사소한 우울과 걱정거리로 힘들어 할 필요가 없다. 유쾌하게 행동하는 것만으로도 행복해질 수 있는데, 자신과 주변 사람들을 불행하고 우울하게 만들 필요가 있을까? 오래전 나는 한 권의 책을 읽었는데, 그 책은 내 인생에 아주 깊게 각인되었다. 제임스 레인 앨런이 쓴 『인간은 생각한다』라는 책이다. 그 책에는 다음과 같은 구절이 있다.

'주변 사물과 사람에 대한 생각을 변화시킨다면, 우리 주변의 사물과 사람이 변화할 것이다. 근본 생각을 바꾸기만 해도 주변의 상황은 크게 변한다. 사람들은 자신이 원하는 것을 끌어당기는 게 아니라 오로지 자신만을 끌어당긴다. 우리의 목적에 실체를 만드는 신성함은 우리 안에 있다. 바로 우리 자신이다. 인간이 성취하는 것은 모두 자기 생각에 대한 직접적인 결과다. 자신의 생각에 확신을 갖고 용기를 북돋울 수 있는 사람이 성취를 얻을 수 있다. 그러하기를 거부한다면 결국 멸시받는 나약한 사람이 될 것이다.'

창세기에는 신이 인간에게 모든 땅을 지배하도록 했다고 쓰여 있다. 실로 엄청난 선물이다. 하지만 이렇게 위대한 특권에는 별 관심이 없다. 다만 나 자신을 지배하고 싶을 뿐이다. 내 생각과 두려움, 정신과 영혼을 지배하기를 바랄 뿐이다. 나는 내 행동을 통제하는 것만으로도 그런 지배력을 얻을 수 있다는 사실을 알고 있다. 내 행동을 통제하면 내 반응도 통제할 수 있기 때문이다.

데일 카네기 자기관리론

윌리엄 제임스의 말을 기억하자. 사람들이 악이라 부르는 것 중에 제 스스로 힘을 얻고 정신이 들게 만들어 선으로 바꿀 수 있는 것들이 있다. 하지만 그러기 위해서는 두려움을 투지로 바꿔야 한다. 행복을 위해 투쟁하라. 즐겁고 건설적인 생각을 가능케 하는 프로그램을 실행함으로써 행복을 위한 투쟁을 시작하는 것이다. 그 프로그램의 이름은 '오늘 하루만큼은'이며, 36년 전에 시빌 F. 파트리지가 쓴 글이다. 나는 수백 명의 지인에게 이 프로그램을 나누어 주었다. 이 프로그램을 시행한다면 대부분 걱정을 없앨 수 있을 것이다. 프랑스인들이 말하는 것처럼 풍족한 '삶의 기쁨(la joie de vivre)'을 느낄 수 있을 것이다.

오늘 하루만큼은

1. 나는 오늘 하루만큼은 행복한 마음으로 살겠다. 에이브러햄 링컨의 말처럼 "대부분 사람은 자신이 행복하려고 하는 만큼 행복하다."라는 사실을 인정하겠다. 행복은 내 안에서 나온다. 외부 환경 문제가 아니다.

2. 오늘 하루만큼은 모든 것을 내 기대에 맞추려 하지 않고, 스스로를 현실에 맞추기 위해 노력하겠다. 내 가족과 사업, 운을 그대로 받아들이고 거기에 내 자신을 맞추겠다.

3. 오늘 하루만큼은 내 신체를 돌보겠다. 몸을 함부로 움직이거나 방치하지 않고, 운동하고 주의 깊게 살피면서 영양 보충도 하겠다. 내 자신을 마음대로 움직일 수 있는 완벽한 기계로 만들겠다.

4. 오늘 하루만큼은 정신을 강하게 단련하겠다. 유익한 것을 배우겠다. 정신이 나태해지지 않도록 노력하고, 생각하고 집중해야 읽을 수 있

는 글을 읽겠다.

5. 오늘 하루만큼은 세 가지 정신적 훈련을 하겠다. 다른 사람 모르게 친절을 베풀겠다. 윌리엄 제임스의 말처럼 하고 싶지 않은 일이라도 최소한 두 가지 정도는 하겠다.

6. 오늘 하루만큼은 유쾌하고 발랄한 사람이 되겠다. 밝은 표정을 짓고 멋지게 차려입은 채 조심스럽게 말하면서 예의 바르게 행동하고 다른 사람을 많이 칭찬하겠다. 절대 다른 사람을 비판하거나 잘못을 꼬집거나 다른 사람의 행동을 고치고 개선하려 하지 않겠다.

7. 오늘 하루만큼은 인생의 모든 문제를 전부 해결하려고 하지 않을 것이며, 매 순간 충실히 살려고 노력할 것이다. 불가능해 보이는 일도 12시간 집중하면 해낼 수 있다.

8. 오늘 하루만큼은 계획을 세운 후에 행동하겠다. 시간마다 할 일을 기록해 두겠다. 계획대로 실천할 수 없을지 몰라도 계획을 세우겠다. 그렇게 하면 성급함과 망설임 같은 문제가 사라질 것이다.

9. 오늘 하루만큼은 30분 정도 고요하게 휴식 시간을 갖겠다. 신에 대해 생각하며 내 인생에 대한 통찰력을 강화하는 시간으로 쓰겠다.

10. 오늘 하루만큼은 어떤 것도 두려워하지 않겠다. 행복함을 깊이 느끼는 것에, 아름다운 것들을 감상하는 것에, 사랑하는 것에, 내가 사랑하는 이들이 나를 사랑함을 굳게 믿는 것에 두려움을 갖지 않겠다.

평화와 행복을 가져다줄 수 있도록 정신을 단련하고 싶다면, 다음 방법을 반드시 기억하라.

데일 카네기 자기관리론

평화와 행복을 부르는 태도 1

Think and act cheerfully, and you will feel cheerful.

유쾌하게 생각하고 행동하라. 그러면 정말 유쾌해질 수 있다.

앙갚음은 큰 대가를 지불해야 한다

The High Cost Of Getting Even

어느 날 밤 나는 옐로스톤국립공원으로 여행을 갔다. 소나무와 전나무가 꽉 들어찬 숲의 맞은편 관람석에 앉아 있었는데, 거기 모든 사람이 회색곰을 보기 위해 기다렸다. 곧이어 환한 조명 사이로 회색곰이 등장했다. 곰은 공원 안 호텔 주방에서 가져온 음식을 먹기 시작했다. 관광객들은 굉장히 흥분했고 삼림경비원 마틴데일 대령은 말 위에 탄 채로 곰에 관해 설명했다. 그는 회색곰이 버펄로나 코디액 불곰을 제외하면 서양에 존재하는 어떤 동물이든 이길 수 있다고 말했다. 하지만 그날 밤 나는 숲에서 나와 조명을 받은 회색곰이 함께 음식을 먹도록 허락한 동물이 있다는 사실을 알았다. 바로 스컹크였다. 회색곰이 발짓이라도 한번 하면 스컹크 따위는 단번에 죽일 수

데일 카네기 자기관리론

도 있었다. 그런데 왜 그러지 않았을까? 회색곰은 그것이 자신에게 이득이 되지 않는다는 것을 알고 있었기 때문이다.

나도 마찬가지의 사실을 알고 있었다. 나는 농장에서 어린 시절을 보냈는데, 한 줄로 늘어선 미주리주 나무 틈에 덫을 놓아 다리가 네 개 달린 스컹크를 잡은 적이 있다. 어른이 되었을 때 뉴욕의 한 골목에서는 다리가 두 개인 스컹크를 보기도 했다. 가슴 아픈 경험을 통해 나는 무언가를 자극해서 좋을 것이 없다는 사실을 알았다.

적을 증오하면 결국 적에게 지배권을 주게 된다. 그것은 우리의 잠, 식욕, 혈압, 건강, 행복을 지배하는 힘이다. 그 증오가 얼마나 걱정을 끼치고 괴롭히는지 모른다. 우리가 복수심을 키우고 있음을 안다면 적은 기쁨에 춤을 출 것이다. 증오심은 적에게 조금도 해를 끼치지 못한다. 증오심은 스스로의 하루를 지옥으로 만들 뿐이다.

이런 말을 한 사람이 누구인지 알고 있는가. "이기적인 존재들이 당신을 이용해 이득을 챙기려 한다 해도 무시하고 갚아 주려 애쓰지 마라. 갚으려 하는 순간 당신은 자기 스스로를 해치게 된다." 눈만 반짝거리는 이상주의자가 하는 말로 들릴지도 모르지만, 결코 그렇지 않다. 이는 밀워키 경찰청 회보에 나오는 말이다.

앙갚음한다면 어떤 손해가 따를까? 여러 면에서 살필 수 있다. 〈라이프〉에 따르면 우선 건강을 잃게 된다. 〈라이프〉에는 이런 글도 실렸다. "고혈압이 있는 사람들의 큰 특징은 바로 분노다. 만성 분노는 고혈압과 심장질환을 유발한다."

"원수를 사랑하라."라는 예수의 말은 비단 건전한 윤리 정신에 기인한 것만은 아니다. 그는 20세기 의학을 설파했던 것이다. "일곱 번씩 칠십 번까지 용서하라."라고 말할 때 예수는 우리에게 고혈압과 심장질환, 위궤양, 그 외에 수많은 질병을 예방하는 방법을 전해 준 것이나 마찬가지다.

얼마 전 내 친구가 심장 발작을 일으켰다. 의사는 그를 침대에 눕히고는 절대 화를 내지 말라고 지시했다. 의사는 심장이 약한 사람들은 갑자기 화를 내다가 죽을 수 있다는 사실을 알고 있다. 몇 년 전 워싱턴주 스포캔의 레스토랑 운영자가 화를 내다가 죽은 사건이 있었다. 지금 내 앞에 워싱턴주 스포캔 경찰청장 제리 스워타웃이 보낸 편지가 있는데, 그 내용은 이렇다.

"몇 해 전 스포캔에서 카페를 운영하던 68세의 윌리엄 폴커버가 죽었습니다. 요리사가 커피를 마실 때마다 자신의 커피 잔 받침을 썼는데, 그것에 갑자기 화를 내다 죽고 말았던 겁니다. 카페 주인은 화를 참지 못해 권총을 들고 요리사를 쫓아가다 심장 발작을 일으켜 권총을 손에 쥔 채 사망했습니다. 검시관 보고서를 보면, 분노로 인한 심장 발작이라고 합니다."

예수는 "원수를 사랑하라."라고 말하면서 더 나은 용모를 가질 수 있는 방법에 대해서도 말했다. 증오심 때문에 굳은 표정으로 울상을 짓곤 하는 사람을 알고 있다. 아마 누구든 주위를 둘러보면 그런 사람이 있을 것이다. 이 세상에 존재하는 어떠한 피부 미용 기술도 용서, 다정함, 사랑이 주는 효과보다 강력하지 않다.

증오심은 식욕을 떨어뜨린다. 성경 잠언 15장 17절에 이런 말이 있다. "채소를 먹으며 사랑하는 것이 두터운 소고기를 먹으며 미워하는 것보다 낫다." 증오심은 에너지를 빼앗아 가고 사람을 지치고 예민하게 만들며 외모를 망가뜨리고 심장 질환을 유발하면서 수명을 줄인다. 우리의 원수가 이 사실을 알게 된다면 손을 마주 비비며 즐거워하지 않겠는가?

원수를 사랑하지는 못해도 최소한 자기 자신만은 사랑하자. 자기 자신을 사랑함으로써 원수가 우리의 행복과 건강, 외모를 앗아가지 못하게 하자. 셰익스피어는 다음과 같이 말했다.

적의를 불태우지 마라
네가 먼저 그을릴 것이니.

예수는 원수를 '일곱 번씩 칠십 번까지' 용서하라고 하면서 사업상의 교훈도 건넸다. 내가 방금 전에 읽었던 편지를 예로 들겠다. 스웨덴 웁살라에 사는 조지 로나가 보낸 편지다. 로나는 오랫동안 빈에서 변호사로 일했지만 제2차 세계 대전 때 스웨덴으로 피신했다. 돈이 한 푼도 없었기에 일자리를 구해야만 했는데, 여러 외국어에 능통했기에 수출입 관련 회사의 해외 연락 담당 직을 물색했다. 거의 모든 회사에서 전쟁 때문에 일자리가 없다며, 자리가 생기면 연락을 주겠다는 답변을 해 왔다. 하지만 그 가운데 한 사람이 로나에게 이런 편지를 보냈다. "당신은 제 사업에 대해 잘못 알고 있을 뿐만 아니라 참 어리석군요. 내게 그런 연락 담당자는 필요 없습니다. 혹 필요하더라도 당신을 채용할 생각은 없습니다. 당신은 우리말도 제대로 하지 못하니까요. 당신이 보낸 편지는 맞춤법이 죄다 엉망입니다."

로나는 그 편지를 읽고 격한 분노를 쏟아 냈다. '내가 스웨덴 말도 제대로 못한다고? 대체 무슨 소린지! 이 스웨덴 사람이 쓴 편지야말로 정말 엉망진창인데.' 이렇게 생각하며 로나는 편지를 보낸 사람에게 분노를 유발한 만한 답장을 쓰기 시작했다. 그러다 갑자기 멈추고 생각했다. '잠깐, 그런데 이 사람이 틀렸다는 걸 어떻게 알지? 나는 스웨덴어를 공부하긴 했지만, 그게 모국어는 아니니 실수했을 수도 있어. 그럴 가능성도 있고, 또 다른 데 취직하려면 더 열심히 공부하는 게 맞을 테지. 의도하지는 않았겠지만 이 사람은 오히려 내게 도움을 주었군. 표현은 마음에 안 들지만, 그것 때문에 내가 그에게 빚을 졌다는 건 변하지 않을 거야. 고맙다는 편지를 써야겠군.' 로나는 마구 써내려 가던 비난의 편지를 찢어 버린 뒤 이런 내용으로 다시 썼다.

연락 담당자가 필요하지 않은데도 제게 편지를 보내 주신 노고에 감사드립니다. 제 실수를 죄송하게 생각합니다. 저는 귀사가 사업 면에서 선도적인 역할을 하는 회사라고 판단을 했기에 편지를 보냈습니다. 제 편지에 문법적인 오류가 있는 것을 알지 못한 데 대해 부끄럽게 생각하며 사과의 말씀을 드립니다. 스웨덴어 공부를 더 열심히 해서 잘못된 점을 고쳐보겠습니다. 저의 계발에 도움을 주셔서 감사합니다.

며칠 뒤 로나는 그에게서 한번 만날 수 있겠냐는 답장을 받았다. 그와 만난 후 그는 일자리를 얻게 되었다. 로나는 이런 경험을 통해 "온화한 대답이 화를 누그러뜨린다."라는 사실을 깨달았다.

원수를 사랑하는 일은 성인군자가 아니라면 어려운 일일지도 모른다. 하지만 우리 자신의 건강과 행복을 위해서라도 그들을 용서하고 잊어야만 한다. 그게 현명하다. 공자가 말했다. "나쁜 일을 당하거나 물건을 도둑맞아도 마음속에 담지도 생각하지도 않는다면 아무것도 아니다." 드와이트 아이젠하워 장군의 아들 존 아이젠하워에게 그의 아버지가 화내면서 분노하는 것을 본 적이 있느냐고 물었더니

데일 카네기 자기관리론

다음과 같이 답했다. "없습니다. 아버지는 마음에 들지 않는 사람을 생각하면서 시간을 낭비하는 일이 전혀 없었습니다."

오래된 격언이다. "미련한 사람은 화를 못 내지만 현명한 사람은 화를 내지 않는다." 뉴욕 시장이었던 윌리엄 J. 게이너의 정책도 이러했다. 그는 황색 신문에서 혹독한 비판을 받은 뒤 한 미친 사람이 쏜 총에 맞아 생사의 고비를 넘겼다. 병원에 누워 죽음과 삶을 오가며 그는 이렇게 말했다. "밤마다 나는 모든 일과 모든 사람을 용서했습니다." 지나친 이상주의인가? 너무 유쾌한 시각이라 생각하는가? 그런 생각이 든다면 『염세주의 연구』를 쓴 독일의 철학자 쇼펜하우어의 말을 들어 보자. 그는 인생을 무의미하고 고통스러운 모험이라고 생각했다. 그가 가는 곳마다 우울함이 쏟아졌다. 절망의 늪에서 방황하던 쇼펜하우어이지만 "그 누구에게도 작은 악의조차 품어서는 안 된다."라고 외쳤다.

윌슨, 하딩, 쿨리지, 후버, 루스벨트, 트루먼 등 여섯 명의 대통령으로부터 신뢰받은 조언자가 있었는데, 그는 버나드 바루크였다. 한번은 그에게 정적의 공격 때문에 당혹스러웠던 적이 있었느냐고 물었다. 그는 다음과 같이 대답했다. "제가 모욕감을 느끼도록 하거나 당황스럽게 할 사람은 없습니다. 제 스스로 그렇게 내버려 두지 않을 테니까요."

스스로 허락하지 않는 한 자신을 모욕하거나 당황하게 할 수 있는 사람은 없을 것이다. 막대기와 돌로 뼈를 부러뜨릴 수는 있어도 말로는 상처를 주지 못할 것이다.

사람들은 오랜 세월 동안 예수가 그러했듯이 원수를 미워하지 않는 사람을 촛불로 기려 왔다. 나는 가끔 캐나다에 있는 재스퍼 국립 공원을 찾는다. 그리고 서양에서 제일 아름다운 산으로 손꼽히는 에디스 카벨 산을 물끄러미 바라본다. 이 산은 1915년 10월 12일, 독일군의 처형대에서 마치 성자와 같이 사망한 영국인 간호사 에디스 카벨을 추모하고자 만들어진 것이다. 그녀는 무슨 죄를 지었을까? 그녀는 프랑스와 영국의 부상자들을 벨기에에 있는 자기 집에 숨겨 주었으며, 치료도 해 주고 식량을 나누어 주고 그들이 네덜란드로 도망갈 수 있도록 도와주었다. 10월, 사형 당일 아침 영국인 신부가 임종 미사를 위해 브뤼셀에 있는 군대의 감옥으로 그녀를 찾아갔는데, 거기서 그녀는 다음과 같이 말했다. "애국심만으로는 부족하다는 걸 알았습니다. 저는 그 누구도 원망하거나 증오하지 않겠습니다."

그녀의 말은 청동이 섞인 화강암 석판에 각인되어 있다. 4년이 흐른 뒤 그녀의 시신은 영국으로 이송되었고, 추념식을 한 뒤 웨스트민스터 사원에 안장되었다. 나는 런던에 1년 정도 머물렀던 적이 있는데, 간혹 국립 초상화 전시실 맞은편에 있는 카벨의 동상 앞에서 화강암에 새겨진 그녀의 말을 읽고는 했다. "애국심만으로는 부족하다는 걸 알았습니다. 저는 그 누구도 원망하거나 증오하지 않겠습니다."

적을 용서하기 위한 가장 좋은 방법은 '대의(大義)'에 몰두하는 것이다. 그렇게 함으로써 그 대의 외에 모든 일을 가볍게 여길 수 있으니, 모욕감이나 원한을 사소하게 넘길 수 있다. 그 예로 1918년 미시시피주의 소나무 숲에서 발생한 극적인 사건을 들 수 있다.

교사이자 목사인 로렌스 존스는 흑인인데, 그는 폭력을 당할 위기에 처해 있었다. 오래전 나는 존스가 설립한 파이니 우즈 컨트리 스쿨에서 강연을 한 적이 있다. 그 학교는 지금 아주 유명하지만 지금 언급하려는 사건은 그보다 과거에 있었던 일이다. 제1차 세계 대전이 한창이라 대부분의 사람들이 불안했던 시기에 발생한 사건이다. 중부 미시시피 전역에 독일군이 흑인을 선동해 폭동을 일으킬 것이라는 괴소문이 퍼졌다. 존스는 흑인이라는 이유로 자신의 민족을 선동해 반란을 일으킬 준비를 한다는 의심을 받았다. 백인들은 우르르 몰려왔다. 그러고는 교회 밖에 서서 존스 목사의 목소리를 들었다. "인생은 곧 전쟁입니다. 우리 흑인은 무장해 끝까지 생존해야 하고 성공하기 위해 투쟁해야 합니다."

'투쟁!', '무장!' 이 단어만으로도 충분했다. 흥분한 백인 청년은 밤에 말을 타고 사람들을 불러 모아 교회로 돌아왔다. 존스를 밧줄로 묶고는 1마일이나 끌고 다녔다. 그러고 나서 장작더미 위에 세워 두고 성냥에 불을 붙여 교수형과 더불어 화형을 시키려 했다. 그때 누군가가 외쳤다. "불을 붙이기 전에 일단 저 검둥이의 말을 한번 들어 보자. 연설하라! 연설하라!" 그러자 그는 장작더미 위에서 밧줄을 목에 건 채 자신의 인생과 대의에 관해 이야기하기 시작했다.

그는 1907년 아이오와대학교를 졸업했다. 학업 성적도 훌륭했고 음악에 재능도 있었기에 학생과 교수들의 사랑을 받았다. 졸업한 뒤 그는 자신을 크게 키워 주겠다는 호텔 경영자의 제안을 거절하고, 사비를 투자해 음악 교육을 해 준다는 재력가의 제안도 거절했다. 왜 그랬을까? 그에겐 뜨거운 사명감이 있었다. 그는 부커 T. 워싱턴의 전기를 읽고 가난 때문에 문자를 깨치지 못한 동족들을 교육하는 데 자신의 온 삶을 바치기로 했다. 그래서 남부에서 가장 열악한 곳으로 갔다. 미시시피주 잭슨에서 남쪽으로 25마일이나 떨어진 곳이었다.

그는 시계를 전당포에 맡기고 1.65달러를 받았다. 그리고 나무 그루터기를 책상으로 삼아 숲속 공터에 학교를 열었다. 존스는 자신을 죽이려고 눈을 붉히는 사람들에게 배우지 못한 아이들을 가르치기 위해, 그 아이들이 훌륭한 농부, 기술자, 요리사, 가정부가 되도록 돕기 위해 얼마나 노력했는지 말했다. 그리고 자신이 파이니 우즈 컨트리 스쿨을 설립할 때 도움을 준 백인들의 이야기도 했다. 그들은 그가 교육을 이어 나갈 수 있도록 토지, 장작, 돼지, 소, 돈을 조달했다.

누군가 존스에게 그를 이렇게 끌고 와 목을 매달고 화형에 처하려 한 사람을 증오하지 않느냐고 물었다. 그러자 그는 자신은 큰 뜻을 이루기 위해 너무 바쁘게 살았으며, 자신보다 더 큰 무언가에 집중하느라 증오할 힘이 없다고 말했다. "나는 말다툼을 할 시간도, 후회할 시간도 없습니다. 어떤 누구도 내가 증오심을 품게 해서 나를 천박하게 만들지는 못할 겁니다."

존스가 진지하게, 또 감동적으로 자신의 대의에 대해 유창하게 연설하자 사람들의 마음이 누그러지기 시작했다. 마침내 군중에 있던 남부의 퇴역 군인 한 사람이 말을 꺼냈다.

"이 사람은 진실을 말하고 있는 것 같아. 이 사람이 말했던 그 백인들을 나도 알고 있지. 좋은 일을 하고 있는 것 같군. 우리가 실수한 것 같네. 목을 매달 게 아니라 이 사람을 돕는 게 좋겠어." 그 퇴역 군인은 쓰고 있던 모자를 벗어 사람들에게 돈을 걷었다. 파이니 우즈 컨트리 스쿨을 설립한 존스를 죽이기 위해 몰려갔던 사람들은 52.5달러를 모아 그에게 전달했다.

19세기 전 에픽테토스는 "뿌린 대로 거둔다.", 즉 "운명은 항상 우리의 나쁜 행동에 대한 대가를 치르게 한다."라는 말을 했다. 그리고 그는 덧붙였다. "길게 보면 모든 사람은 스스로의 잘못에 대한 대가를 치르게 되어 있다. 이를 기억한다면 사람들은 누구에게도 화를 내

데일 카네기 자기관리론

지도 분노하지도 않을 것이다. 비난하거나 탓하지 않을 것이며 불쾌하게 하거나 증오하지도 않을 것이다."

미국 역사상 비난과 배신에 가장 많이 시달렸던 사람은 링컨일 것이다. 하지만 링컨 자서전의 고전이라 부를 만한 헌든의 자서전에는 다음과 같이 적혀 있다. "링컨은 선입관에 따라 남들을 평가하지 않았다. 정적이라 하더라도 그 자리의 다른 사람처럼 자신이 맡은 역할을 잘 수행하리라고 믿고 있었다. 링컨은 자신을 비난하거나 적대했던 사람이라도 어떤 자리의 적임자라고 생각하면 마치 친구에게 그러하듯 그 자리를 선뜻 내주었다. 자신의 적이라거나, 혹은 자신을 싫어한다는 이유로 누군가를 자리에서 물러나게 한 적은 없다."

링컨은 조지 매클렐런, 시워드 스탠턴, 새먼 체이스를 고위직에 임명했다. 그들은 링컨을 비난하거나 모욕을 준 인물들이다. 하지만 헌든에 따르면, 링컨은 "어떤 일을 했다고 칭찬을 받거나 또 어떤 일을 하지 않았다는 이유로 비난받을 사람은 아무도 없다."라고 믿었다. '모든 사람은 조건과 상황, 환경, 교육, 습관, 유전의 결과로 생긴 아이들이며 그 모든 것이 그 사람의 현재와 미래를 결정하기 때문'이라는 주장이었다.

링컨이 옳았을 것이다. 만약 우리가 우리의 적이 물려받은 육체적, 정신적, 감정적인 특징을 똑같이 물려받았다면, 그들과 똑같은 영향을 받았다면, 아마도 적과 똑같은 행동을 할 것이다. 결코 다르게 행동하지 않을 것이다. 수(Sioux)족 인디언들의 관대함을 새기면서 다음과 같이 기도해 보라.

"위대한 영혼이여, 제가 보름간 타인의 입장이 되어 보기 전까지는 그들을 섣불리 판단하거나 비판하지 않게 하소서." 적을 증오하는 대신 그들을 불쌍하게 여기고 우리가 그들처럼 되지 않았음에 신께 감사를 드리는 것이다. 적에게 저주를 하고 복수하는 대신 그들을 이해하고 공감하면서 도움을 주고, 또 용서하고 기도하라.

나는 매일 저녁 성경의 한 부분을 읽은 뒤 무릎을 꿇고 '가정 기도문'을 외우는 집안에서 자랐다. 예수님의 말씀을 들려주시던 아버지의 목소리가 아직도 귓가에 들리는 것 같다. 인간이 예수의 이상을 소중하게 생각하는 한 다음 구절은 영원히 인간사에 남을 것이다. "원수를 사랑하라. 너희를 저주하는 자들을 축복하고, 너희를 증오하는 자들에게 선행을 베풀고, 너희를 모욕하고 괴롭히는 자들을 위해 기도하라."

내 아버지는 예수의 가르침대로 살기 위해 노력했고, 그렇게 이 세상의 제왕과 성주가 간절히 원한 마음의 평화를 찾았다. 평화와 행복을 부르는 마음을 지니고 싶다면 이런 방법을 반드시 기억하라.

Dale Carnegie
평화와 행복을 부르는 태도 2

Let's never try to get even with our enemies, because if we do we will hurt ourselves far more than we hurt them. Let's do as General Eisenhower does: let's never waste a minute thinking about people we don't like.

적에게 앙갚음을 하려고 하지 마라. 그것이 우리 자신을 해치게 될 것이다. 아이젠하워 장군이 그랬듯 마음에 들지 않는 사람을 생각하는 일에 단 1분도 낭비하지 마라.

데일 카네기 자기관리론

감사를 모르는 사람 때문에 화내지 않는 법

If You Do This, You Will Never Worry About Ingratitude

얼마 전 나는 사업가 한 사람을 텍사스에서 만났다. 무슨 일인지 그는 잔뜩 화가 나 있었고, 15분 이내에 자신이 왜 화가 났는지 말해 주겠다고 했다. 알고 보니 그를 그토록 화가 나게 했던 사건은 11개월 전에 있었던 일이었다. 그는 그 일 때문에 아직까지 화를 내고 있었던 것이다. 그는 그 사건 말고는 다른 어떤 일도 이야기할 수 없었다.

그는 34명의 직원에게 크리스마스 보너스로 1만 달러, 한 사람당 거의 300달러 가까이를 건넸다는 것이다. 그런데 아무도 그에게 고맙다는 인사를 하지 않았다고 한다. 그가 맹렬하게 불만을 늘어놓았다. "그들에게 한 푼이라도 주었다는 사실이 매우 화가 납니다."

공자가 말했다. "분노에 찬 사람은 늘 독이 차 있다." 솔직히 나는 이 사람이 불쌍했다. 그는 대략 60세 정도 됐다. 생명보험사들은 우리가 평균 수명인 80세까지 살 경우 남은 기간 중 3분의 2보다 조금 더 살 것으로 계산한다. 그가 앞으로 살날은 운이 좋으면 14~15년 정도 남은 셈이다. 하지만 그는 과거 일 때문에 분노하고 속상해 하며 얼마 남지 않은 인생 중에 거의 1년을 허비했다. 그러니 불쌍할 수밖에 없지 않은가.

그는 분노하거나 신세 한탄을 늘어놓으며 시간을 보내는 대신에 왜 자신이 감사 인사를 받지 못했는지 스스로 되돌아보았어야 했다. 어쩌면 그는 직원들에게 급여를 적게 주면서 많은 일을 시켰을지도 모른다. 어쩌면 그 직원들은 크리스마스 보너스를 선물이 아닌 자신들의 노동에 대한 당연한 대가라 생각했는지도 모른다. 아니면 그가 너무 비판적이고 다가가기 힘든 사람이라 누구도 편하게 그에게 감사 인사를 하지 않았을 수도 있다. 또 어차피 세금으로 나갈 이익을 보너스로 주었다고 생각했을지도 모른다. 반대로 직원들이 이기적이고 예의가 없는 사람들일지도 모른다. 이럴 수도 저럴 수도 있다. 나는 이 사건에 대해 자세히는 알지 못하지만 새뮤얼 존슨 박사가 이런 말을 했다는 사실을 알고 있다.

"감사는 오랫동안 수양한 이만이 맺을 수 있는 열매다. 교양 없는 이들은 감사라는 열매를 맺지 못한다."

이것이 핵심이다. 그는 자기 자신을 괴롭히는 실수, 감사를 기대하는 실수를 저지른 것이다. 그는 인간의 본성을 몰랐다. 다른 사람의 목숨을 구해 준다고 그 사람이 감사하게 여길 것이라고 생각하는가?

그런 기대를 할 수는 있다. 형사 전문 변호사로 명성을 날리고 나중에는 판사가 된 새뮤얼 라이보비츠는 전기의자에서 목숨을 잃을 뻔한 78명의 생명을 구해 주었다. 그런데 라이보비츠에게 감사 인사

데일 카네기 자기관리론

를 한 사람은 그중 몇 명이나 되었을까? 크리스마스카드를 보낸 사람은? 그렇다. 여러분이 예측했다시피, 단 한 명도 없었다.

어느 날 예수는 나병 환자 10명을 치료했다. 하지만 그중 예수에게 감사 인사를 하러 온 사람은 몇 명이었을까? 단 한 명이었다. 누가복음을 살펴보면, 사도들을 돌아보던 예수는 "나머지 아홉은 어디에 있느냐?"라고 물었다. 그들은 이미 도망가고 없었다. 감사 인사 한마디 없이 도망친 것이다. 하나 질문해 보겠다. 이 텍사스 사업가가 작은 선행을 했다고 해서 예수보다 더 감사를 받아야 할 특별한 이유라도 있는가? 더구나 돈 문제와 관련된 것이라면 더욱 가능성이 없다. 찰스 슈워브는 은행 소유 펀드로 주식 투자를 한 은행원을 도와주었다고 했다. 그는 은행원이 투옥되지 않도록 대신 돈을 갚아 주었다. 그 은행원은 고마워했을까? 물론 아주 잠시 그랬다. 얼마 되지 않아 그는 슈워브를 외면하고 그를 비난했다. 자신을 구해 준 그 사람을 말이다!

친척에게 100만 달러를 준다고 해서 그가 여러분에게 고마워할 것 같은가? 앤드루 카네기가 그러한 경우였다. 앤드루가 얼마 뒤에 무덤에서 돌아왔다면, 어이없게도 그 친척이 자신을 비난하는 장면을 보았을 것이다. 비난의 이유는 이랬다. 앤드루가 자신에게는 고작 100만 달러만 주고는 자선 단체에 무려 3억 6,500만 달러를 기부했기 때문이라는 것이다. 그의 말에 따르면 그렇다.

그는 자신의 일기에 이렇게 썼다. "나는 오늘도 말이 많은 사람들과 만나게 될 것이다. 이기적이고 자기중심적이고 감사할 줄 모르는 사람들을 말이다. 그래도 전혀 놀라거나 불쾌해 하지 않을 것이다. 그런 사람들은 늘 세상에 존재한다."

현명한 생각이다. 우리가 감사할 줄 모르는 사람들에 대해 불만을 늘어놓는다면 잘못은 어디에 있는 것일까? 인간의 본성일까? 아니면 인간 본성을 알지 못하는 우리에게 있는 것일까? 감사를 기대하지 마라. 그러면 어쩌다 누군가에게 감사 인사를 받을 때 놀랍고 즐거울 것이다. 감사 인사를 받지 못하더라도 기분이 상하지는 않을 것이다.

핵심은 바로 이것이다. 인간은 감사한 마음을 잊고야 만다. 늘 감사 인사를 바란다면 앞으로 많은 상처를 받으며 살 수밖에 없을 것이다.

뉴욕에 사는 한 여성은 항상 외롭다며 불평을 늘어놓는다. 그녀의 친척 중에 그녀와 가깝게 지내려는 사람이 한 명도 없는 이유를 알겠다. 그녀를 만나러 가면 그녀는 조카들이 어렸을 때 그들에게 얼마나 잘해 주었는지 몇 시간씩 떠든다. 아이들이 홍역과 볼거리, 백일해에 걸렸을 때 보살펴 주고 몇 년간 집에 데려다 키웠다는 것이다. 또 아이 하나가 경영대학원에 입학할 때 도와주었고, 또 다른 아이는 결혼할 때까지 돌보았다는 이야기를 줄줄 늘어놓았다.

과연 조카들이 그녀를 찾아왔을까? 물론 가끔 오기는 했다. 의무감 때문이었지만 말이다. 그들은 방문할 때마다 마음이 편치 않았다. 이야기를 시작하면 꼼짝없이 몇 시간 이상이나 긴 훈계를 들어야만 한다는 사실을 알고 있었기 때문이다. 그들은 격한 불만과 신세 한탄을 하며 한숨짓는 소리를 계속 듣고 있어야 했다. 혼을 내고, 화를 내고, 괴롭혀도 조카들이 찾아오지 않으면 그녀는 비장의 '마법'을 쓰고는 했다. 심장 발작을 일으키는 것이다.

심장 발작은 꾀병이 아니었을까? 물론 그랬다. 의사들은 그녀의 심장이 신경 과민성이며 심계항진증이 있다고 진단했다. 하지만 의사들이 해 줄 수 있는 것은 없다고 했다. 감정에서 비롯한 병이기 때문이다. 그녀는 사랑과 관심을 바라면서 그것을 '감사'라고 부른다. 하

　　　　　　　　　　　　　　데일 카네기 자기관리론

지만 그렇게 해서는 감사나 사랑을 결코 받지 못할 것이다.

그녀처럼 감사를 모르는 사람이나 외로움, 외면 등으로 고통스러워하는 여성들이 상당히 많다. 그들은 사랑받기를 원한다. 하지만 사랑은 갈구한다고 받을 수 있는 것이 아니다. 사랑받는 유일한 방법은 조건 없는 사랑을 베푸는 것이다. 순진하고 비현실적이며 사변적인 이상주의자의 말처럼 들리는가? 그렇지 않다. 이는 상식이다. 원하는 행복을 위해 우리가 선택할 수 있는 좋은 방법이다. 나는 그렇게 확신한다.

내 가정에서도 그런 일이 일어났다. 부모님은 타인을 돕는 즐거움으로 살았다. 우리 집은 늘 가난했고 빚에 허덕였다. 부모님은 가난했지만 어떻게든 돈을 모아 매년 아이오와주 카우닐블러프스에 있는 보육원 크리스천 홈에 기부를 하셨다. 부모님은 한 번도 그곳을 방문하지 않았다. 편지 말고는 부모님께 감사 인사를 전한 이는 아무도 없을 것이다. 하지만 두 분은 충분한 보상을 받았다. 아이들을 돕는 즐거움을 누린 것이다.

나는 집을 떠난 이후로 크리스마스 무렵이면 항상 부모님께 용돈을 보내드리면서 당신들을 위해 쓰라고 권한다. 하지만 그러지 않으셨다. 크리스마스쯤에 집에 가면 아버지는 동네에 편모 가정이 있는데 아이들은 많지만 돈이 부족하다고 하시며, 그래서 석탄과 음식을 사 주었다고 했다. 아마 그 선물로 즐거움을 누린 것은 그 아이들보다 부모님이었을 것이다. 어떠한 대가도 바라지 않고 베푸는 순수한 즐거움이었다.

나는 내 아버지가 아리스토텔레스가 말한 '이상적인 사람, 즉 행복을 찾아 가는 사람이라고 믿는다. 아리스토텔레스는 다음과 같이 말했다. "이상적인 사람은 다른 사람을 돕는 데서 기쁨을 찾는다. 그리

고 다른 사람이 자신을 돕는 것에 대해 부끄럽게 여긴다. 호의를 베
푸는 것은 우월함을 나타내지만 호의를 받는 것은 열등함을 나타내
기 때문이다."

이 장의 두 번째 핵심이다. 행복을 느끼고 싶다면 감사 인사 여부
에 신경 쓰지 마라. 행위 자체로 얻을 수 있는 내적인 즐거움과 만족
을 추구해야 한다.

부모들은 자식들이 도무지 감사할 줄을 모른다며 불만을 표했다.
셰익스피어의 4대 비극 중 하나인『리어왕』의 주인공 리어왕은 말했
다. "감사를 모르는 아이들이 있다니, 그것은 독사의 이빨보다 날카
롭도다!"

부모가 강요하지 않는다면 아이들이 감사해야 할 이유가 어디 있겠
는가? 감사하지 않는 것은 정말 자연스러운 일이다. 감사란 장미와 같
다. 거름과 물을 주고 살뜰히 돌보아 주고 사랑하며 보살펴야 피어날
수 있다. 우리 자녀가 감사할 줄 모른다면 그건 과연 누구의 잘못일까?
아마도 우리 자신일 것이다. 다른 사람에게 감사하는 마음을 갖도록
교육하지 않았는데 어떻게 우리에게 감사하기를 기대할 수 있을까.

시카고에 사는 한 남자는 자신의 의붓아들들에게 감사할 줄 모르
는 아이들이라고 말할 만한 수많은 이유를 댈 수 있다. 그는 상자를
만드는 공장에서 헌신적으로 일하고 있다. 하지만 일주일에 40달러
이상을 버는 일이 드물다. 그는 남편과 사별한 여자와 결혼을 했고,
그 아내는 그를 설득해 돈을 대출받고 자신의 두 아들을 대학에 보냈
다. 그는 주급 40달러를 생활비로 쓰고 그 남은 돈으로 대출금을 갚
아야만 했다. 그는 4년 동안 불평 한마디 하지 않고 중국 막노동자 쿨
리처럼 일에 몰두했다.

그는 감사 인사를 받았을까? 아니었다. 그의 아내는 그 일을 당연하게 받아들였다. 아들도 역시 마찬가지였다. 의붓아버지에게 빚을 지고 있다는 생각조차 하지 않았다. 심지어 감사해야겠다는 마음조차 없었다.

누구의 잘못일까? 아이들에게도 잘못은 있지만 어머니에게 더 큰 잘못이 있다. 그녀는 이제 막 새로운 인생을 시작하는 아들에게 '채무감'이라는 부담을 주는 것이 부끄럽다고 생각했다. 그녀는 아이들이 빚을 지고 생을 시작하는 것을 바라지 않았다. 그녀가 아이들에게 "너희들을 대학에 보내 준 아버지는 천사 같은 분이시다!"라고 말하는 것은 상상할 수도 없었다. 오히려 그녀는 이런 태도를 보였다. "아버지라면 이 정도는 해 주어야 하는 게 맞지 않나?" 그녀는 이것이 아들을 위한 길이라고 생각했을 것이다. 하지만 삶의 터전으로 진입하는 아이들에게 위험한 생각을 심어 주고 있었다. 세상이 그들을 먹여 살려야 한다는 말도 안 되는 생각이었다. 위험한 발상이었던 것이다. 아들 하나가 자신의 고용주에게 돈을 빌리려다가 감옥에 가게 되었기 때문이다. 아들의 말에 따르면 그렇다.

아이들은 교육받은 대로 자란다는 사실을 기억해야 한다. 그 예로 미니애폴리스주 웨스트 미네하하 파크웨이 144번지에 살고 계시는 내 이모 비올라 알렉산더 이야기를 해 보겠다. 이모는 아이들에게 감사를 모른다고 불평할 이유가 전혀 없는 사람이었다.

비올라 이모는 어머니, 즉 나의 외할머니를 집으로 모시고 사랑과 정성으로 보살폈다. 또한 시어머니도 집으로 모셔와 그렇게 똑같이 했다. 아직도 눈을 감으면 그 두 분께서 비올라 이모의 농가 난롯가에 앉아 계시던 모습이 생생하게 떠오른다. 두 분은 과연 비올라 이모에게 있어서 근심거리였을까? 때로는 그랬을지도 모른다고 생각한다. 하지만 나는 이모의 모습에서 전혀 그런 면모를 발견하지 못했다. 이모는 두 분을 사랑했다. 그래서 그분들의 바람을 이루어드리고, 뭐든지 이해하면서 편하게 지내실 수 있도록 했다. 비올라 이모에게는 여섯 명의 아이들이 있었다. 하지만 이모는 두 분을 모시고 사는 것이 특별히 대단한 일이라고 생각하지 않았다. 찬사를 받을 일이라고도 생각하지 않았다. 그냥 자연스럽고 또 당연한 일이었으며 그녀가 원하는 일이었다.

비올라 이모는 홀몸이 된 지 20여 년이 지났다. 다섯 아이는 모두 자라서 가정을 이루었고 다들 이모를 자신의 집으로 모시겠다고 한다. 이모의 자녀들은 이모를 정말 사랑한다. 아무리 오래 함께 있어도 더 함께 있고 싶어 한다. 이는 감사의 표시가 아니라 사랑이다. 사랑 그 자체이다.

이모의 자녀들은 인간적이고 다정한 분위기 속에서 따뜻한 사랑을 느끼며 자라왔다. 이제는 입장이 변한 만큼 그들이 사랑을 돌려주는 것은 놀라운 일이 아닌 것이다. 감사할 줄 아는 자녀를 키우고 싶다면 먼저 감사할 줄 아는 사람이 되어야 한다는 사실을 기억하라. '아이들은 귀가 밝다.'는 점을 잊지 말고 작은 말이라도 조심하자.

누군가에게 불만을 표현하고 싶더라도 아이들이 곁에 있다면 우선은 멈추어야 한다. "수 언니가 크리스마스 선물로 보낸 행주를 봐. 언니가 직접 만든 거라고. 정말 1센트도 안 쓰려고 한다니까?" 이런 식으로 말하지 마라. 언뜻 별일 아닌 듯해도 아이들은 모든 것을 주의 깊게 듣고 있다.

대신 이렇게 말하는 것은 어떨까? "수 언니가 크리스마스 선물로

이 행주를 만들기 위해 얼마나 많은 정성을 들였을까! 정말 좋은 사람이야. 지금 당장 고맙다는 편지를 써야겠어." 자녀들은 그렇게 감사하고 칭찬할 줄 아는 습관을 익히게 된다. 감사 인사를 받지 못해 불쾌함을 느끼거나 화가 나는 상황을 만들고 싶지 않다면 이 방법을 기억하라.

Dale Carnegie
평화와 행복을 부르는 태도 3

Instead of worrying about ingratitude, let's expect it. Let's remember that Jesus healed ten lepers in one day-and only one thanked Him. Why should we expect more gratitude than Jesus got?

감사할 줄 모른다며 분노하지 말고 그런 기대를 없애라. 예수는 하루에 10명의 나병 환자를 치료해 주었으나 단 한 명만이 그에게 감사 인사를 했다. 우리가 예수보다 더 감사를 받아야 할 특별한 이유라도 있는가?

Let's remember that the only way to find happiness is not to expect gratitude, but to give for the joy of giving.

감사 인사를 기대하기보다 베푸는 즐거움 자체를 즐기는 것이 행복을 찾는 유일한 방법이다.

Let's remember that gratitude is a 'cultivated' trait; so if we want our children to be grateful, we must train them to be grateful.

감사는 학습으로 길러지는 것임을 명심하라. 우리 자녀가 감사할 줄 아는 사람이 되기를 원한다면 그들에게 감사하는 방법을 교육해야 한다.

4

100만 달러를 준다면 지금 가지고 있는 것을 포기하겠는가?

Would You Take A Million Dollars For What You Have?

미주리주 웹시 사우스매디슨 애비뉴 820번지에 살고 있는 해럴드 애벗은 내 강의 매니저로, 나와 오래 알고 지냈다. 어느 날 그와 캔자스시에서 만나게 되었는데, 그는 나를 미주리주 벨튼의 농장까지 차로 데려다 주었다. 차 안에서 나는 그에게 어떻게 걱정을 예방하냐고 물었다. 그때 그는 평생 잊을 수 없을 만큼 심오한 이야기를 들려주었다.

"저는 걱정이 좀 많습니다. 1934년 어느 봄 웹시 웨스트도허티 거리를 걷다 모든 걱정을 날려 주는 광경을 보았지요. 10초 만에 일어난 일이었어요. 그 10초 사이에 10년간 배운 것보다 더 많은 것을 배웠습니다.

저는 2년째 웹시에서 식료품 가게를 운영하고 있는데, 모아둔 돈을 다 날렸고 대출받은 돈을 7년에 걸쳐 갚아야 했습니다. 바로 전 토요일에 가게 문을 닫고, 캔자스시에서 일자리를 찾기 위해 상공인 은행에 대출을 받으러 가는 길이었습니다. 누군가에게 한 대 얻어맞은 듯 자신감과 의욕을 잃은 채 그저 걷고 있었지요. 그때 갑자기 길 저편에 있는 다리가 없는 사람을 보았습니다. 그는 롤러스케이트 바퀴가 달린 작은 나무판에 앉아 나무막대를 두 손에 쥐고 있었습니다. 그 판자를 탈것처럼 밀면서 앞으로 가고 있었지요.

저는 그가 길 건너 인도와 차도 사이에 있는 낮은 턱을 넘기 위해 몸을 일으키려 애쓰는 순간, 그의 모습을 봤습니다. 나무판을 기울이며 그와 눈이 마주친 겁니다. 그는 활짝 웃으며 인사를 했습니다. '안녕하세요? 날씨가 정말 좋지요?' 그는 활기차게 말했습니다. 가만히 그를 지켜보고 있으니 저는 정말 가진 게 많은 사람이라는 생각이 들었지요. 저는 두 다리가 멀쩡하고, 걸어 다닐 수도 있습니다. 자기 연민에만 빠져 있던 자신이 부끄러웠습니다. 다리가 없는 사람도 행복하고 당당하게 살고 있는데 다리도 있는 제가 그러지 못할 이유는 없을 것 같았습니다.

원래 저는 상공인 은행에서 100달러만 대출을 받을 계획이었지만, 지금은 200달러를 요청할 용기가 있습니다. 원래는 일자리를 구할 수 있을까 해서 캔자스시에 가려 한다고 말할 생각이었지만, 이제는 당당하게 캔자스시에 일자리를 구하러 갈 것이라고 말할 수 있게 됐습니다. 대출을 받는 데 성공했고, 일자리도 구했습니다.

요즘 저는 세면대 거울에 이런 구절을 붙여 놓고 아침에 면도를 할 때마다 읽고 있습니다."

나는 슬펐다네, 신발이 없어서

거리에서 발 없는 사람을 마주하기 전까지는.

언젠가 에디 리켄베커에게 이렇게 물었던 적이 있다. 동료들과 뗏목을 타고 막막함 속에서 태평양을 21일 동안 떠다녀야 했을 때 얻은 교훈이 있었다면 무엇이었냐고. 그러자 그가 말했다. "그 일을 통해 내가 배운 가장 큰 교훈은 목 마를 때 마실 수 있는 깨끗한 물이 있고 배고플 때 먹을 수 있는 음식이 있다면 아무 일도 불평해서는 안 된다는 사실입니다."

〈타임〉 지에 과달카날섬에서 부상을 입은 하사관에 대한 기사가 실렸던 적이 있다. 폭탄 파편 때문에 목에 큰 부상을 입은 하사관은 무려 수혈을 7번이나 받아야 했다. 그는 종이에 글을 써서 의사에게 물었다. "제가 살 수 있나요?" 의사는 그렇다고 말했다. 그러자 그가 다시 종이에 글을 써 보여 주었다. "제가 말할 수 있을까요?" 의사는 다시 그렇다고 말했다. 그러자 그가 다시 글을 썼다. "그러면 걱정할 이유가 전혀 없잖지요?"

걱정을 멈추고 이렇게 질문해 보라. "난 대체 왜 걱정을 하는 것일까?" 아마 그게 너무도 사소한 이유 때문이라는 것을 알게 될 것이다. 우리 인생에서 문제가 없는 부분이 90% 정도라면 그렇지 않은 부분은 10% 내외에 불과하다. 행복해지고 싶다면 문제가 없는 90%에 집중하고 그렇지 않은 10%는 무시하면 된다. 걱정하면서 마음을 상하고 위궤양에 걸리고 싶다면 문제의 10%에 집중하고 화려하게 빛나는 90%를 무시하면 된다.

크롬웰 시대의 단순한 양식을 강조하는 영국 교회에는 이런 구절

　　　　　　　　　데일 카네기 자기관리론

이 새겨진 곳이 많다. "생각하라. 그리고 감사하라." 우리의 마음속에
도 이 문구를 새겨야 한다. "생각하라. 그리고 감사하라." 감사해야 할
모든 것을 생각하고, 은혜와 은총에 감사하라.

『걸리버 여행기』를 쓴 조너선 스위프트는 영국 문학사상 가장 유
명한 염세주의자였다. 그는 자신이 세상에 태어났다는 사실 자체에
불만을 가져서, 생일이 되면 검은 옷을 입고 음식조차 먹지 않았다.
그는 늘 절망에 빠져 살았다. 그렇게 영국 최고의 염세주의자였던 그
조차 유쾌함과 행복에는 사람을 건강하게 만드는 훌륭한 힘이 있다
고 찬양했다. 그는 이렇게 믿었다. "세상에서 가장 위대한 의사는 식
이요법, 고요함, 그리고 즐거움이라는 이름을 가진 선생이다."

우리는 놀라울 만큼 많은 부를 가지고 있다. 이러한 부에 집중하게
된다면 하루하루 '즐거움이라는 선생'의 도움을 공짜로 받을 수 있을
것이다. 만약 누군가가 1,000억을 준다고 한다면 자신의 두 눈을 팔
수 있겠는가? 두 다리는 얼마에 팔 것인가? 손은? 귀는? 자녀는? 가
족은? 스스로 가진 자산을 헤아려 본다면, 록펠러나 포드, 모건 가문
이 이룩한 부를 다 준다고 해도 그것들과 것과 바꿀 수 없다는 사실
을 알게 될 것이다.

우리는 이러한 자산을 올바르게 평가하고 있을까? 그렇지 않다. 쇼
펜하우어는 이렇게 말했다. "우리는 가진 것에 대해서는 거의 생각하
지 못하고, 늘 가지지 못한 것에 대해서만 생각한다." 그렇다. 가진 것
에 대해서는 거의 생각하지 못하고 늘 갖지 못한 것만 생각하는 것은
인류의 가장 큰 비극이다. 역사상 어떤 전쟁이나 재해라 이만큼 큰
재앙을 발생하게 하지는 못했을 것이다.

존 파머가 다정한 친구에서 불만 가득한 노인으로 변하고 인생을

망친 바로 이 때문이었다. 그가 내게 그 사실을 말해 주었다. 파머는 뉴저지 주 페터슨 19번가 30번지에 살고 있는데, 그는 내게 이렇게 털어 놓았다.

"퇴역을 한 후 저는 개인 사업을 시작했습니다. 하루 종일 열심히 일을 했고, 일도 잘되고 있었어요. 그런데 갑자기 문제가 생겼습니다. 부품 공급이 제대로 되지 않은 것입니다. 사업을 그만두어야 하는 건 아닐까 걱정했습니다. 걱정에 너무 시달린 나머지 저는 불만 가득한 노인이 됐지요. 그때는 몰랐는데, 돌이켜보면 걱정과 불만이 너무 많아 분명 행복했던 가정을 거의 무너뜨릴 뻔했습니다. 어느 날, 저와 함께 일하던 상이용사 한 사람이 이렇게 말했습니다.

'조니, 자네는 부끄럽게 생각해야만 해. 세상 고민을 다 짊어진 사람처럼 하고 있으니 말야. 당분간 가게를 닫는다고 생각해 보면, 그게 그리 대단한 일인가? 상황이 나아지면 다시 시작하면 될 텐데 말이지. 자네한테는 감사해야 할 일이 정말 많은데, 늘 불만만 늘어놓고 있지. 내가 자네라면 난 세상에 부러울 게 없을 거야. 나를 봐. 팔은 하나뿐이고, 얼굴도 반쪽이 없잖아. 내가 불평을 한 적이 있던가? 그런 식으로 계속 불평만 한다면 자네 사업도 망하고 건강도, 가정도, 친구도 모두 잃게 되고 말 것이네.'

그 말을 듣자마자 불평만 하던 그 버릇을 고쳤습니다. 그의 말 덕분에 제가 얼마나 편하게 살아 왔는지를 알게 됐습니다. 저는 그 자리에서 그런 모습들을 버리고 예전의 모습을 되찾겠노라 결심했고, 실제로도 그렇게 했습니다."

내 친구인 루실 블레이크도 가진 것에 만족하는 법을 배우기 전까지는 비극적인 생활을 하고 있었다. 오래전 컬럼비아대학교 언론대학원에서 단편소설 창작 기법을 배우고 있었을 때 나는 그녀를 만났다. 9년 전이었다. 그녀의 인생을 완전히 뒤흔들어 버릴 아주 충격적인 일이 발생했다. 그일이 있었을 때 그녀는 애리조나주 투손에 살고 있었다.

"저는 정말 정신없이 바쁘게 살았습니다. 애리조나대학교에서 정치조직을 공부하고 시내에서 대중 연설 지도 과정을 진행했고, 제가 머물던 데저트 윌로 목장에서는 음악감상 교실을 열었지요. 늦은 밤까지 파티나 무도회, 승마 모임에 참석했습니다. 그러다 갑자기 정신을 잃고 말았습니다. 심장에 문제가 생겼던 겁니다. 의사는 1년간 입원하면서 완전한 휴식을 취해야 한다는 처방을 내렸습니다. 그렇게 하면 건강을 회복할 수 있다는 말도 하지 않았지요. 1년간 입원하라니! 갑자기 환자가 된 데다가 죽을 수도 있다니! 정말 두려웠습니다. '대체 왜 내게 이런 일이 생기는 것일까?' 내가 무슨 잘못을 했기에 이런 벌을 받는 것일까? 계속 눈물만 흘렸습니다.

너무 분해서 어떤 말도 들리지 않았습니다. 그래도 의사의 지시에 따라 입원을 했지요. 제 이웃인 예술가 루돌프 씨가 이런 말을 했습니다.

'1년간 누워 있는 게 비극이라고 생각하십니까? 하지만 그렇지 않을 겁니다. 당신은 생각을 정리하고 스스로에 대해 더 잘 알게 되는 시간을 보내게 될 거예요. 그리고 앞으로의 몇 달 동안 지금까지의 당신보다 훨씬 더 정신적으로 더욱 성장하게 될 거예요.'

저는 마음을 다독이고 지금 이 상황에 맞는 가치를 찾으려고 노력했습니다. 영감을 줄 수 있는 책도 읽었습니다. 그러던 어느 날 라디오에서 시사평론가가 이런 말을 했습니다. '여러분은 스스로의 의식

속에 있는 것만 표현할 수 있습니다.' 물론 예전에도 비슷한 말을 꽤 들었지만 이번에야말로 그 말이 제 안에 깊숙이 파고들었지요.

그렇게 제가 평생 기억하면서 살고 싶은 생각만 할 것이라고 결심했습니다. 즐거움, 행복, 건강, 같은 것들에 대한 생각 말이지요. 아침에 눈을 뜨면 감사해야 할 일들을 생각했습니다. 고통스럽지 않은 상태, 사랑스러운 어린 딸, 시력, 청력, 라디오에서 나오는 좋은 음악, 독서할 수 있는 여유, 훌륭한 음식, 좋은 친구들, 저는 너무 즐거워졌고 저를 찾아오는 손님들도 많았습니다. 의사는 저에게 한 번에 한 명씩, 일정한 시간에만 손님을 만나라고 지시했습니다.

9년이 흐른 지금, 저는 더없이 충만하고 활기찬 인생을 살고 있습니다. 지금 생각해 보니 입원하면서 보낸 1년이 더없이 소중한 시간으로 느껴집니다. 제가 애리조나주에서 보낸 시간 가운데 가장 소중하고 행복했던 시간입니다. 아침마다 제 행복을 찾아보는 습관을 갖게 됐습니다. 그 습관은 지금까지 유지되고 있지요. 그건 제 가장 귀한 보물입니다. 어쩌면 죽게 될지도 모른다는 생각이 들 때까지 제대로 인생을 살아가는 방법을 알지 못했다는 사실이 부끄럽기 그지없습니다."

내 사랑스러운 친구 루실 블레이크는 몰랐겠지만, 그 이야기는 200년 전 새뮤얼 존슨 박사가 깨달았던 교훈이다. 존슨 박사는 이에 대해 이렇게 말했다. "모든 사건의 긍정적인 면을 보는 습관은 1년에 수억의 돈을 버는 일보다 더 가치 있다."

이 말을 했던 사람은 결코 낙관주의자가 아니다. 그는 20년간 불안과 가난, 굶주림을 겪다가 마침내 당시 최고의 작가이자 전 세대를 통틀어 가장 말재주가 좋은 사람으로 인정받았다.

로건 피어설 스미스는 그 위대한 지혜를 몇 마디 말로 줄여서 말했다. "인생에서 목표로 삼아야 할 것 두 가지가 있다. 하나는 원하는 것을 얻는 것이고, 그다음은 그걸 즐기는 것이다. 현명한 자만이 이를 즐기는 데 성공한다."

부엌에서 하는 귀찮은 설거지도 스릴 넘치는 경험으로 바꾸는 방법을 알고 싶은가? 그렇다면 보르그힐드 달의 책 『나는 보기를 원했다』를 읽어 보라. 대단한 용기와 영감을 줄 것이다. 이 책은 거의 50년간 시각장애인으로 산 여성이 쓴 책이다. 그녀는 이렇게 썼다. "나는 눈이 하나뿐이다. 하지만 그조차도 상처가 심해서 눈의 왼쪽 구석에 있는 작은 틈으로만 볼 수 있었다. 그게 내가 보는 세상의 전부였다. 책을 보려면 얼굴 가까이에 책을 대고 최대한 눈을 왼쪽으로 돌려야만 했다."

하지만 그녀는 동정을 받는 것도, 자신을 남들과 다르게 생각하는 것도 거부했다. 어렸을 때 그녀는 친구들과 함께 놀고 싶었다. 친구들은 바닥에 줄을 긋고 뛰어노는 놀이를 했는데, 그녀는 그 줄이 보이지 않았다. 그녀는 친구들이 집으로 간 뒤 바닥에 엎드려 눈을 줄에 바짝 붙여 보면서 기어 다니곤 했다. 그녀는 그렇게 놀이터의 모든 곳을 외웠다. 얼마 후 그녀는 누구보다 잘 뛰어다니면서 놀 수 있었다. 집에서 책을 읽을 때는 활자가 큰 책을 눈 가까이 대는 바람에 속눈썹이 종이에 닿을 정도였다. 그녀는 미네소타대학교에서 학사학위를, 컬럼비아대학교에서 석사학위를 취득했다.

그녀는 미네소타주 트윈밸리의 작은 마을에서 강연을 했고, 이후에는 사우스다코타주 수폴스의 아우구스타나대학교에서 언론학 및 문학 교수로 일했다. 그렇게 13년간 그곳에서 재직하면서 여성 클럽을 대상으로 강연을 하고 책과 저자에 대한 내용으로 라디오 프로그램을 진행했다. 그녀는 이렇게 적었다. "마음 한쪽에는 늘 완전히 시력을 잃을지도 모른다는 두려움이 웅크리고 있었다. 이 두려움을 이겨 내는 방법으로, 나는 인생을 희극으로 여길 만큼 유쾌한 자세를 함양했다."

그러다 1943년, 52세가 됐을 즈음 정말 기적 같은 일이 벌어졌다. 메이오 클리닉에서 수술을 받게 된 것이다. 그녀는 예전보다 무려 40배 가까이 잘 볼 수 있게 됐다. 사랑으로 가득 찬, 새롭고 흥미로운 세상이 그녀의 눈앞에 펼쳐졌다. 부엌에서 설거지를 하는 일조차 짜릿했다. 이에 대해 그녀는 이렇게 적었다. "나는 개수대의 보드라운 비누 거품과도 즐겁게 놀 수 있다. 나는 손가락을 그 안에 넣어 작은 비누 거품 한 조각을 떼어낸다. 그것을 빛이 있는 쪽으로 들어 올려서 바라보면 화려한 색채의 작은 무지개가 보인다." 그녀는 부엌 창밖에서 '두껍게 내리는 눈 사이로 참새들이 포르르 오가며 검은빛과 회색빛 날개를 퍼덕이는 모습'을 볼 수 있었다.

그녀는 책 속의 이야기를 이렇게 마무리한다. "나는 이렇게 읊조린다. 신이시여, 하늘이시여, 감사합니다. 정말 감사합니다." 이렇게 상상해 보라. 설거지를 할 수 있고 비누 거품 속에서도 무지개를 볼 수 있고, 눈밭을 날아다니는 참새를 볼 수 있다는 것만으로도 신께 감사하는 삶을!

우리는 부끄러워할 줄 알아야 한다. 그동안 너무나 아름다운 동화 속에서 살아왔던 것이다. 하지만 그 사실을 알 수 있는 눈이 없었고, 그대로 즐기기에는 너무 만족스러운 상태였다. 걱정을 그만두고 활기찬 인생을 살고 싶다면 이 방법을 꼭 기억하라.

데일 카네기 자기관리론

Count your blessings-not your troubles!

문제를 세지 말고 여러분이 받고 있는 축복을 세어 보라.

자신의 진짜 모습을 찾고,
진정한 자기 자신이 되어라

Find Yourself And Be Yourself:
Remember There Is No One Else on Earth Like You

지금 내 앞에는 편지 한 통이 있다. 노스캐롤라이나주 마운트 에어리에 살고 있는 에디스 올레드 부인이 것이다.

어렸을 때 저는 굉장히 예민하고 수줍어 했어요. 체중이 많이 나가는 편이었는데 볼 때문에 실제보다 더 뚱뚱해 보였지요. 엄마는 옛날 사람이라 예쁜 옷을 만드는 걸 어리석은 일이라고 생각하셨어요. 엄마는 늘 제게 이렇게 말씀하셨지요. "큰 옷은 입어도 작은 옷은 못 입어." 그러고는 그 말에 따라 제게 옷을 입혔지요. 저는 파티에 참여해 본 적도, 즐겁게 놀아본 적도 없습니다. 학교에서도 다른 친구들과 뛰어놀아 본 적이 없었지요. 체육 시간에도 말이에요. 저는 정말이지 병적일 만큼 수줍음을 탔습니다. 저는 스스로 다른 사람들과 다르며 다른 사람들도 저를 그다지 좋아하지 않는다고 생각했어요.

세월이 흐르고 저는 저보다 몇 살 연상인 남자와 결혼했어요. 그 후에도 저는 변하지 않았지요. 시댁 식구들은 모두 차분하고 자신감이 넘치는 사람들이었어요. 제가 되고 싶었던 모습이었지만, 지금의 저와는 전혀 다른 모습의 사람들이었지요. 시댁 식구들을 닮아 보려고 온갖 노력을 했지만 실패했어요. 그들이 저를 바깥으로 끌어내리려고 할수록 저는 점점 더 제 안으로 깊이 침잠해 버렸지요. 저는 점점 더 예민해지고 툭하면 화를 냈어요. 친구들도 별로 만나지 않았지요. 정말 심할 때에는 누군가 초인종을 누르기만 해도 기겁을 할 정도였어요.

정말이지 저는 완전히 실패한 사람이었지요. 저는 그 사실을 알았고, 남편이 혹시 그 사실을 알게 될까 봐 항상 두려웠어요. 다른 사람과 함께 시간을 보낼 때면 즐거운 척하려고 노력했고 일부러 과장되게 행동했습니다. 제가 과장된 행동을 하고 있다는 저는 사실을 알고 있었어요. 하지만 그렇게 하고 나면 며칠간 나 자신이 너무 비참하게 느껴졌어요. 결국 저는 너무 불행하다는 생각에 더 살아가야 할 이유를 찾지 못하게 되었지요. 그래서 자살을 생각하기 시작했습니다.

하지만 제 인생을 송두리째 바꿔 놓은 운명을 만났지요. 그건 우연히 듣게 된 시어머니의 한마디였습니다. 시어머니께서 어느날 당신이 아이들을 어떻게 양육하셨는지에 대해 말씀해 주셨어요. "어떤 상황이라도 자기 자신의 모습 그대로 살라고 가르쳤지.", "자신의 모습대로 산다." 바로 이 말이었습니다. 그 순간 저는 번쩍 정신이 들면서 자신과 맞지 않는 틀에 저를 맞추려고 했기에 불행했다는 사실을 깨닫게 됐습니다.

하루 만에 저는 완전히 달라졌습니다. 그렇게 제 모습으로 살기 시작했지요.

제 성격에 대해 더 자세히 알기 위해 노력했습니다. 진짜 저 자신이 어떤 사람인지 알아내려고 노력했지요. 스스로 장점을 찾고, 제게 잘 어울리는 옷을 입었지요. 친구를 사귀는 데도 적극적으로 나섰습니다. 그렇게 작은 모임에도 참석을 했지요. 거기에서 일도 맡게 되었어요.

한두 번 이렇게 하다 보니 점점 자신감이 붙더군요. 시간이 꽤 걸리긴 했지만 예전같으면 상상도 못했을 만큼 지금 행복합니다. 그래서 자식들에게도 이 교훈을 가르쳐 주곤 합니다. "어떠한 상황이라도 너 자신의 모습으로 살아라!"

제임스 고든 길키 박사는 자기 모습 그대로 살고자 하는 문제는 '인류의 역사만큼이나 오래됐고 인간의 삶만큼 보편적인' 문제라고 말했다. 이렇듯 자기 모습 그대로 살지 않으려는 문제는 수많은 질병, 즉 신경 쇠약과 정신병, 콤플렉스를 유발하는 잠재적 원인이 된다. 어린이 교육 전문가 안젤로 패트리는 이렇게 말했다. "정신적, 육체적으로 자기 자신이 아닌 다른 누군가가 되려고 하는 사람만큼 불행한 이는 없다."

진정한 자기 자신으로 사는 게 아니라 타인의 모습을 흉내 내려고 하는 욕구는 할리우드에서도 쉽게 목격할 수 있는 사례다. 할리우드에서 가장 유명한 감독 샘 우드는 의욕이 가득 찬 젊은 배우들과 함께 일하면서 가장 힘든 문제는 그들이 가진 있는 그대로의 모습을 보이게 하는 문제라고 말했다. 그들이 2류의 라나 터너, 혹은 3류의 클라크 게이블이 되고 싶어 하기 때문이다. 그는 그들에게 이렇게 조언했다고 한다. "대중은 이미 그런 데 익숙해졌어. 이제는 다른 걸 원해." 그는 〈굿바이 미스터 칩스〉나 〈누구를 위하여 좋은 울리나〉 등과 같은 영화의 감독직을 맡기 전 수년간 부동산 관련 일을 하며 영업자로 활약했다. 그는 사업에서도 영화와 마찬가지로 같은 원리가 작용한다고 믿는다. 다른 사람을 흉내 내는 것으로는 아무 것도 성취하지 못한다. 앵무새가 되면 안 된다. 샘 우드는 이렇게 말했다. "지켜 본 결과 자기 자신이 아닌 다른 모습이 되려고 하는 사람들은 될 수 있으면 빨리 제외시키는 게 낫다는 사실을 알았지요."

얼마 전 소코니 배큐엄 석유회사의 인사 담당 임원 폴 보인턴에게 구직자들이 흔하게 저지르는 큰 실수가 무엇이냐고 물었다.

그는 6만 명 이상의 구직자들을 대상으로 면접을 봤고 『취업에 성공하는 6가지 방법』이라는 책을 출간했으니 이 질문에 대해 가장 답을 잘 해줄 수 있는 사람일 것이다. 그는 이렇게 말했다. "입사 원서를 제출하면서 저지르는 가장 큰 실수는 자기 자신이 아닌 다른 사람의 모습을 보이는 것입니다. 그들은 상대가 원할 것이라 생각하는 대답을 하곤 하지요." 하지만 결코 통하지 않는 방법이다. 그 누구도 가짜를 원하지 않기 때문이다.

어느 시내 전차 기관사의 딸은 뼈아픈 경험을 통해 이 깨달음을 얻었다. 그녀는 가수가 되고 싶었지만, 외모가 따라 주지 않아 걱정이었다. 입이 커다랬고 덧니가 빼죽했다. 그녀는 뉴저지에 있는 나이트클럽에서 처음으로 많은 사람 앞에서 노래를 불렀다. 그때 그녀는 윗입술을 내려 덧니를 감추려 했다. '매력적으로' 보이려고 노력한 것이다. 그 결과는 어땠을까? 그녀는 완전히 웃음거리가 됐다. 그녀의 앞날에는 실패가 있을 뿐이었다.

하지만 그 나이트클럽에서 노래를 들은 한 남자는 그녀에게 재능이 있다고 판단했다. 그는 단도직입적으로 말했다. "이봐, 아가씨가 노래하는 모습을 봤는데 뭘 감추려는지 알겠어. 덧니 때문에 부끄러워하고 있군." 소녀가 몹시 당황스러워했지만 그는 계속해서 말했다. "대체 그게 뭐가 어떻다고 그렇게까지 해? 덧니가 난 게 죄는 아니잖아? 굳이 숨기려 하지 마! 입을 벌리라고. 당당하게 노래한다면 모두 아가씨를 좋아하고 말 거야. 그렇게 감추려고 애쓰던 그 덧니가 더 큰돈을 벌게 해줄 거라고 내가 확언하지."

캐스 데일리는 그의 조언을 받아들였다. 덧니에 대한 부끄러움과 고민을 완전히 잊기로 했다. 그 후부터 오직 관객들만 생각했다. 덧니 따위 신경 쓰지 않고 진심을 담아 노래를 불렀다. 그리고 결국 그녀는 대단한 유명 인사가 됐다. 심지어 그녀의 모습을 흉내 내는 코미디언이 나타날 정도로 인기 몰이를 했다.

일반적인 사람들은 자신의 잠재력을 10%밖에 발휘하지 못한다고 했을 때, 윌리엄 제임스는 자기 자신이 누구인지 알지 못하는 사람들에 관한 이야기를 하고 있었다. 그는 이렇게 썼다. "인간이 가진 잠재력은 절반 정도만 깨어 있다. 인간은 육체적, 정신적 자원의 일부만 사용하고 있다. 이 말을 일반화하면, 개인으로서 인간은 자신의 한계에 한참 미치지 못하는 생을 살아가는 셈이다. 습관적으로 활용하지 못한 다양한 능력을 지니고 있는 것이다."

그렇다. 우리는 이런 능력을 갖추고 있다. 다른 사람들과 비슷하지 않다는 이유로 걱정하면서 단 1초라도 허비하지 말자. 우리는 이 세상에 없던 새로운 존재이다. 태고 이래 여러분과 똑같은 사람은 단 한 명도 없다. 앞으로도 영원히 여러분과 같은 사람은 존재하지 않을 것이다.

유전학에 따르면 우리가 지닌 현재의 모습은 대부분 아버지에게서 물려받은 23개 염색체와 어머니에게서 물려받은 23개 염색체가 작용한 결과라고 한다. 이 46개의 염색체에 여러분이 물려받는 유전적 특징을 결정하는 요소가 모두 들어 있다. 암란 샤인펠트는 "각각의 염색체에는 수십 개에서 수백 개의 유전자가 있는데, 어떤 경우에는 하나의 유전자가 그 사람의 인생 전체를 바꿔 놓을 수도 있다."라고 말했다. 우리는 대단한 방식으로 신기하게 만들어졌다.

여러분의 부모님이 결혼해서 여러분이라는 특정인이 태어날 확률은 300조분의 1이다. 다시 말하면, 만약 여러분이 300조 명의 형제자매가 있다 하더라도 그들 모두 다른 존재라는 이야기다. 과학적 근거가 없는 허무맹랑한 이야기 같은가? 그렇지 않다. 이는 과학적인 사실이다.

그러니 우리가 우리 자신으로 살아야 한다는 주제에 확신하면서 말할 수 있다. 나부터 그 사실을 절감하고 있다. 나는 지금 이 말의 의미를 잘 알고 있다. 아주 비싼 대가를 지불한 뼈아픈 경험을 통해 깨달았기 때문이다. 실제 경험을 예로 들어 보겠다. 미주리라는 시골을 떠나 처음 뉴욕에 도착했을 때, 나는 미국 공연 예술 아카데미에 다녔다. 나는 배우가 되고 싶었다.

내게는 성공의 지름길로 갈 수 있는 훌륭한 아이디어도 있었다. 그건 아주 단순하면서도 누구나 할 수 있는 것이라서 꿈을 꾸는 수천 명의 사람이 왜 지금껏 알지 못했을까 의문이 들 정도였다. 그 아이디어란, 존 드루, 월터 햄던, 오티스 스키너 같은 유명 배우들의 성공 방식을 연구해서 최고 장점만 따라하는 것이다. 그렇게 하면 나 자신을 화려하고 빛나게 만들 수 있을 것이라 생각했다. 정말 어리석고 무모한 생각이었다. 나는 미주리 시골뜨기의 머리로, 내가 나 자신이 아닌 다른 누구도 될 수 없다는 사실을 알게 될 때까지 수년을 허비했다.

이런 경험을 했다면 평생 잊지 못할 깨달음을 얻었어야만 하는데, 실제는 그렇지 않았다. 나는 어리석게도 깨달음을 얻지 못했다. 그래서 비슷한 일을 다시 겪어야만 했다. 그 후 몇 년 뒤 비즈니스맨을 위한 대중 연설법이라는 주제로 원고를 쓰면서 나는 지금껏 출시된 어떤 책보다 더 좋은 책을 쓰겠다고 다짐하며 작업을 시작했다. 이 글을 쓰고 있는 지금도 나는 예전에 연기를 배울 때 했던 잘못된 생각을 똑같이 품고 있었다. 여러 작가의 생각을 모아 책에 담으면 모든 내용을 포괄하는 한 권의 책이 될 거라 믿었다. 나는 대중 연설과 관련된 책을 수십 권 산 뒤 그 안에 담긴 생각들을 내 글에 담기 위해 1년간 노력했다. 이후 나는 내가 또 바보같은 짓을 했다고 생각했다. 남의 생각이 마구 뒤섞인 이 책은 짜깁기에 불과했고 이렇게 깊이가 없는 책을 사람들이 끝까지 읽을 리가 없었다. 결국 나는 1년간 작업한 결과물을 버리고 다시 처음부터 집필하기 시작했다.

이번에는 이렇게 결심했다. "분명 결점과 한계가 존재하지만 너는 바로 너 자신이어야만 해. 다른 누구도 될 수 없어." 나는 다른 사람들을 총망라한 결과물 만드는 것을 그만두고 처음부터 내가 했어야만 했던 일에 착수했다. 연설을 하고 강의하면서 경험하고 관찰하여 깨달은 것들과 더불어 나 자신에 대한 확신을 바탕으로 연설에 관한 교재를 쓰기 시작했다. 나는 월터 롤리 경의 가르침을 앞으로 계속 기억하기를 바란다. 내가 말하는 월터 경은 여왕이 지나가도록 진흙 바닥

데일 카네기 자기관리론

에 외투를 깔았던 사람이 아니라, 1904년 옥스퍼드대학교에서 영문학을 강의하던 교수 월터 롤리 경이다. 그가 말했다. "나는 셰익스피어가 쓸 만한 책을 쓸 수 없다. 단지 나다운 책을 쓸 수 있을 뿐이다."

자기 자신으로 살라. 어빙 베를린이 조지 거슈윈에게 한 현명한 조언을 따라 행동하라. 베를린은 거슈윈을 처음 만났을 때 이미 유명 인사였다. 하지만 거슈윈은 틴 팬 앨리에서 주당 35달러를 받고 일하는 신인 작곡가일 뿐이었다. 베를린은 거슈윈의 재능을 높이 사서 그에게 지금의 보수의 3배를 주겠으니 자신의 음악 조교가 되어 달라고 했다. 그러면서 이런 조언을 했다. "하지만 이 제안을 수락하지 말게. 수락한다면 자네는 2류 베를린이 될 거야. 하지만 그렇게 하지 않고 자네 자신의 모습을 그대로 유지한다면 언젠가 1류 거슈윈이 될 것이네."

그 조언을 받아들인 거슈윈은 미국에서 가장 훌륭한 작곡가로 거듭났다. 이런 교훈을 찰리 채플린, 윌 로저스, 메리 마거릿 맥브라이드, 진 오트리 등의 수많은 사람이 앞서 깨달았다. 그들도 나처럼 뼈아픈 경험을 통해 깨달음을 얻었다.

찰리 채플린이 막 영화에 등장하기 시작하던 시절, 영화감독들은 그에게 당시 인기 있는 독일 코미디언을 흉내 내라고 강요했다. 찰리 채플린은 진정한 자신의 모습을 발견해 세상에 보일 때까지 전혀 주목받지 못했다. 밥 호프도 그랬다. 수년간 노래와 춤을 선보이며 연극을 했지만, 전혀 주목받지 못하다가 자신은 재담에 소질이 있음을 발견했다. 그리고 그렇게 본연의 모습을 찾고 나서야 인기를 얻기 시작했다. 윌 로저스의 경우도 수년간 버라이어티 쇼에서 한마디도 하지 않고 밧줄을 돌렸다. 그가 자신에게 유머 감각이 있음을 깨닫고 밧줄을 돌리면서 말을 하기 시작한 뒤부터 인기를 얻었다. 메리 마가렛 맥브라이드는 처음 방송에 나와서 아일랜드 출신 코미디언 흉내를 냈지만 전혀 주목받지 못했다. 그러다 그녀가 본래 자신의 모습, 즉 미주리주 출신의 평범한 시골 아가씨 모습을 보여주자 뉴욕에서 가장 있기 있는 라디오 스타가 됐다. 진 오트리가 텍사스 억양을 감추려 하면서 도시 아이처럼 꾸미고 스스로 뉴욕 출신이라고 했을 때 사람들은 뒤에서 비웃었다. 하지만 그가 밴조를 켜며 카우보이 노래를 부르자 그는 라디오와 영화계에서 전 세계적으로 유명한 카우보이가 됐다.

우리는 이 세상에 없던 새로운 존재다. 그것을 기뻐하라. 자연이 우리에게 준 것을 최대한 활용하라. 모든 예술은 자서전이다. 우리는 단지 우리 자신을 노래하고 있을 뿐이다. 우리는 우리 자신을 그리고 있을 뿐이다. 우리는 우리의 경험과 환경, 그리고 유전이 빚어낸 우리 자신이다. 잘하든 못하든 자신만의 작은 정원을 가꿔야 한다. 인생이라는 이름의 오케스트라에서 자신만의 작은 악기를 연주해야 한다.

에머슨은 '자립'이라는 글에 이렇게 썼다. "누군가를 가르치다 보면 이런 확신이 선다. 부러움은 알지 못하기 때문에 일어나고, 모방은 곧 자살이나 다름없다. 좋든 싫든 자기 자신을 받아들여야 한다. 이 광활한 우주에는 좋은 것들이 무수히 많다. 하지만 자기만의 밭을 노력해 가꾸지 않으면 결국 옥수수 한 알도 얻을 수 없다. 한 사람의 내면에 존재하는 능력은 이전까지 자연에 존재하지 않던 것이다. 무엇을 할 수 있는지는 자기 자신만이 알 수 있다. 해 보기 전까지는 그 누구도 알 수 없다."

이제는 세상을 떠난 위대한 시인 더글러스 맬럭은 이렇게 노래했다.

대일 카네기 자기관리론

언덕 꼭대기 소나무가 되지 못한다면

골짜기 관목이 되어라, 다만

개울가 작은 관목 가운데 최고 관목이 되어라

나무가 되지 못하면 덤불이 되어라

덤불이 되지 못하면 풀이 되어라

풀이 되어 큰길을 기쁘게 만들라

커다란 머스키가 되지 못하면 배스가 되어라

연못에서 가장 기운 넘치게 펄떡이는 배스가 되어라

모두가 선장이 될 수 없으니 선원이라도 되어라

우리는 누구나 해야 할 일이 있다

큰일도 작은 일도 존재하나

우리의 의무는 자신에게 주어진 일

큰 길이 아니면 오솔길이 되어라

태양이 아니면 별이 되어라

승패는 크기로 결정되지 않는다

무엇이든 그저 최고가 되어라.

　자유와 평온함을 가져다주는 정신력을 갖추고 싶다면 이런 방법을 생각하라.

Let's not imitate others.

타인을 흉내 내지 말라.

Let's find ourselves and be ourselves.

자신이 누구인지 알아 내고 그 모습대로 살아라.

레몬을 얻게 되면 레모네이드를 만들어라

If You Have A Lemon, Make A Lemonade

시카고대학교 학장 로버트 메이너드 허친스에게 걱정을 예방하는 방법에 대해 질문하자, 그가 이렇게 답했다. "시어스 로벅사의 사장이었던 줄리어스 로즌 월드가 제게 이런 조언을 해 주었습니다. '신 레몬을 받으면 레모네이드를 만들어라.' 저는 항상 그 조언을 실행하려고 노력하지요."

훌륭한 교육자의 방식이 아닌가? 어리석은 자는 이와 반대로 행동한다. 인생에서 신 레몬 같은 보잘것없는 결과를 얻게 되면 그는 실망하며 이렇게 말할 것이다. "모두 망했어. 이게 운명이야. 기회는 없어." 그러고 나서 그는 세상을 향해 분노하며 자기 연민에 빠질 게 분명하다. 하지만 현명한 사람은 레몬을 받으면 이렇게 말한다. "이 불행을 통해 나는 어떤 깨달음을 얻을 것인가? 이 상황을 바꾸려면 어떻게 해야 할까? 이 레몬을 어떻게 레모네이드로 만들어야 할까?"

심리학자 알프레드 아들러는 인간의 가장 놀라운 특성은 '마이너스를 플러스로 바꾸는 능력'이라고 굳게 믿었다. 나는 정확히 이 말대로 행동한 여성을 알고 있는데, 그녀에 관한 흥미로운 이야기를 하나 들려주겠다. 그녀의 이름은 셀마 톰슨으로, 현재 뉴욕 시 모닝사이드 드라이브 100번지에 살고 있다.

"제1차 세계대전 당시 남편은 뉴멕시코의 모하비 사막 부근 육군 신병 훈련소에 있었습니다. 저는 남편과 함께 지내기 위해 그곳으로 이사를 했습니다. 너무 끔찍한 곳이었지요. 그곳이 너무 싫었습니다. 그 당시가 인생에서 가장 불행했던 시기라고 생각할 정도였으니까요. 남편이 모하비 사막으로 기동훈련을 하러 가면 저는 오두막집에 혼자 남겨졌습니다. 섭씨 50도가 넘어서 선인장 그늘에 있어도 너무 뜨거웠죠. 주위에는 영어를 모르는 멕시코인들과 인디언들뿐이라 대화할 사람도 없었습니다. 바람도 계속 불어서 먹는 음식이며 콧속으로 들어가는 공기도 죄다 모래투성이었어요. 모래, 모래, 모래! 저는 비참하고 외로워서 부모님께 편지를 보냈습니다. 그만 이 생활을 그만두고 집으로 가겠다고 말입니다. 1분도 더는 못 버티겠다고 적었습니다. 그럴 바엔 차라리 감옥에 가는 게 낫겠다고 말입니다. 아버지가 답장을 보내셨는데 거기엔 딱 두 줄이 적혀 있었습니다. 그리고 그 두 줄이 제 인생을 완전히 바꿔놓았습니다.

두 사람이 감옥 안에서 창살 밖을 내다보았네
한 사람은 진흙탕을 보았지만, 다른 한 사람은 별을 보았네.

데일 카네기 자기관리론

저는 스스로가 부끄러웠습니다. 그리고 지금 상황에서 좋은 일을 찾아야겠다고 생각했습니다. 별을 찾아야겠다고 결심한 것입니다.

그래서 지역 주민들에게 먼저 다가갔습니다. 뜨개질과 그릇에 관심을 보였지요. 그들의 반응은 놀라웠습니다. 관광객들에게도 팔지 않던 아끼는 물건을 제게 기꺼이 선물해 주었습니다. 저는 선인장과 유카, 조슈아 트리의 매혹적인 모양새를 연구했습니다. 마멋의 한 종류인 프레리도그에 대해 연구하고 사막 일몰을 관찰했으며 수백만 년 전에는 바닷속이었던 사막의 모래언덕에 남은 조개껍데기를 찾아다녔습니다. 저를 이렇게 변화시킨 건 무엇이었을까요? 모하비 사막은 그대로였습니다. 인디언들도 마찬가지입니다. 단지 제가 스스로 변했을 뿐입니다. 제 자세를 바꿈으로써 저는 비참했던 경험을 제 인생 최대의 흥미로운 모험으로 변화시켰습니다. 그래서 너무 즐거운 나머지 그때의 경험을 책으로 썼습니다. 『빛나는 성벽』이라는 제목의 소설입니다. 스스로가 만든 감옥 너머에서 별을 찾은 거지요."

그녀의 발견은 기원전 5세기 그리스인들이 가르친 진리와도 맞닿아 있다. "가장 좋은 것은 가장 어려운 것이다."

그리고 20세기에 해리 에머슨 포스딕이 그 말을 되풀이했다. "행복은 대체로 즐거움이 아니다. 행복은 거의가 승리감이다." 그렇다. 성취감, 정복감, 레몬을 레모네이드로 만들었다는 데서 오는 승리감인 것이다.

플로리다에서 독이 든 레몬을 레모네이드로 변화시킨 행복한 농부를 찾아간 적이 있다. 그가 처음에 자신의 농장을 갖게 되었을 때 그는 크게 실망했다. 땅이 너무 척박해서 과일 농사도 지을 수 없었고 돼지도 키울 수도 없었다. 아무리 둘러봐도 참나뭇과 관목들과 방울뱀만 보였다. 그런데 그때 한 가지 생각이 떠올랐다. '이 불리한 상황을 자산으로 만들자. 방울뱀들을 최대한 활용해 보면 어떨까?' 그는 방울뱀 통조림을 만들기 시작했다.

몇 년 전 그를 찾아갔을 때 그의 방울뱀 농장에는 한 해에 2만 명이 넘는 관광객이 몰려오고 있었다. 사업은 성공적이었다. 또 농장의 방울뱀 독이빨에서 나온 독이 독사용 해독제로 쓰이기 위해 연구소로 가는 광경도 목격했다. 방울뱀 가죽이 신발이나 가방의 재료로 쓰이느라 굉장히 비싼 가격에 거래되기도 했다. 그리고 방울뱀 통조림이 전 세계의 고객들에게 팔리고 있었다. 나는 그곳의 풍경을 담은 엽서를 사서 이제는 '플로리다주 방울뱀 마을'이라고 이름이 바뀐 그 마을의 우체국에서 보냈다. 독이 든 레몬을 달콤한 레모네이드로 변화시킨 사람을 위해 마을 이름까지 바꾼 것이다.

나는 미국 전역을 수 차례 돌아다니면서 '마이너스를 플러스로 만드는 능력'을 보여 주는 이들을 많이 만나는 특권을 누렸다. 『신에 맞선 12인』의 저자 볼리도는 이렇게 말했다. "삶에서 가장 중요한 것은 이익을 사용하는 것이 아니다. 어리석은 사람도 그렇게 할 수 있다. 정말 중요한 것은 손해를 스스로에게 이롭게 만드는 것이다. 이는 분명 머리를 써야 하는 일이다. 현명한 자와 어리석은 자는 여기에서 나뉜다."

볼리도는 한쪽 다리를 사고로 잃은 상태에서도 이런 말을 했다. 그리고 여기서 벤 포트슨의 이야기를 하지 않을 수 없다. 두 다리를 모두 잃고도 마이너스를 플러스로 바꾼 사람이기 때문이다. 그를 조지아주 애틀랜타에 있는 어느 호텔 엘리베이터에서 만났는데, 엘리베이터에 들어서자 한쪽 구석에 두 다리가 없지만 표정이 밝은 사람이 휠체어에 앉아 있는 것이 보였다. 이윽고 그가 내려야 할 곳에 엘리베이터가 도착했다. 그때 그는 쾌활한 목소리로, 휠체어가 지나갈 수 있도록 잠시 비켜주었으면 좋겠다고 사람들에게 부탁했다. "귀찮게 해서 정말 죄송합니다."라고 말하는 그의 얼굴에는 정말 화사한, 보는 이의 마음을 따뜻하게 만들어 주는 미소가 떠올랐다.

나는 방으로 가는 동안에 그 사람이 계속 생각났다. 수소문 끝에 그를 찾아 사연을 들려달라고 부탁했더니, 그는 웃으며 내게 말했다. "1929년의 일이지요. 저는 마당 콩밭에 지지대로 쓸 나뭇가지를 꺾으러 다녔지요. 나뭇가지를 모은 뒤 포드 자동차에 실어 집으로 가는 길이었습니다. 급커브를 돌리려고 할 때 나뭇가지 하나가 떨어지면서 차 밑으로 들어가 방향 조종 장치를 망가뜨렸습니다. 차는 제방을 들이받았고 저는 튕겨져 나가 나무에 부딪혔습니다. 척추가 아팠고 다리에는 전혀 감각이 없었지요. 사고 당시 저는 24살이었습니다. 그 후 저는 걷지 못했지요."

고작 24살인데 평생 휠체어 신세를 져야 한다니! 그런데도 어떻게 의연할 수 있느냐고 물었다. 그가 이렇게 답했다. "솔직히 말하면 의연하지 못했습니다." 그는 화가 나서 누구의 어떤 말도 들리지 않았다고 했다. 자신의 운명에 분노했다고 한다. 하지만 시간이 흐르면서 그는 그렇게 반발해 봤자 오히려 더 아프기만 할 뿐 아무 소용이 없다는 사실을 알게 됐다. 그는 이렇게 말했다. "다른 사람들은 제게 친절을 베풀고 있었어요. 그걸 깨달았죠. 그래서 저 역시 다른 사람들을 배려하고 그들에게 친절하게 대하려고 노력하고 있습니다."

나는 그에게 세월이 한참 흐른 지금도 그 사고를 지독한 불행이었다고 생각하느냐고 물었다. 그는 곧바로 이렇게 말했다. "아닙니다.

지금은 오히려 그 사고 때문에 기쁠 정도이죠." 그는 당시의 슬픔과 충격에서 벗어나 완전히 다른 인생을 살게 됐다고 말했다. 독서를 시작했고 문학에 빠져서, 지난 14년간 거의 1,400권의 책을 읽었다고 한다. 그리고 그 책들은 그에게 새로운 삶의 가능성을 보여 주었다.

그의 인생은 풍요와 기쁨으로 가득해졌다. 그는 음악을 듣기 시작했는데, 예전이라면 지루해했을 훌륭한 교향곡을 감상하며 감동했다. 가장 중요한 변화는 생각하는 시간을 가질 수 있게 됐다는 것이다. 그는 이렇게 말했다. '태어나서 처음으로 이 세상을 바라볼 수 있게 됐습니다. 진정한 가치를 알아볼 수 있게 되었지요. 예전에 제가 그토록 바라던 것들은 전혀 가치가 없음을 깨달았어요.'

책을 읽으면서 그는 정치학에도 관심이 생겼다. 그래서 공공의 문제에 대해 공부하기 시작했다. 휠체어에 앉은 채로 사람들 앞에서 연설도 하기 시작했다. 그는 사람들을 알아가기 시작했고 사람들도 그를 주목하기 시작했다. 그는 여전히 휠체어를 타고 다니지만, 조지아주의 국무장관이 되었다!

지난 35년간 나는 뉴욕시에서 성인들을 대상으로 교육 강좌를 했다. 그 강좌에서 수많은 사람들이 대학에 가지 않은 것을 몹시 후회하고 있다는 사실을 알았다. 그들은 대학 교육을 받지 않은 것을 큰 약점으로 생각했다. 물론 그 생각이 반드시 옳은 것은 아니다. 대학에 가지 않았지만 성공한 수많은 사람을 알고 있기 때문이다.

나는 수강생들에게 초등학교도 졸업하지 못한 한 사람의 이야기를 들려주곤 했다. 그는 정말로 가난한 가정환경에서 자랐다. 아버지가 돌아가셨을 때 장례식에 쓸 관을 사기 위해 아버지의 친구들이 돈을 모아 주었을 정도였다. 아버지의 장례를 치른 뒤 그의 어머니

데일 카네기 자기관리론

는 하루에 10시간씩 우산 공장에서 일했고 저녁에는 집으로 일거리를 가져와 밤 11시까지 일했다. 그런 환경에서 자란 그는 교회 모임에서 공연하는 아마추어 연극 무대에 섰다. 그는 무대에 오르자 말할 수 없는 기쁨을 느꼈으며, 그때부터 대중 연설을 해야겠다고 결심했다. 그의 결심은 그를 정치계로 이끌었다. 30살 정도가 되었을 때 그는 뉴욕주의 입법 의원이 되었다.

하지만 그는 안타깝게도 그 임무를 수행할 준비가 전혀 돼 있지 않았다. 그는 그 자리가 어떤 자리인지도 알지 못했다고 내게 털어 놓았다. 그래서 입법과 관련된 투표를 해야 하는 길고 복잡한 법률에 대해 열심히 공부했다. 그에게 법률이란 전혀 이해할 수 없는 인디언 언어나 다름없었다. 그가 어느 위원회에 배정되었을 때 그는 몹시 당황하며 걱정에 빠졌다. 숲에 한 번도 들어가 본 적이 없는 사람이 숲과 관련된 위원회의 위원이 된 것 같은 느낌이었다고 한다. 그는 지금껏 은행 계좌를 개설한 적도 없었는데 주 금융 위원회의 위원이 되었다. 그는 만약 어머니에게 자신의 패배를 인정하는 게 수치스럽지만 않았어도 좌절해서 의원직에서 물러났을지도 모른다고 고백했다. 그는 절망 속에서도 하루 16시간씩 연구하며 무지라는 이름의 레몬을 지식이라는 레모네이드로 바꿔야겠다고 다짐했다. 그는 결국 그걸 해냈고 지역 정치인이었던 그는 전국적인 유명 인사로 성장했다. 〈뉴욕 타임스〉 지는 그에게 '뉴욕에서 가장 사랑을 받는 시민'이라고 별명을 붙여 주었다.

이건 앨 스미스 이야기다. 독학 프로그램을 시작한 지 10년이 흐르자 앨 스미스는 뉴욕주 행정기관의 최고 권위자가 됐다. 그는 뉴욕주지사를 네 번 연임했는데, 이는 그 누구도 이루어 내지 못한 업적이었다. 1928년에는 민주당 대통령 후보가 됐다. 초등학교밖에 나오지 못한 그에게 컬럼비아와 하버드 등 6개 대학이 명예 학위를 수여했다.

앨 스미스는 자신이 하루에 16시간씩 열심히 공부하지 않았다면 절대 이루지 못할 일이었을 거라고 말했다. 니체는 초인이 되려면, '역경을 견뎌 내는 것은 물론, 그것을 사랑해야 한다.'고 했다. 위대한 업적을 이룬 사람들을 연구할수록 의외로 수많은 사람이 역경 때문에 성공할 수 있었다는 걸 알게 됐다. 그 역경이 그들의 노력을 추동하고 이후 더 큰 보상을 받게 만든 것이다. 윌리엄 제임스의 말대로 "우리가 가진 약점이 뜻밖에도 우리 자신을 돕는다."

맞는 말이다. 밀턴이 훌륭한 시를 쓸 수 있었던 것은 눈이 보이지 않았기 때문이고, 베토벤이 더 좋은 음악을 작곡할 수 있었던 것은 귀가 들리지 않았기 때문인지도 모른다. 헬렌 켈러의 업적 역시 눈도 보이지 않고 귀도 들리지 않았기 때문에 가능했을지 모른다. 차이콥스키가 불행한 결혼 생활에 낙담하고, 자살을 결심할 지경에 이르지 않았다면, 그러니까 만약 그의 삶이 비통하지 않았다면 불멸의 교향곡인 '비창'은 태어나지 못했을 수도 있다. 도스토옙스키와 톨스토이가 고통을 겪지 않았다면 그들은 그 위대한 소설을 쓰지 못했을지도 모른다.

지구에 존재하는 생명에 대한 과학적 인식을 변화시킨 사람이 이런 말을 했다. "만약 내가 심각한 환자가 아니었다면, 이 많은 것을 이루어내지 못했을 것이다." 찰스 다윈의 고백이다.

영국에서 찰스 타윈이 태어났다면, 켄터키주 숲속 오두막에서 또 다른 사람이 하나 태어났다. 그도 약점의 도움을 받아 크게 성공한 사람이다. 아기의 이름은 에이브러햄 링컨이었다. 만약 그가 훌륭한 집안에서 자라고 하버드대학교 법대를 나와 행복한 결혼생활을 했다면 아마도 게티스버그 연설 같은 훌륭한 구절도 없었을 것이다. 또한 대통령에 재선 취임식에서 했던 '어떤 이에게도 악의를 품지 말고, 모든 사람에게 선의를 가지고'로 시작되는 그 아름다운 연설의 서두를 머리 속에서 꺼내지 못했을 것이다.

헤리 에머슨 포스딕은 저서 『통찰력』에서 이렇게 말했다. "스칸디나비아에 우리가 표어로 삼을 만한 속담이 있다. '북풍이 바이킹을 만들어 냈다.' 안전하고 즐거운, 고난 없이 쉽게 풀리는 편안한 인생이 사람들을 선량하고 행복하게 만든다는 인식은 어디서 비롯했을까? 자기 연민에 빠진 사람들은 상황이 좋아져도 계속 그 안에 빠져 있다. 하지만 훌륭한 인품을 지니고 행복을 느껴 온 사람들은 어떤 상황이건 자신의 책임을 다했다. 그렇다. 바이킹을 만들어 내는 것은 결국 북풍이다."

좌절에 빠져 신 레몬을 레모네이드로 바꿀 의욕이 생기지 않는다고 가정해 보자. 그래도 노력해야만 하는 2가지 이유가 있다. 첫째, 우리는 성공할 수도 있다. 둘째, 성공하지 못한다고 해도, 마이너스에서 플러스로 바꾸려는 시도만으로도 과거가 아닌 미래를 볼 수 있게 된다. 부정적인 생각을 긍정적인 생각으로 바꿀 수 있다. 생산적인 힘이 생기면 몸을 바쁘게 움직이게 되므로 과거를 슬퍼할 시간도 생각도 생기지 않을 것이다.

세계 유명 바이올리니스트 올레 불은 파리에서 공연을 하고 있을 때 갑자기 바이올린 줄 하나가 끊어졌다. 하지만 올레 불은 3개의 줄로 연주를 무사히 마쳤다. 헤리 에머슨 포스딕은 이렇게 말했다. "이게 바로 인생이다. 하나의 줄이 끊어지면 세 줄로라도 연주를 해야 한다."

이것은 단순한 인생이 아니다. 이는 곧 찬란하게 빛나는 인생인 것이다.

윌리엄 볼리도가 했던 이 말을 동판으로 제작해 미국 전역의 학교 벽에 걸어 놓고 싶다는 생각을 한다. "인생에서 가장 중요한 건 이익을 사용하는 게 아니다. 어리석은 사람도 그 일은 할 수 있다. 정말 중요한 건 손실을 이롭게 바꾸는 것이다. 이는 머리를 써야 하는 일이다. 현명한 사람과 어리석은 사람은 여기에서 나뉜다."

이러한 정신력을 갖추고 싶다면 이 방법을 명심하라.

Dale Carnegie

평화와 행복을 부르는 태도 6

When fate hands us a lemon, let's try to make a lemonade.

레몬을 얻게 된다면 레모네이드를 만들어라.

2주 안에 우울증을 치료하는 법

How To Cure Melancholy In Fourteen Days

나는 걱정 극복을 주제로 가장 실질적인 도움을 주는 수기를 쓴 사람에게 상금 200달러를 주겠다고 약속했다. 이 행사의 위한 심사위원은 이스턴항공 에디 리켄베커 사장, 링컨메모리얼대학교 총장 스튜어트 W. 맥클레런드 박사, 라디오뉴스 분석가 H.V. 칼텐본이었다. 하지만 수기 2편이 너무 훌륭해 심사위원들도 우열을 가리지 못했다. 그래서 상금을 반으로 나누어 수여했다. 우선 공동 1위를 수상한 미주리주 스프링필드 커머셜가에 살고 있는 C. R. 버튼의 수기를 들려주겠다. 그는 미주리주 휘저 자동차 판매사에서 일하고 있다.

"저는 9살에 어머니를 잃고 12살에 아버지마저 잃었습니다. 아버지는 사고로 세상을 떠나셨지만 어머니는 19년 전 집을 나가신 이후로 뵐 수 없었지요. 어머니와 함께 간 두 여동생도 다시는 만나지 못했습니다. 어머니는 7년 후 제게 편지를 보내셨죠. 어머니가 집을 나간 지 3년쯤 뒤에 아버지가 사고로 돌아가신 사건이 있었습니다. 아버지는 동료와 함께 미주리주에 있는 작은 마을에서 카페를 운영했습니다. 그런데 어느 날 아버지가 출장을 간 사이 동료가 카페를 매각한 뒤 도망가 버렸지요. 그래서 아버지의 다른 친구분께서 빨리 돌아오라고 연락을 했는데, 그 소식을 듣고 서둘러 돌아오던 중 캔자스주 살리나스에서 교통사고로 돌아가신 겁니다. 몸이 좋지 않고 가난한 고모 두 분이 어린 우리 중에 셋을 맡아 키웠습니다. 누구도 저와 남동생을 원하지 않았고, 우리는 마을 사람들의 동정을 받았습니다. 사람들이 우리를 고아로 취급할까봐 늘 두려웠는데, 그 두려움은 현실이 됐습니다. 저는 마을에 있는 한 가난한 집에 잠시 머물렀지만, 그 집안 가장이 직장을 잃자 그들은 더 이상 저를 키우지 못했습니다. 그렇게 마을에서 11마일 정도 떨어진 농장에 사는 로프틴 부부가 저를 데려갔습니다. 로프틴 경은 나이가 70살 정도였고 대상포진을 앓고 있어서 침상에 누워 있었습니다. 그는 제게 '거짓말하지 않고 도둑질하지 않고 말을 잘 들으면' 오래 함께 있을 수 있다고 말했습니다. 세 가지 규칙은 제게 성경의 말씀과도 같았지요. 저는 그 규칙을 철저하게 지켰습니다. 이후 학교에 다니기 시작했습니다. 하지만 첫째 주부터 집으로 돌아와 눈물을 펑펑 쏟았습니다. 아이들이 저를 놀려댔기 때문이죠. 코가 크다, 벙어리다, 고아다 외치며 저를 괴롭혔어요. 화가 나서 그 흠씬 때려 주고 싶었지만 저를 거두어 주신 로프틴 경이 이렇게 조언했습니다. '참지 않고 싸우는 사람보다 물러설 수 있는 사람이 더 큰 사람이야. 이 사실을 늘 명심해라.'

저는 싸움을 피하려 했습니다. 하지만 어느 날 한 녀석이 학교 마당의 닭똥을 가져와 제 얼굴에 던졌을 때는 결국 참지 못하고 녀석을 두들겨 팼습니다. 친구도 사귀게 되었어요. 그들은 그 녀석은 좀 맞아야 한다고 말하더군요. 저는 로프틴 부인이 사준 모자를 정말 아꼈는데, 어느 날 저보다 연상인 여자아이가 그 모자를 확 벗기더니 물을 부어 망가뜨렸습니다. 그 아이는 제가 너무 돌머리 같아서 부드럽게 만들어주려고 모자에 물을 부었다고 말했지요. 저는 학교에서는 절대 울지 않았지만 집에 와서는 엉엉 울었습니다. 어느 날 로프틴 부인이 제게 조언을 해주었습니다. 그것으로 제 모든 문제는 사라졌고 적이라고 생각했던 아이들이 친구가 됐습니다. 그녀는 이렇게 말했습니다. '랠프, 그 아이들에게 관심을 주고 그들을 도울 방법을 찾아보는 게 어떠니? 그렇게 하면 그 애들은 너를 괴롭히거나 고아라고 놀리지 않을 거란다.' 저는 부인 조언에 따랐습니다. 열심히 공부를 해서 반 최고 우등생이 됐습니다. 하지만 결코 다른 이들의 시기를 받지는 않았습니다. 적극적으로 나서 친구들을 도왔기 때문이지요. 저는 남자아이들이 발표문을 쓰는 것을 도왔고, 어떤 아이들 것은 아예 다 써주기도 했습니다. 어떤 아이는 제가 자기를 도와주고 있다는 것을 가족들이 알까 봐 부끄럽게 생각했습니다. 자신의 엄마에게 사냥을 하러 간다고 말하고 나서 그는 로프틴 경 농장에 찾아와 헛간에 개를 묶어 놓은 뒤 제 도움을 받으며 공부를 하기도 했죠. 어떤 아이에게는 독후감을 써 주었고 어떤 여자아이에게는 며칠 밤 동안 수학을 가르쳐 주었습니다. 그러다 마을에 죽음이 찾아왔습니다. 나이든 농부 2명이 죽었고 남편이 부인을 버리고 달아난 집도 있었습니다. 저는 주변에 있는 4집안 중에서 유일한 남자였기에, 2년간 그 미망인들을 도왔습니다. 등하교를 하면서 그들의 농장에 들러 장작을 패고 소젖을 짜고 가축에게 물과 먹이를 주었습니다. 사람들은 이제 저를 놀리거나 흉보는 대신 칭찬하기 시작했습니다. 모든 이들이 저를 친구라고 생각해 주었지요. 제가 해군에서 제대하자 이웃사람들은 저를 진심을 다해 반갑게 맞이했습니다. 집으로 돌아온 첫날에는 200명이 넘는 농부들이 찾아와 저를 맞이해 주었습니다. 80마일이 떨어진 먼 곳에서 찾아온 사람도 있었는데 저를 향한 그들의 애정은 전부 진심이었습니다. 저는 다른 사람들을 돕느라 바빴고 또 행복했기에 전혀 걱정이 없었습니다. 13년 전 들었던 '고아 녀석'이라는 말은 그 후에는 정말 한 번도 듣지 못했습니다."

C. R. 버튼 씨에게 큰 박수를 보내고 싶다. 그는 친구를 만드는 법을, 그리고 걱정을 이겨 내고 유쾌하게 사는 법을 알고 있었다.

워싱턴주의 시애틀에 사는 프랭크 루프 박사도 그런 사람이다. 그는 23년간 관절염을 앓던 환자다. 하지만 〈시애틀 스타〉의 스튜어트 휘트하우스는 내게 이런 내용의 편지를 보냈다. "저는 루프 박사를 수차례 인터뷰했는데, 그 사람만큼 남을 위해 살며 활기찬 인생을 사는 사람을 보지 못했습니다."

침대에만 누워 있던 환자가 어떻게 활기찬 인생을 살았던 걸까? 한번 잘 생각해 보라. 불평과 비난으로 살았을까? 그렇지 않다. 자기 연민에 빠져 다른 사람들이 자신에게 관심을 가지며 비위를 맞추도록 했기 때문일까? 그 역시 아니다. 그는 영국 왕세자의 좌우명이던 '나는 봉사한다.'를 자신의 인생 목표로 삼았다. 그는 환자들의 이름과 주소를 알아낸 뒤 그들에게 즐거움과 용기를 주는 편지를 보내면서 많은 이들을, 그리고 자기 자신을 즐겁게 만들었다. 더 나아가 그

데일 카네기 자기관리론

는 환자들과 함께 편지를 쓰는 모임을 만들어 서로에게 편지를 쓰도록 권유했다. 마침내 그는 한 프로젝트를 시작했다. 전국 규모의 '병상에 누운 환자 모임'이라는 조직을 결성한 것이다. 그는 병상에 누워서도 매년 140여 통의 편지를 썼다. 또 수천 명의 환자들에게 라디오나 책을 선물해 주며 기쁨을 누렸다.

루프 박사와 다른 사람의 차이점은 무엇일까? 루프 박사에게는 열정적인 목표와 사명감이 있었다. 그는 자신이 더 소중하고 중요한 이념의 수단이 된다는 사실에 기쁨을 느꼈다. 그는 쇼의 말처럼 '세상이 왜 자신을 즐겁게 하기 위해 헌신하지 않느냐는 불평을 늘어놓으며 고통과 원망으로 가득 찬 이기적인 흙덩이'가 아니었다.

알프레드 아들러는 우울증 환자들에게 종종 이렇게 말했다. "내 처방에 따른다면 2주 안에 병이 나을 수 있을 겁니다. 어떻게 다른 사람을 기쁘게 할 수 있을지 생각해 보십시오."

믿기 어려운가? 아들러 박사의 책 『우리에게 인생이란 무엇인가』 일부를 인용해 본다.

우울증이란 곧 타인에 대한 만성적인 분노와 비난의 일종이다. 환자는 관심, 연민, 도움을 받고 싶지만, 자신의 잘못 때문에 좌절하곤 한다. 일반적으로 우울증 환자들이 가진 최초 기억은 이렇다. "제가 소파에 누우려고 했는데 이미 다른 사람이 누워 있더군요. 저는 엉엉 울어버렸고 그 사람은 제게 자리를 비켜줘야만 했습니다."

우울증 환자들은 복수를 위해 자살을 택한다. 의사들은 그들에게 자살할 구실을 주지 않도록 주의해야 한다. 나 역시 환자들에게 '하기 싫은 일은 하지 말라.'라는 규칙을 지키는 게 기본 치료라고 강조하고 있다.

조심스러워 보이겠지만 이것이야말로 모든 문제의 기초다. 자신이 하고 싶은 일을 다 할 수 있는 상황에서 누구를 원망할 수 있겠는가? 복수해야 할 이유가 어디 있겠는가? 그래서 우울증 환자들에게 이렇게 말한다. "공연이 보고 싶거나 밖으로 나가고 싶나요? 그렇다면 그렇게 하세요. 나가시다가 마음이 변하면 언제든 다시 돌아와도 됩니다." 이는 누구에게나 아주 좋은 상황이다. 우월해지기 위해 노력하는 환자에게는 만족감을 준다. 그는 신처럼 마음대로 할 수 있다. 하지만 이는 환자의 생활 습관과 맞지 않는다. 환자는 다른 이들을 비난하고 그들의 생각을 무시하고 싶은데 그들이 환자의 말에 동의한다면 그 의견을 무시할 수 없다. 그래서 지금까지 내 환자 중에서 자살한 사람은 한 명도 없다.

환자는 보통 이렇게 대답한다. "하지만 저는 하고 싶은 일이 없는데요." 흔한 경우다. 나는 이렇게 말한다. "그러면 하고 싶지 않은 일을 하지 마세요." 가끔 이렇게 대답하는 사람도 있다. "온종일 침대에 누워만 있고 싶어요." 만약 내가 그래도 좋다고 말한다면 그는 더 그러고 싶지 않다는 것을 알고 있다. 내가 그러면 안 된다고 하면 그는 나와 한바탕 전쟁을 치를 것이다. 그래서 나는 늘 동의한다.

바로 이게 첫 번째 규칙이다. 또 하나의 규칙은 조금 더 직접적이다. 환자들의 생활 습관에 조금 더 긴밀이 관여하기 때문이다. 나는 이렇게 말했다. "내 처방에 잘 따른다면 2주 안에 병이 나을 수 있습니다. 매일 어떻게 다른 사람을 기쁘게 할 수 있을지 생각해 보세요." 과연 그들은 이 말을 어떻게 받아들일까? 이 말에 대한 대답은 늘 흥미롭다. "그건 어렵지 않아요. 평생 그렇게 해왔으니까요." 그들은 단 한 번도 그런 적이 없다. 그래서 그들에게 곰곰이 생각해 보라고 말한다. 하지만 그들은 주의 깊게 생각해 보지 않는다. 이후에 그들에게 말한다. "밤에 잠이 오지

데일 카네기 자기관리론

않을 때면 어떻게 누군가를 기쁘게 할 수 있을지 생각해 보세요. 그건 당신의 건강에 아주 큰 도움이 될 겁니다." 다음 날 환자를 만나면 이렇게 물었다. "제가 제안한 일에 대해 곰곰이 생각해 보셨나요?" 그러면 이런 대답이 돌아온다. "눕자마자 잠들어 버렸어요." 정말 섬세하게 그들의 감정과 상황을 살피며 진행해야 하는 일이다.

어떤 사람들은 이렇게 말하기도 한다. "저는 너무 걱정이 되어서 그렇게는 못할 것 같습니다." 그러면 나는 이렇게 말한다. "걱정을 멈추긴 어렵죠. 그러니까 걱정하면서 다른 일도 동시에 함께 생각해 보세요." 항상 그들의 관심을 그들의 지인에게로 돌리려고 한다. 많은 사람이 내게 묻는다. "왜 제가 다른 사람들을 기쁘게 해야 하는 거지요? 다른 사람들은 나를 기쁘게 해 주지 않는데 말이에요." 나는 이렇게 말한다. "당신은 당신 자신의 건강을 생각해야 하기 때문이죠. 언젠가 다른 사람들 역시 같은 고통을 겪게 될 겁니다."

"선생님의 제안에 대해 생각해 봤습니다."라고 말하는 환자는 별로 없다. 나는 그저 환자가 자기 내면보다 주변에 더 관심을 갖도록 하기 위해 최선을 다한다.

환자가 가진 병의 근본적 원인은 다른 사람들과의 협력이 부족하다는 점이며, 환자 역시 그 사실을 깨닫게 되기를 바란다. 동료들과 평등한 협력관계를 형성하게 될 때 환자는 치유된다. 종교가 사람들에게 주는 가장 큰 과제는 항상 '네 이웃을 사랑하라.'라는 말이다. 인생에서 스스로 큰 역경에 부딪히고 다른 사람에게 큰 피해를 주는 사람은 자신의 동료에게 관심을 두지 않는 개인이다. 이러한 개인에게서 인간의 모든 실패가 야기된다. 좋은 직장 동료, 좋은 친구, 그리고 사랑과 결혼의 진실한 동반자. 인간이 인간에게 들을 수 있는 모든 관계와 최고의 찬사는 곧 이러한 말일 것이다.

아들러 박사는 매일 선행을 하기를 제안한다. 선행이란 무엇인가? 예언가 마호메트가 말했다. "선행이란 다른 이의 얼굴에 즐거운 미소를 만드는 것이다." 매일 선행을 하는 사람에게 왜 놀라운 결과가 생길까? 다른 사람을 기쁘게 하기 위해 노력하는 동안 자기 자신의 생각을 멈출 수 있기 때문이다. 걱정, 두려움, 우울증을 유발하는 행위를 멈춘다는 의미이다.

윌리엄 T. 문 여사는 뉴욕 5번가 521번지에서 문 비서 양성 학원을 운영하고 있다. 그녀는 우울증을 없애기 위해 다른 사람을 기쁘게 만드는 방법에 대해 고민하며 2주씩이나 보낼 필요가 없었다. 알프레드 아들러보다 그녀가 더 뛰어났다. 한 수 위라고 해야 할까? 아니 열세 수나 높았다. 그녀는 두세 명의 고아들을 기쁘게 해 줄 방법을 생각하며 자신의 우울증을 2주가 아닌 단 하루 만에 없애버렸다.

"5년 전, 12월이었지요. 저는 슬픔과 연민에 빠져 있었어요. 무척 행복한 결혼생활을 모내고 있었는데, 남편이 세상을 떠나 버린 것입니다. 크리스마스 연휴가 가까워질수록 슬픔은 더해갔습니다. 저는 홀로 크리스마스를 보낸 적이 평생 한 번도 없었습니다. 그래서 다가오는 크리스마스가 너무 두려웠지요. 친구들이 크리스마스에 자기 집으로 오라고 초대했지만 웃고 떠들며 지낼 수 없을 것 같았습니다. 어떤 훌륭한 파티에 가더라도 눈물을 흘릴 것 같았으니까요. 그래서 저를 초대하겠다는 친구들의 호의를 거절했습니다. 이브가 가까워지자 점점 더 자기 연민에 빠지기 시작했지요. 대부분 사람이 마찬가지겠지만 제게도 감사해야 할 일이 아주 많았습니다.

데일 카네기 자기관리론

크리스마스 전날 저는 오후 3시에 사무실에서 나와 혹시라도 자기 연민과 우울함을 떨쳐버릴 수 있을지도 모른다는 기대로 5번가를 거 닐었습니다. 거리에는 흥이 넘치고 행복해 보이는 사람들로 가득했 습니다. 그 모습을 보자 지나간, 행복한 시절들이 떠올랐습니다. 아무 도 없는 쓸쓸한 아파트로 돌아가야 한다는 게 견디기 힘들었습니다. 마음이 혼란스러워 어떻게 해야 할지 몰랐습니다. 눈물이 계속 흘러 내렸습니다. 1시간쯤 정처 없이 걷다가 갑자기 정신을 차려 보니, 버 스 터미널 앞이었습니다. 가끔 남편과 함께 모험심을 발휘해 아무 버 스나 탔던 기억을 되새기며 버스 터미널에서 가장 먼저 보인 버스에 올랐지요. 버스는 허드슨강을 지나 한참 더 갔습니다. 그러다 종점이 라는 방송을 듣고 버스에서 내렸습니다. 이름도 모르는 그곳은 조용 하면서도 평화로운 마을이었습니다. 저는 돌아가기 위해 버스를 기 다리다가 집들이 늘어선 길을 따라 걷기 시작했습니다. 그러다가 교 회 앞을 지나쳤는데 '고요한 밤'을 부르는 아름다운 소리가 들려왔습 니다. 교회 안에는 오르간 연주자 말고는 아무도 없었습니다. 저는 예 배당 구석에 가만히 앉았습니다. 아름답게 장식된 크리스마스트리 에서 나오는 불빛이 장식물에 반사되면서 달빛 아래 수많은 별이 춤 추고 있는 듯이 보였습니다. 아침부터 조금도 먹지 못한 데다 여운을 남기는 음악을 듣고 있자니 졸리기 시작했습니다. 지치고 무거운 짐 을 지고 있던 저는 갑자기 깊은 잠속에 빠졌습니다. 그러다 잠에서 깨었을 때 저는 제가 있는 곳이 어디인지도 알 수 없었지요. 덜컥 겁 이 났습니다. 제 앞에 크리스마스트리를 보러 온 어린아이 두 명이 서 있었습니다. 그 가운데 어린 여자아이가 저를 가리키며 말했습니 다. '혹시 산타할아버지가 보낸 사람이 아닐까?' 제가 잠에서 깨어나자 아이들도 놀랐습니다. 저는 아이들에게 나쁜 사람이 아니니까 놀라지 말라고 달랬습니다. 아이들이 입고 있던 옷은 초라했습니다. 아이들에게 부모님은 어디 계시느냐고 물었더니, 아이들은 '우린 아빠 엄마가 없어요.'라고 대답했습니다. 저보다 훨씬 가엾은 고아였지요. 그 아이들을 보고 있자니 제 슬픔과 연민이 부끄러웠습니다. 저는 아이들에게 크리스마스트리를 보여 준 후 가게로 가서 캔디와 선물 몇 개를 사줬습니다. 그러자 제 외로움은 마치 마법처럼 사라져 버렸습니다. 그 아이들은 제가 몇 달이나 찾아 헤매던 진정한 행복과 자기 자신에 대한 용서를 알게 해 주었습니다. 그 아이들과 이야기를 나누면서 스스로가 얼마나 행복한 사람인지를 알게 됐습니다. 부모님의 사랑과 보살핌으로 따뜻했던 제 어린 시절의 크리스마스에 대해 하느님께 감사를 드렸습니다. 저는 아이들에게 주었던 것보다 더 많은 것들을 받았습니다. 그때의 경험을 통해 저는 스스로 행복해지기 위해서는 다른 사람을 행복하게 해줘야 한다는 사실을 깨닫게 되었습니다. 행복은 전염된다는 사실 말이지요. 베푸는 것이 곧 얻는 것이었습니다. 다른 사람을 도와주고 사랑을 나누어주면서 걱정과 슬픔, 자기 연민을 떨쳐버릴 수 있었고 새 사람이 된 것 같은 기분을 맛보았습니다. 실제로 저는 그때뿐만 아니라 그 후로도 새 사람이 되었습니다."

자기 자신을 잊음으로써 건강과 행복을 되찾은 사람들의 이야기를 모으면 책 한 권을 쓸 수 있다. 미국 해군에서 가장 유명한 여성인 마거릿 테일러 예이츠를 이야기를 들어 보자.

예이츠 여사는 소설을 쓰는 작가다. 하지만 그녀의 어떤 미스터리 소설도 일본이 진주만의 미군 기지를 공격하던 그날 아침에 그녀에게 일어난 일보다 놀랍지는 않을 것이다. 예이츠 여사는 심장에 문제가 있어서 1년 넘게 병을 앓았다. 그녀는 하루 24시간 중에 22시간을 침대에 누워서 보냈다. 그녀가 경험했던 가장 긴 여행은 앞마당에 나가 햇볕을 쬐는 것이었다. 그럴 때조차도 그녀는 도와주는 사람의 팔에 의지해서 걸어가야 했다. 그녀는 여생을 그렇게 환자로 지내야 할 것 같다는 생각을 하고 있었다고 털어 놓으면서, 이렇게 이야기했다.

"만약 일본이 진주만을 습격하지 않았다면, 그래서 무기력하게 아무 생각도 하지 않았던 자신을 바꾸지 않았다면 저는 잘 살아가지 못했을 거예요. 그 사건이 일어나자 모든 게 혼란스러웠어요. 저희 집 근처에서 폭탄이 터졌는데, 그때 침대 밑으로 떨어지고 말았죠. 히컴 육군비행장, 스코필드 병영, 카네오헤 비행장으로간 육군 트럭들이 군인들의 가족, 부인, 어린이 등을 공립학교로 대피시켰어요. 적십자에서는 피신한 이들이 머물 수 있는 방이 있는 집을 이리저리 찾았지요. 적십자 직원들은 내 침대 옆에 전화가 있는 것을 있었어요. 그래서 저희 집을 정보센터로 쓰고 싶다고 말하더군요. 그래서 저는 군인 가족들이 어디에 있는지를 잘 알게 됐습니다. 육군과 해군 병사들에게 만약 가족들의 안부가 궁금하다면 제게 전화를 하라고 했지요. 그리고 남편 로버트 롤리 예이츠 사령관이 무사하다는 소식을 듣게 되었죠. 이후에는 남편의 안전을 확인하지 못한 부인들에게 힘을 보태기 위해 노력했습니다. 미망인들을 위로하기 위해서도 애를 썼습니다. 미망인은 정말 많았습니다. 2,117명이나 되는 해군과 해병대 소속 장교와 병사들이 전사했고 실종자도 960명이나 되었지요. 처음에는 침대에 누워 전화를 받았습니다. 그러다 차츰 침대에서 일어나 전화를 받게 되었지요. 너무 바쁘고 정신이 없으니 제가 아프다는 사실조차 잊어버린 채 침대에서 일어나 책상 앞에 앉았습니다. 그렇게 저보다 훨씬 힘든 이들을 도우며 제 자신을 완전히 잊고 있었습니다. 그 후, 저는 침대에 의지하지 않게 됐습니다. 매일 밤에 잠에 들 때는 빼고 말이지요. 지금 생각해 보면 만약 일본이 진주만을 공격하지 않았다면 저는 아마 평생 환자로 살았을지도 모릅니다. 침대에 누워 있는 것은 편하지요. 누군가가 늘 제 시중을 들어주었기에 건강해지겠다는 의지가 없어졌는지도 모르겠습니다. 미국 역사상 가장 비극적인 사건이었던 진주만 습격은, 저 개인에겐 좋은 일로 바뀌었습니다. 비극적인 위기는 제가 미처 깨닫지 못한 힘을 발견할 수 있도록 해 주었지요. 그 사건은 저 자신뿐만 아니라 다른 이들에게 관심을 가지도록 해 주었습니다. 그렇게 제가 인생의 목표로 삼아야 할 더 크고 근본적이고 중요한 무언가를 알려 주었지요. 저는 이제 자신에 대해 생각하거나 걱정할 시간이 없습니다."

정신과 환자 가운데 3분의 1은 마거릿 예이츠처럼 다른 사람들을 돕는 데 관심을 가지기만 해도 완치될 것이다. 이게 나만의 생각일까?

아니다. 이 분야 최고의 전문가 칼 융 역시 비슷한 말을 했다. 그가 말했다. "내 환자 중에 3분의 1은 임상으로 규정할 수 없는 신경 질환이 아니라 무의미한 인생과 허탈함으로 고통받고 있다." 그들은 다른 사람의 차를 얻어 타고 인생길을 가려고 하는데 차들은 계속 지나가기만 할 뿐 누구도 그들을 태워주지 않은 것이다.

그래서 그들은 정신과 의사를 찾아가 사소하고 무의미한, 허무한 인생에 대해 하소연한다. 그들은 이미 배가 떠난 부두에 서서 모든 이들을 원망하며 이기적인 자신의 욕망을 채워달라고 세상을 향해

데일 카네기 자기관리론

외치고 있다.

아마 지금쯤 이런 생각이 들었을지도 모르겠다. '별로 감흥 없는 이야기인데? 크리스마스이브에 고아를 만난다면 나도 관심을 가질 수 있을 거고, 내가 진주만에 있었다면 나도 마거릿 테일러 예이츠 여사처럼 행동했겠지. 하지만 내 처지는 그렇지가 않잖아. 나는 하루 8시간 지긋지긋한 일에 시달리면서 지극히 평범한 생활을 하고 있어. 극적인 사건이라고는 하나도 없는데, 어떻게 다른 사람을 돕는 일에 관심을 가질 수 있겠어? 그럴 이유도 없지. 그게 나한테 무슨 도움이 되지?' 충분히 나올 수 있는 생각이다. 그러니 나도 이 질문에 대답해 보겠다. 우리가 아무리 단조로운 존재라 해도 우리는 살면서 매일 누군가를 만난다. 익숙한 그들에게 여러분은 어떤 태도를 하는가? 아무것도 하지 않는가? 아니면 그들에게서 어떤 반응을 유도하기 위해 애쓰는가? 우체부를 예로 들어 보자.

그는 문 앞에 편지를 전달하기 위해 매년 수백 km를 걷는다. 여러분은 그에게 어디서 사는지 물어보거나 그의 부인이나 아이들의 사진을 보여달라고 말을 건네는 노력을 해 본 적이 있는가? 다리는 아프지 않은지, 일이 지겹지는 않은지 물어본 적이 있는가?

점원이나 신문 배달원, 혹은 길 한구석에서 신을 닦아주는 사람에게는 어떻게 했는가? 그들은 인간이다. 수많은 문제와 꿈, 그리고 희망을 품고 있는 인간이다. 그들은 그것들을 타인과 공유할 기회를 얻기를 바란다. 그들에게 그런 기회를 준 적이 있는가? 그들과 그들의 인생에 대해 진심을 다해 적극적인 관심을 가진 적이 있는가? 내가 하고 싶은 말이 바로 이것이다. 더 나은 세상을 만들기 위해 우리가 플로렌스 나이팅게일이나 사회 개혁가가 될 필요는 없다. 당장 내일

만날 사람들부터 시작해 보라.

그게 대체 어떤 도움이 되는지 의문인가? 정말 더욱 커다란 행복을 가져다준다! 더욱 큰 만족감을 주고 여러분 스스로에 대한 자부심을 느끼게 할 것이다. 아리스토텔레스는 이러한 태도를 '계몽된 이기주의'라고 불렀다. 조로아스터는 또한 이렇게 말했다. "다른 사람에게 선행하는 것은 의무가 아니라 즐거움이다. 그렇게 함으로써 너 자신의 건강과 행복이 커지기 때문이다." 그리고 벤저민 프랭클린은 이 말을 아주 짤막하게 요약했다. "당신이 다른 이에게 좋은 일을 하는 것은, 당신 자신에게 가장 좋은 일을 하는 것이다."

뉴욕 심리상담센터의 헨리 C. 링크 소장은 이렇게 썼다. "내 생각으로, 현대 심리학의 발견 중 가장 위대한 것은 자아실현과 행복을 위해서는 자기희생이나 훈련이 필요하다는 것을 과학적으로 입증했다는 겁니다."

타인을 생각하는 것은 걱정을 예방하고 많은 친구를 사귈 수 있게 하며 큰 즐거움을 누릴 수 있게 도와준다. 그게 어떻게 가능한가? 언젠가 예일대학교의 윌리엄 라이언 펠프스 교수에게 그런 일이 어떻게 가능한지 물어본 적이 있다. 그러자 그가 말했다.

"저는 호텔, 이발소, 가게 등 어느 곳을 가도 만나는 사람들에게 다정하게 인사를 합니다. 기계의 부품이 아닌 독립된 인격체로 대접하기 위한 말을 건네려고 노력하지요. 예를 들면, 가게에서 저를 도와주는 여직원에게 눈동자나 머리스타일이 예쁘다는 칭찬을 합니다. 이발사에게는 계속 서서 일하는데 피곤하지는 않으냐는 말을 건넵니다. 그러면서 어떻게 이발사가 됐는지 일을 한 지는 얼마나 됐는지 그동안 얼마나 많은 이들의 머리를 깎았는지 등을 묻곤 합니다. 그리

데일 카네기 자기관리론

고 계산하는 것을 도와주기도 하지요. 제가 관심을 보이면 그들은 기뻐하며 환한 얼굴을 보입니다. 또 저는 기차역에서 짐을 나르는 인부들과 자주 악수를 합니다. 그는 그것만으로도 기뻐하면서 하루종일 유쾌하게 일을 합니다. 어느 무더운 여름날, 저는 뉴헤이븐 철도 안의 식당 칸에 점심을 먹으러 갔습니다. 사람들로 가득한 데다 용광로처럼 더웠고 음식은 늦게 나왔지요. 직원이 다가와 메뉴판을 건네자 저는 이렇게 말했습니다. '오늘 같은 날 더운 주방에서 음식을 만드는 분들은 정말 고생을 하겠군요.' 직원은 갑자기 욕부터 했습니다. 목소리에서 짜증이 느껴졌습니다. 처음엔 그가 화를 낸다고 생각했지요. '정말 돌아 버릴 것 같습니다. 오는 사람마다 음식을 불평하니까요. 늦게 나온다고 화를 내고, 왜이리 덥냐, 비싸냐 불평을 합닌다. 저는 19년간 이런 불만만 들어왔지 선생님처럼 더운 주방에서 요리하는 사람들을 걱정하는 말을 해 주신 분은 처음입니다. 선생님 같은 손님이 더 많아지면 좋겠네요.' 그는 이렇게 말했지요. 그 직원은 내가 요리사들을 커다란 철도회사의 부속품이 아닌 한 인간으로 생각한다는 사실에 놀라워했습니다. 사람들이 바라는 건 인간적인 작은 관심이지요. 길을 가다가도 예쁜 강아지를 보면 그 강아지가 예쁘다고 칭찬합니다. 그렇게 지나친 뒤에 뒤를 돌아보면 주인이 뿌듯해하며 강아지를 쓰다듬는 장면을 목격하곤 하지요. 내가 그의 강아지를 예쁘다고 칭찬하니까 그도 잊고 있던 생각을 다시 꺼내게 된 거죠. 그도 강아지가 예쁘다는 생각을 해 왔지만 계속 떠올리지는 않았을 테니까요. 언젠가 영국에서 양치기를 만났는데 그의 옆에 크고 똑똑한 양치기 개가 있어서 정말 감탄했습니다. 그에게 어떻게 개를 훈련했느냐고 물었지요. 그와 헤어지고 걸어가다가 뒤를 돌아보니 그가 자신의 어깨에 개의 발을 걸쳐 놓은 채로 개를 쓰다듬어 주고 있었습니다. 양치기와 개에게 작은 관심을 가짐으로써 양치기를 행복하게 해준 것이지요. 그 개를 행복하게 해주고 저 자신도 행복하게 만들었습니다."

짐꾼들과 악수하고 뜨거운 주방에서 일하는 요리사들을 걱정하는 말을 건네며 개를 데리고 가는 사람에게 개가 정말 멋있다고 말하는 사람이 있다. 이 사람이 불쾌함에 못 이기거나 걱정을 많이 해서 정신과 의사를 찾아갈 거라고 상상할 수 있겠는가? 쉽지 않을 것이다. 그렇지 않은가? 이 상황에 딱 맞는 중국 속담이 있다. "장미를 건네는 손에는 항상 장미 향이 묻어 있다."

이 말을 굳이 예일대학교 빌리 펠프스 교수에게 할 필요는 없다. 그는 이미 알고 있는 사실이고, 이 말대로 살았기 때문이다.

만약 당신이 남자라면 이 이야기는 그냥 넘기라. 별로 흥미롭지 않을 것이다. 불행하고 걱정에 휩싸여 있던 한 소녀가 어떻게 여러 남자들의 사랑을 받게 되었는지에 관한 내용이기 때문이다. 이 이야기의 주인공은 이제 할머니다. 몇 년 전 나는 그 부부 집에서 하룻밤을 보냈는데, 그녀가 사는 동네에서 강의가 있었기 때문이다. 그 다음 날 아침 그녀는 내가 뉴욕 센트럴역으로 가는 기차를 탈 수 있도록 50마일 정도 떨어진 역까지 태워다주었다. 친구를 사귀는 일에 관한 이야기가 나오자 그녀가 이렇게 말했다. "카네기 씨, 지금껏 누구에게도 말하지 않았던, 심지어 남편에게도 말하지 않았던 이야기를 해 드릴게요." (이 이야기는 여러분의 기대만큼 흥미롭지 않을 수도 있다.) 그녀는 필라델피아 사교계에서 유명한 집안에서 자랐다고 하면서 말을 이어 갔다.

"어릴 시절 제가 마주한 불행은 집이 가난하다는 사실이었습니다. 저는 다른 여자아이들이 누리고 있는 것을 누리지 못했지요. 좋은 옷을 입어 본 적도 없습니다. 빨리 성장한 탓에 옷은 금세 작아졌고 그마저도 유행에 뒤떨어진 옷들이었습니다. 저는 창피한 기분에 휩싸여 늘 울면서 잠이 들었습니다.

그런데 한 가지 생각이 떠올랐습니다. 저녁 모임에서 만나는 사람에게 그들의 경험과 생각 앞으로의 계획에 대해 말해달라고 하는 것이었습니다. 특별히 그 대답이 궁금해서 질문했던 것은 아닙니다. 그저 상대가 내 초라한 옷에 신경 쓰지 못하게 하려던 거였어요. 그런데 기이한 일이 벌어졌습니다. 상대 남자가 하는 이야기를 듣고 더 많이 알게 될수록 그들의 이야기에 진심으로 관심이 생기기 시작했으니까요. 그렇게 흥미로워하면서 이야기를 듣다 보니 제 옷에 대한 생각은 전혀 할 수 없었지요.

또 놀라운 일이 벌어졌습니다. 제가 상대의 이야기를 잘 들어주고 그들이 자신의 이야기를 꺼내도록 하자 그들은 행복함을 느꼈습니다. 그렇게 저는 사교모임에서 가장 인기 있는 여자가 됐고, 3명의 남자에게 청혼을 받았지요."

(인기를 얻으려면 이렇게 하면 된다.) 이 이야기를 읽고 이런 말을 하는 사람이 있을지도 모르겠다. "다른 이에게 관심을 가지라니, 정말 쓸데없는 얘기야! 신자들에게나 할 얘기지, 나한텐 이런 안 통해! 내 돈은 내 지갑에 넣어 둘 거야. 그리고 내가 가질 수 있는 건 모조리 다 내가 가지고 말 거야. 바로 지금 당장. 어리석은 인간들은 썩 꺼지라고 해!"

생각이 이러하다면 그에 대해 뭐라 하고 싶지는 않다. 다만 이러한 생각이 옳다면 예수, 공자, 부처, 플라톤, 아리스토텔레스, 소크라테스, 성 프란체스코 등의 수많은 훌륭한 철학자와 스승들의 말이 틀린 것이 된다. 어쨌든 종교 지도자들의 가르침에 코웃음을 칠 수도 있으니 무신론자들의 조언을 들어 보자. 당대 최고의 학자로 꼽히는 케임브리지대학교의 A. E. 하우스만 교수의 경우를 살펴보기로 하자.

1936년 그는 케임브리지대학교에서 강의를 했다. '시(詩)의 주제와 특징'이라는 제목이 강의였다. 거기서 그는 이렇게 말했다. 지금까지 논의된 가장 위대한 진리이자 인류 역사상 가장 심오한 도덕적인 발견은 바로 예수가 했던 이 말이다. '자신의 목숨을 얻으려는 자는 잃게 될 것이며 나를 위해 자신의 목숨을 잃는 자는 얻게 될 것이다.'" 성직자들이야 이런 말을 늘 해왔을 것이다. 하지만 하우스만은 무신론자에 염세주의자였으며 자살까지 생각하던 사람이었다. 그조차도 자신만을 생각하는 사람은 풍요로운 인생을 살지 못할 것이라고 생각했다. 그런 사람의 인생은 쉽게 비참해진다. 다른 이에게 봉사하기 위해 스스로의 존재를 잊는 사람은 인생의 즐거움을 발견하게 된다.

A. E. 하우스만의 이야기에 감흥이 없었다면 20세기 미국에서 가장 유명한 무신론자인 시어도어 드라이저의 이야기를 들어 보자. 드라이저는 모든 종교는 동화나 다름없다고 비웃었다. 인생은 '어리석은 이들의 이야기이며 소리와 분노로 가득 찬 무의미한 것'이라고 생각했다. 다만 드라이저는 예수의 단 하나의 위대한 원칙인 "다른 사람을 섬기라"는 말은 지지했다. 드라이저는 이렇게 말했다.

"만약 인생에서 즐거움을 느끼고 싶다면 자신 외에 다른 사람을 위해 더 나은 상황을 만들기 위해 생각하고 계획해야 한다. 자신의 기쁨은 다른 사람들에게서 나오는 것이고 다른 사람들의 기쁨은 그에

데일 카네기 자기관리론

게서 나오기 때문이다."

드라이저 의견처럼 '다른 사람들을 위해 상황을 개선'할 생각이 있다면 되도록 빨리 실행해야 한다. 시간은 계속 흘러가고 있다. "이 길은 한 번만 지나갈 수 있다. 그러므로 내가 다른 사람들에게 선행을 하거나 호의를 베풀 수 있는 작은 기회가 있다면 지금 당장 실행해야 한다. 미루거나 게으름을 피우지 말라. 이 길은 결코 다시 지나갈 수 없기 때문이다."

걱정을 그만두고 평화와 행복을 얻고 싶다면 이 방법을 명심하라.

Dale Carnegie
평화와 행복을 부르는 마음 습관 7

Forget yourself by becoming interested in others.
다른 이에게 관심을 가짐으로써 자기 자신을 잊어 버려라.

Do every day a good deed that will put a smile of joy on someone's face.
매일 다른 이의 얼굴에 미소가 피어나도록 선행을 하라.

Dale Carnegie
걱정하는 습관을 없애는 방법

1. 평화, 용기, 건강, 희망에 대한 생각으로 머리를 가득 채우라. "인생은 우리가 생각하는 대로 만들어진다."

2. 적에게 앙갚음하지 마라. 적보다 우리 자신을 해칠 뿐이다. 마음에 들지 않는 사람들에 대한 생각을 하면서 단 1분도 허비하지 말자.

3-1. 감사를 모르는 사람에게 화 내지 말고, 감사에 대한 어떤 기대도 갖지 말라. 예수는 하루에 10명의 나병 환자를 치료했으나 단 1명만이 그에게 감사했다. 우리가 예수보다 더 감사를 받아야 할 이유가 있는가?

3-2. 행복해지는 유일한 방법은 감사를 받을 기대를 하는 것이 아니라 베푸는 즐거움을 누리는 것이다.

3-3. 감사는 학습되는 특성이 있다는 사실을 명심하라. 감사하는 자녀를 원한다면 그들에게 감사하는 방법을 교육해라.

4. 여러분이 가진 문제를 세는 대신 어떤 축복을 받았는지를 세어 보라.

5. 타인을 흉내 내지 마라. 진짜 자신의 모습을 찾고 그 모습 그대로 살아라.
   '질투는 곧 무지'이며 '모방은 곧 자살행위'이다.

6. 레몬을 얻게 되면 레모네이드를 만들어라.

7. 다른 이에게 소소한 행복을 만들어 주기 위해 노력하면서 우리 자신의 불행을 잊어 버리자. "당신이 다른 이에게 좋은 일을 하는 것은, 당신 자신에게 가장 좋은 일을 하는 것이다."

The Perfect Way
To Conquer Worry

Part 5
걱정을 극복하는 완벽한 방법

내 부모님의 걱정 극복법

How My Mother And Father Conquered Worry

내가 나고 자란 곳은 미주리주의 한 시골이다. 당시 농부들 대부분이 그러했듯 내 부모님 역시 무척 힘겹게 생계를 이어 가고 계셨다. 어머니는 시골 학교 선생님이었고 아버지는 1달에 12달러를 받고 농장에서 일했다. 어머니는 가족들의 옷과 세탁비누를 직접 만들었다.

집에 돈이 있는 순간은 거의 없었다. 1년에 1번 돼지를 파는 시기를 빼고 말이다. 우리는 집에서 만든 버터와 달걀을 식료품 가게에 가져다가 밀가루, 설탕, 커피로 바꿨다. 12살 때 내가 받는 용돈은 1년에 50센트 정도밖에 되지 않았다. 독립기념일 축제를 보러 간 날 아버지가 용돈으로 10센트를 주신 일을 아직도 기억하고 있다. 그때 나는 억만금을 가진 것처럼 배가 불렀다.

데일 카네기 자기관리론

교실이 하나밖에 없는 시골 학교에 가기 위해 나는 1마일씩을 걸어 다녔다. 눈이 너무 많이 와서 걷기 어려울 만큼 쌓이고 기온이 무려 영하 30도까지 떨어졌을 때도 마찬가지였다. 나는 14살이 될 때까지도 고무신이나 덧신을 신어보지 못했다. 그래서 겨울 동안 발이 항상 젖어 있었고 차가웠다. 그래서 어릴 때는 겨울에도 발이 젖지 않고 따뜻한 사람이 있다는 것은 상상조차 하지 못했다.

부모님은 하루에 16시간씩 고된 일을 했지만 늘 빚에 시달렸다. 그렇게 궂은일은 계속됐다. 어릴 때 홍수로 강이 102번 범람해 우리 옥수수 농장과 목초지를 덮쳐 망치는 것을 봤던 기억이 있다. 7년 중 6년은 홍수가 나서 농작물이 손해를 입었다. 돼지들은 매해 콜레라에 걸려 죽었기에 그 돼지들을 불태워야 했다. 지금도 눈을 감으면 돼지들이 불에 타면서 풍기는 지독한 냄새가 나는 것 같다.

어느 해에는 홍수가 나지 않았다. 풍년이었기에 우리는 가축을 사서 농작물을 급여해 살을 찌웠다. 하지만 그해도 홍수가 나던 시기와 다르지 않았다. 시카고 시장에서 가축 가격이 급락했기 때문이다. 가축을 구입해 먹이고 살을 찌웠지만, 우리가 번 돈은 고작 가축을 샀던 돈에서 30달러가 늘었을 뿐이었다. 1년 내내 고생한 대가가 고작 30달러였다니.

어떤 일을 해도 손해를 봤다. 아버지가 노새들을 사 왔던 일을 아직도 기억한다. 3년간 노새들을 키웠고 사람을 고용해 길들인 뒤 테네시주 멤피스로 보냈다. 하지만 3년 전에 노새를 샀던 비용보다 훨씬 낮은 돈을 받았다.

10년간 고된 일을 했지만, 남은 건 한 푼도 없었고 오히려 큰 빚만 지게 됐다. 또 농장을 저당 잡혀 대출을 받았고, 아무리 열심히 일해도 이자를 갚기도 힘들었다. 농장을 저당잡고 대출을 해 주었던 은행은 아버지를 무시하며 모욕했고 농장을 빼앗겠다고 협박까지 했다. 아버지는 47살이었다. 30년 넘게 열심히 일했지만, 아버지가 대가로 받은 건 그저 빚더미와 굴욕뿐이었다. 아버지는 현실을 인정하지 못했다. 그래서 늘 걱정에 시달렸고 건강도 좋지 않았다. 식욕도 잃고 말았다. 하루종일 밭에서 일했지만 식욕이 없어 식욕을 늘리는 약을 먹어야 할 정도였다. 그래서 체중도 줄었다. 의사는 아버지가 6개월밖에 못 살 거라고 어머니에게 말했다. 아버지는 극심한 걱정에 시달려 삶에 대한 욕구가 거의 없는 상태였다.

어머니는 "아버지가 말에게 먹이를 주러 가거나 소젖을 짜러 축사로 가서 오랫동안 돌아오지 않으면 혹시 죽기라도 한 건 아닐까 걱정되어 곧바로 뒤를 쫓아갔다."라고 자주 말했다. 어느 날 아버지가 메리빌의 은행에 갔는데, 은행에서는 목장을 처분하겠다고 했다. 그 말을 듣고 아버지는 집으로 돌아오면서 102번 강 위의 다리를 건너다가 마차에서 내려 강물에 뛰어들어야 할지를 한참 고민했다. 시간이 흐른 뒤 아버지는 "강물에 뛰어내리지 않았던 건 어머니 때문이었다."라고 말씀하셨다. 어머니는 우리가 신을 사랑하고 그 계율을 잘 지켜기만 한다면 곧 모든 일이 잘될 거라는 확신을 가지고 있었다. 또한 그런 믿음에 따라 모든 것들을 지켜나가고 있었다. 그리고 결국 어머니가 옳았다. 모든 일이 잘 풀린 것이다. 아버지는 42년간 행복하게 사시다가 1941년 89살이 되던 해에 세상을 떠나셨다. 이처럼 힘들고 마음 아픈 상황에서도 어머니는 걱정하지 않았다. 어머니는 기도를 하며 자신의 문제를 모두 신께 맡겼다.

매일 밤 어머니는 성경 구절을 읽어주셨다. 그때 어머니와 아버지가 종종 읽어주셨던 성경 구절 중 위안이 되는 부분이 있다.

"내 아버지의 집에는 거처할 곳이 많도다. 내 너희를 위하여 머물 곳을 준비하러 가노니, 나 있는 곳에 너희도 있게 하리라." 우리는 이 구절을 읽고 나면, 쓸쓸한 미주리주 농장에서 의자 앞에 무릎을 꿇고 신의 사랑과 보살핌을 염원하며 기도를 했다.

하버드대학교의 철학 교수로 있던 시절 윌리엄 제임스가 말했다. "당연한 말이지만 걱정에 대한 최고의 처방은 곧 신앙이다."

이 사실을 깨닫기 위해 하버드대학교까지 갈 필요는 없다. 미주리주 농장에 살고 있는 내 어머니도 그 사실을 알고 있었다. 홍수도 빚더미도 재난도 어머니의 눈부신 영혼을 제압하지 못했다. 어머니가 일하면서 흥얼거리던 이 노래가 귓가에 들리는 듯하다.

평화, 평화, 경이로운 평화, 하늘에 계신 아버지에게서 흘러나오네
영원히 내 영혼에 넘치기를 기도하네
끝없는 사랑의 파도로 나를 감싸 안네.

어머니는 내가 종교 관련 일을 하기를 바랐다. 그래서 나는 해외 선교사로서의 삶을 진지하게 생각해 봤다. 그러나 세월이 흐르면서 변화가 생기기 시작했다. 나는 생물학, 과학, 철학, 비교 종교학 등을 공부했다. 성경이 쓰이게 된 과정을 다룬 책들을 읽었다. 그렇게 성경에 여러 의문을 품게 됐다. 당시 시골 교회 목사들의 편견어린 주장에 회의가 들었다. 그렇게 방황했다. 월트 휘트먼의 말처럼 "내 안에서 알 수 없는 의문이 문득 솟아나는 것을 느꼈다."

어떤 것을 믿어야 할지 몰랐다. 인생의 의미를 발견할 수도 없었

다. 더는 기도하지 않았다. 그렇게 나는 불가지론자가 되었다. 모든 삶이 계획도 없고 목표도 없다고 믿게 됐다. 2억 년 전 지구에 돌아다니던 공룡처럼, 나는 인간의 삶 역시 아무런 목적도 없이 진행되는 것이라고 믿었다. 그리고 공룡들의 운명과 마찬가지로 인간도 언젠가는 멸종될 것이라 생각했다. 과학계에서는 태양이 점점 차갑게 식어 가고 있으며 기온이 지금의 10% 정도만 떨어져도 지구상에는 어떠한 생명체도 살 수 없으리라고 가르쳤다. 나는 사랑으로 가득 찬 신이 자신의 형상과 비슷하게 인간을 창조했다는 생각을 비웃었다. 그리고 수 많은 태양들이 목적 없이 만들어져 이 어둡고 차가운, 생명 없는 우주 속에 표류하고 있다고 믿었다. 어쩌면 창조라는 게 존재하지 않을지도 모른다. 그 태양은 그저 영원히 존재할지도 모른다. 시간과 공간이 영원히 존재하듯 말이다. 이 모든 문제에 대한 답을 알고 있다고 말하는 것 같은가?

그렇지 않다. 인류 역사상 지금까지 우주와 생명의 신비에 관해 제대로 설명할 수 있는 사람은 아무도 없었다. 우리는 신비로움에 둘러싸여 있다. 인간이 움직이는 것도 위대한 신비다. 전기 역시 마찬가지다. 벽 틈에서 자라나는 꽃도, 집 창밖에 있는 풀도 그렇다. GM연구소를 운영하던 천재 찰스 F. 케터링은 풀이 왜 초록색인지 알아 내기 위해 매년 안티오크대학교에 3만 달러를 기부한다. 그는 풀이 햇빛과 물, 이산화탄소를 포도당으로 바꾸는 방법을 알아 내기만 한다면 인간 문명을 바꿀 수 있을 거라 확신했다.

우리가 타고 다니는 자동차 엔진의 작동 역시 위대한 신비이다. GM연구소는 수년간 수백만 달러를 투자하면서 실린더에서 생긴 스파크가 어떻게, 왜 폭발하며 차를 움직이는지 알아내려 했으나 아직

데일 카네기 자기관리론

도 제대로 된 답을 찾지 못하고 있다. 하지만 몸, 전기, 가스의 신비에 대해 이해하지 못한다고 해서 그것을 이용하지 못하는 것도, 그 혜택을 얻지 못하는 것도 아니다. 또한 기도와 종교의 신비를 이해하지 못한다고 해서 종교가 제공하는 풍요롭고 행복한 인생을 경험하지 못하는 것도 아니다. 나는 수 년이 지나고 나서야 산타야나의 말에 지혜가 담겨 있음을 깨달았다. '인간은 인생을 이해하도록 만들어진 게 아니라, 인생을 살아가도록 만들어졌다.'

나는 다시 돌아갔다. '종교로 다시 돌아갔다.'고 말하려 했으나 그건 정확한 말이 아닌 것 같다. 나는 종교에 대해 새로운 개념을 가지게 되었다. 더 이상 기독교 내부의 종파를 나누는 교리의 차이점에 대해 관심을 갖지 않게 되었다. 그저 전기나 좋은 음식, 물이 내게 어떤 역할을 하느냐에 관심을 갖는 것이다. 그것들이 내 인생을 더 풍요롭고 충만하며 더 행복하게 할 수 있다. 하지만 종교는 더 큰 역할을 한다. 종교는 인간에게 정신적 가치를 부여한다.

윌리엄 제임스의 표현처럼, 그것은 '인생, 보다 더 큰 인생, 더 크고 풍요로우며 만족스러운 인생에 대한 새로운 열정'을 가져다준다. 종교는 믿음, 희망, 용기를 준다. 그리고 긴장, 불안, 두려움, 걱정을 없애준다. 인생에 나아갈 목적과 방향을 제시해 준다. 행복을 더 크게 만들어준다. 더 큰 건강함을 준다. 그리고 스스로를 위해 '정신없이 돌아가는 인생의 사막 한가운데에 평화로운 오아시스'를 만들어 낼 수 있게 도와준다.

350여 년 전 프랜시스 베이컨이 한 말은 옳았다. "철학을 가볍게 공부하면 무신론으로 생각이 기운다. 하지만 철학을 더 깊이 공부하면 결국 종교로 되돌아오게 된다."

과학과 종교의 갈등에 관해 토론하던 때가 떠오른다. 하지만 그게 끝이었다. 최첨단 과학이라 불리는 심리학에서도 예수의 가르침을 전한다. 왜 그럴까? 바로 심리학자들이 기도와 신실한 신앙이 모든 질병의 대다수 원인이 되는 걱정, 불안, 긴장, 두려움을 없애 준다는 것을 알았기 때문이다. 심리학계의 리더 A. A. 브릴 박사의 말처럼 "진정한 종교인은 신경 질환에 걸리지 않는다."라는 사실을 심리학자들은 잘 알고 있다.

종교가 진실하지 않다면 인생은 무의미하며, 다만 비극적인 연극일 뿐이다. 헨리 포드가 세상을 뜨기 몇 해 전에 그를 만나 대화를 나눌 기회가 있었다. 그는 세계적인 규모의 큰 사업체를 설립해 운영했다. 그래서 그에게 오랜 시간 긴장된 생활을 한 흔적이 나타나리라 생각했다. 하지만 그를 보고 나서 몹시 놀랄 수밖에 없었다. 78살의 고령임에도 그는 침착하고 건강하며 매우 평온해 보였기 때문이다. 그에게 걱정 때문에 고민한 적이 있느냐고 묻자, 그가 이렇게 답했다. "없습니다. 모든 일은 신의 뜻대로 움직인다고 믿으며 그분께서 제 조언이 필요하다고 생각하지 않습니다. 하느님께서 책임을 지고 계시니 결국 모든 일은 가장 멋진 모습으로 마무리되지 않겠습니까? 그러하니 제가 걱정할 이유는 없지요."

정신과 의사도 현대 복음의 전파자가 되고 있다. 그들이 종교를 권유하는 이유는 내세에 지옥에 가지 않기 위해서가 아니다. 위궤양, 협심증, 신경 쇠약, 정신착란과 같은 현세의 고통을 피하고자 종교를 권유하는 것이다. 심리학자와 정신과 의사들이 무엇을 가르치는지 궁금하다면 헨리 C. 링크 박사의 책 『종교에의 복귀』를 읽어 보라. 가까운 도서관에서 찾을 수 있을 것이다.

데일 카네기 자기관리론

영감을 얻고 건강하기 살기 위해 기독교 신앙 활동만큼 좋은 게 드물다. 예수가 말했다. "내가 여기 온 것은 너희가 생명을 얻고, 더더욱 풍성하게 얻도록 하기 위함이니라." 예수는 종교를 빌미로 진행되는 무의미한 형식과 온기 없는 제의를 비난했다. 예수가 십자가에 매달린 이유가 바로 이것이다. 그는 종교는 인간을 위해 존재하므로, 인간이 종교를 위해 존재해서는 안 된다고 이야기했다. 그리고 인간을 위해 안식일을 만들었지, 안식일을 위해 인간을 만든 게 아니라고 설파했다. 또한 두려움에 대해 많은 이야기를 했다. 잘못된 두려움이 곧 죄다. 스스로의 건강에 대한 죄이며, 예수가 가르치던 더 풍요롭고 풍부하며 행복하고 대담한 인생에 대한 죄이다. 에머슨은 '즐거움을 가르치는 선생'라고 자칭했다. 예수는 '즐거움'을 가르친 교육자였다. 예수는 제자들에게 기뻐하고 즐거워하라고 가르쳤다.

예수는 또한 종교에서 중요한 것은 2가지뿐이라고 했다. 하나는 성심을 다해 하느님을 사랑하는 것이며, 하나는 이웃을 내 몸처럼 사랑하는 것이다. 알건 모르건 이를 행하는 사람이 종교적인 사람이다. 오클라호마주 털사에 사는 헨리 프라이스라는 사람은 황금률을 지키며 살기 위해 노력했다. 비열한 일도, 이기적이며 정직하지 못한 일도 전혀 할 줄 모르는 사람이었다. 그는 교회에 나가지도 않았고 스스로를 불가지론자로 생각했다. 어떤 사람이 기독교인인가? 존 베일리의 답을 들어 보자. 그는 에든버러대학교의 훌륭한 신학 교수다. 그가 말했다. "기독교인이 되는 것은 지적인 이념을 받아들인다거나 어떤 규칙을 준수하는 것이 아니다. 특정한 정신을 지니고 특정한 삶을 사는 것이다." 그의 말에 따르면 헨리 프라이스는 진정한 기독교인이다.

현대 심리학 대가 윌리엄 제임스는 친구 토마스 데이비드슨 교수에게 이런 내용의 편지를 보냈다. '세월이 흐를수록 하느님 없이 산다는 게 불가능하다는 것을 점점 더 느끼게 된다.'라는 것이었다. 앞서 나는 심사위원들이 내 수강생들의 사연 중에 가장 뛰어난 글을 골라야 하는데 2편이 모두 너무 훌륭해서 상금을 반으로 나누어 주었다는 말을 했다. 지금부터 1등을 차지한 2편의 사연 중에 두 번째 이야기를 시작해 보겠다. 한 여성이 하느님 없이 사는 것은 불가능하다는 사실을 잊지 못할 뼈아픈 경험을 통해 깨달은 이야기다.

여기서는 그녀를 가명으로, 메리 쿠쉬만이라고 부르겠다. 그녀는 자식과 손자, 손녀가 있었는데, 그들이 사연을 보면 당황할 수도 있다고 생각했다. 가명으로 해달라는 그녀의 요청을 받아들인다. 하지만 분명 실존 인물이다. 몇 달 전 내 책상 옆의 팔걸이의자에 앉아 자신의 사연을 이렇게 털어 놓았다.

"대공황기 남편의 평균 주급은 18달러였습니다. 더 적을 때도 많았죠. 남편이 몸이 좋지 않을 때는 급여를 받지 못했으니까요. 남편에게는 작은 사건이 계속해서 일어났습니다. 볼거리에, 성홍열도 앓았고 감기도 계속됐습니다. 우리는 우리 손으로 지은 작은 집을 날려야 했습니다. 가게에 진 빚이 50달러였는데 먹여 살려야 될 아이들은 5명이나 되었죠. 저는 동네 사람들의 집에서 빨래와 다림질을 해 주며 돈을 벌었고 구세군 가게에서 헌 옷을 사다 꿰매 아이들에게 입혔습니다. 걱정이 그칠 날이 없었지요. 어느 날, 우리가 50달러를 빚진 가게 주인이 11살 먹은 제 아들을 데려오더니, 그 애가 연필을 몇 자루 훔쳤다고 말했습니다. 이야기하는 동안 아이는 옆에서 울기만 했지요. 저는 그 아이가 정직하고 예민하다는 것을 알고 있었고, 그 애가 다른 사람들 앞에서 창피와 모욕을 당했다는 것을 알았습니다. 어떻게 보면 사소한 일이겠지만, 그 사건은 저를 무너뜨렸지요. 그동안 우리가 견뎌 내 왔던 비참한 순간들이 단번에 떠올랐고 미래는 막막하기만 했습니다. 걱정 때문에 순간 제 머리가 어떻게 되었던 것 같습니다. 세탁기를 끄고 5살 난 어린 딸을 데리고 안방으로 들어가 종이와 천 등으로 창문과 벽 틈새를 모두 메웠습니다. 어린 딸이 뭘 하는 거냐고 물었습니다. 그래서 대답했습니다. '여기에 바람이 들어와서.' 그러고는 안방의 가스난로에 가스를 켰습니다. 딸을 제 옆에 눕히고 저도 침대에 누웠습니다. 딸이 말했습니다. '엄마, 이상해요. 우리 방금 전에 일어났는데.' 저는 '낮잠 자는 거야. 괜찮아.'라며 아이를 다독이고는, 가스가 새는 희미한 소리를 들으며 눈을 감았습니다. 그날의 그 냄새를 결코 잊지 못할 겁니다. 그런데 갑자기 어디선가 음악 소리가 들려왔습니다. 귀를 기울여보니, 부엌에 있는 라디오를 끄지 않은 듯했습니다. 아무래도 상관없었고, 음악은 그렇게 계속 흘러나왔습니다. 그렇게 찬송가 소리를 들었습니다.

> 짐 모두 떠맡은 우리의 구주 얼마나 좋은 친구인지
> 걱정 근심 무거운 짐 우리 주님께 맡기세
> 주님께 고하지 않으니 복을 얻지 못하는 것이네
> 사람들은 어째서 아뢸 줄을 모르는가.

이 찬송가를 듣고 있으니 제가 너무도 끔찍한 잘못을 저지르고 있다는 생각이 들었습니다. 힘겨운 싸움을 혼자 이겨 내려고만 했지, 주님께 모든 것을 기도로 아뢰지 않았습니다. 그걸 깨달은 겁니다.

그래서 자리에서 벌떡 일어나 가스를 끄고 문과 창문을 열었습니다. 그날 오후 내내 펑펑 울면서 기도를 했지요. 도움을 구하는 기도를 하지는 않았습니다. 다만 하느님께서 제게 주신 축복에 대해, 건강하고 선량하며 몸과 마음이 강한 보석 같은 5명의 아이를 내려 주신 축복에 진심으로 감사하는 기도를 드렸습니다. 다시는 감사를 모르는 사람이 되지 않겠노라고 하느님께 맹세했습니다. 그리고 지금껏 그 약속을 지켜왔습니다. 머물 곳을 잃어서 한 달 5달러에 시골 학교의 방을 빌려 이사를 했습니다. 그 학교에 대해서도 하느님께 감사드렸습니다. 최소한 비를 피할 수 있고 따뜻하게 보낼 수 있는 지붕이 있었으니까요. 또 이보다 더 최악의 상황이 아님에 감사드렸습니다. 하느님께서 제 기도를 들어주셨다고 생각합니다. 곧 상황이 더 나아졌기 때문입니다. 하룻밤 사이에 확 변한 것은 아니었지만, 공황 상태가 점점 나아지자 차츰 더 많은 돈을 벌게 됐습니다.

저는 대형 골프장 휴대품 보관실에서 일했고 부업으로 스타킹을 팔았습니다. 대학 졸업 비용을 벌기 위해 아들은 농장에서 일하며 아침저녁으로 13마리 젖소의 젖을 짰습니다.

아이들은 모두 잘 커서 결혼했습니다. 예쁜 손자와 손녀도 3명이나 있습니다. 가스를 켰던 끔찍한 그날을 떠올릴 때마다 저는 적절한 시기에 벌떡 일어날 수 있게 해 주신 하느님께 무한한 감사를 드립니다. '만약 그때 그대로 누워 있었다면 이 큰 기쁨을 놓치고 말았을 것이다. 내가 보낸 그 멋진 시간들을 영원히 잃어버리지 않았겠는가!' 죽고 싶다는 말을 들을 때마다 저는 이렇게 말하고 싶습니다. '절대 그러지 마세요!' 가장 힘든 시간은 아주 찰나에 불과합니다. 그 순간이 지나면 결국 행복한 미래가 찾아옵니다."

미국에서는 35분에 1명이 자살을 한다. 평균 120초에 1명씩 정신 이상에 걸린다. 그들이 종교와 기도로 얻을 수 있는 위안과 평온을 얻었다면, 자살과 정신 이상이라는 비극의 대부분을 예방할 수 있었을 것이다.

칼 융 박사는 『영혼을 찾는 현대인』이라는 책에서 이렇게 말했다. "지난 35년간 수많은 문명국가 사람들을 상담했고, 환자 수백 명을 치료했다. 인생 후반, 35세 이상 환자 중에 인생에 대한 종교적인 시각을 갖추는 것 외의 문제를 가지고 있는 경우는 없었다. 그들이 아픈 건 시대를 막론하고 살아 있는 종교가 추종자들에게 제공하는 것을 잃었기 때문이다. 종교적인 시각을 다시 얻지 못한 사람은 단 1명도 완전히 치유되지 않았다고 확언할 수 있다."

중요한 말이다. 굵은 글자로 적겠다. 칼 융 박사는 이렇게 말했다. "지난 35년 동안 지구상 수많은 문명국가 사람들을 상담했고, 환자 수백 명을 치료했다. 인생 후반, 35세 이상 환자 중에 인생에 대한 종교적인 시각을 갖추는 것 외의 문제를 갖고 있는 경우는 없었다. 그들이 아픈 건 시대를 막론하고 살아 있는 종교가 추종자들에게 제공하는 것을 잃었기 때문이다. 종교적인 시각을 다시 얻지 못한 사람은 단 1명도 완전히 치유되지 않았다고 확언할 수 있다."

윌리엄 제임스 역시 비슷한 말을 했다. 그는 이렇게 단언했다. "믿음은 인간이 의지하며 살아가는 힘이다. 믿음이 전혀 없다는 것은 곧 파멸을 의미한다." 부처 이후 인도 역사상 가장 위대한 지도자 마하트마 간디도 기도를 통해 버티는 힘을 얻지 못했다면 무너졌을 것이다. 간디 스스로 그렇게 말했다. "기도가 없었다면 나는 오래전에 미쳤을 것이다."

비슷한 사례를 많이 볼 수 있다. 내 아버지만 해도 어머니의 믿음과 기도가 없었다면 강물에 뛰어들어 죽었을 것이다. 지금도 정신병원에서 고통받는 수천 명의 영혼은 고군분투하는 대신 더 큰 힘에 의지했다면 구원받았을 것이다.

사람들은 고통받게 되고 자신의 한계에 부딪혀 절망할 때 신을 찾는다. "간이호(簡易壕)에는 무신론자가 없다."는 말도 있다. 그런데 절망에 깊이 빠질 때까지 기다릴 필요가 있는가? 차라리 매일 우리의 힘을 새롭게 하는 편이 나을 것이다. 일요일까지 기다릴 필요도 없다. 나는 수년째 평일 오후에 아무도 없는 교회에 나갔다. 너무 조급해지고 바쁜 나머지 영적인 문제에 대해 생각할 시간과 여유가 없다고 느낄 때마다 이렇게 말한다. '왜 그렇게 숨이 차도록 달라며 서두르고 있나? 멈추고 생각을 정리할 시간을 갖자.'

나는 문이 열려 있는 교회 중에 제일 먼저 눈에 띄는 곳으로 들어간다. 나는 개신교도이지만 평일 오후에 5번가에 있는 성 패트릭 성당에 들어가기도 한다. 나는 30년 후면 죽겠지만 위대한 영적 진리인 교회의 가르침은 영원할 것이다. 눈을 지긋이 감고 기도한다. 날카로운 신경은 잠잠해지고 몸이 편안해지며 내 관점도 확실해진다. 이처럼 기도가 가치관을 새롭게 정립하는 데 도움이 된다. 이런 습관을 여러분들께 권하고 싶다.

6년간 기도를 통해 두려움과 걱정을 극복한 사람들의 이야기를 수집해 왔는데, 내 서류 캐비닛은 그런 사례로 가득하다. 스스로에게 실망하고 의기소침해진 서적 판매원 존 R. 앤서니 이야기를 들어 보자. 그는 텍사스주 휴스턴에서 일하는 현직 변호사로, 사무실은 험블 빌

　　　　　　　　데일 카네기 자기관리론

딩에 있다.

"20년 전 저는 법률 사무소 문을 닫게 됐어요. 그래서 다른 일을 구하다가 법률 서적 전문 출판사 판매원이 되었죠. 법조인들에게 법률 서적을 파는 일이었습니다 그들에게 그 책은 필독서였고, 저는 그 일에는 완전히 적임자였습니다. 파는 법을 알았으니까요. 어떤 부정적 반응에도 설득력 있게 답할 수 있었습니다. 저는 고객을 찾아갈 때 변호사로서 그의 위치와 일의 성격, 정치적 성향, 취미까지 미리 파악했습니다. 상담을 하면서 그런 정보를 잘 활용했지요. 그런데 불행이도 주문이 들어오지 않았습니다. 그렇게 점점 자신감을 잃었습니다. 며칠이 지나고 몇 주가 지날수록 저는 더욱 더 노력을 했습니다. 하지만 비용을 감당할 만큼 판매가 되지는 않았지요. 저는 두려웠습니다. 사람들을 방문하는 것조차 두려웠지요. 고객의 사무실 앞에 이르면 너무 공포스러운 나머지 문밖의 복도를 서성이거나 건물 밖으로 나가 한 바퀴 돌아야 했습니다. 귀한 시간을 허비한 뒤 저는 사무실 문을 두드릴 용기가 생겼다며 의지를 다지고 긴장되는 손으로 문손잡이를 돌렸습니다. 그러면서도 고객이 그 자리에 없기를 바라고 있었습니다. 관리자는 제게 더 많이 팔지 못하면 급여를 줄 수 없다고 위협했고, 아내는 가게의 빚을 갚아야 하니 돈을 갖다 달라고 사정했습니다. 저는 걱정에 시달렸습니다. 매일이 절망적이었습니다. 어떻게 해야 할지 몰랐습니다. 저는 집에서 하던 개인 법률 사무소 일도 그만두었고 고객들도 다 떠난 상태였지요. 그렇게 저는 파산했습니다. 호텔비도 내지 못할 상황이었고, 돌아갈 차표를 살 돈도 없었으며 표가 있다 해도 이런 실패한 모습으로 돌아갈 용기가 없었습니다. 불행한 하루를 버텨내고 지쳐서 호텔 방으로 가며 생각했습니다. '오늘이 마지막이다.' 저는 정말이지 완전한 실패자였습니다. 상처 가득한 마음에 자신감을 잃은 저는 어디로 가야 할지 몰랐습니다. 이제는 사는 것도 죽는 것도 상관없었습니다. 태어난 것 자체가 원망스러웠죠. 그날 저녁은 겨우 따뜻한 우유 한 잔이었지만, 그것마저도 편히 살 수 없었습니다. 그날 밤 저는 절망에 빠진 사람들이 왜 호텔 창을 열고 거침없이 뛰어내리는지 이해했습니다. 용기가 있었다면 저도 분명 그렇게 했을 겁니다. 제가 왜 사는지 생각해 봤지만, 도저히 알 수가 없었습니다. 의지할 사람이 없어서 하느님을 찾았습니다. 기도했습니다. 전지전능한 하느님께 저를 둘러싼 깊고 어두운 절망을 이겨낼 수 있는 지혜를 달라고, 그곳으로 인도해 달라고 애원했습니다. 아내와 아이들을 굶기지 않을 수 있게 책을 팔아 돈을 벌게 해달라고 간청했습니다. 기도를 끝내고 눈을 슬며시 뜨자 쓸쓸한 호텔 방 화장대 위에 있는 성경책이 보였습니다. 그렇게 성경을 펼쳤는데, 거기서 예수님의 아름답고 영원한 약속을 읽을 수 있었습니다. 오래전부터 지금까지 외롭고 걱정 많은, 무수한 실패자들에게 힘이 됐을 그 약속은 사도들에게 내린 가르침으로, 어떻게 걱정을 예방하는지 알려 주신 구절이었습니다. '목숨을 위해 무엇을 먹고 마실지 걱정하지 말고 몸을 감싸기 위해 무엇을 입을지 걱정하지 마라. 목숨이 음식보다 귀하지 않은가? 몸이 옷보다 귀하지 않은가? 공중의 새들을 보라. 씨를 뿌리지도, 거두지도, 곳간에 모으지도 않으나 하늘에 계신 아버지께서는 그것들을 먹이신다. 너희는 새보다 귀한 존재가 아니더냐? 너희는 먼저 하느님의 나라와 의를 구하라. 그리하면 너희에게 모든 것을 주실 것이니라.'

성경을 읽는 동안 정말이지 기적 같은 일이 벌어졌습니다. 곤두섰

데일 카네기 자기관리론

던 날카로운 신경이 가라앉았고 걱정, 두려움, 근심이 용기, 희망, 승리를 향한 믿음으로 바뀌었던 것입니다. 숙박비조차도 없었지만 저는 행복함을 느꼈습니다. 정말 오랜만에 아무런 걱정 없이 침대에서 푹 잘 수 있었습니다. 다음 날 아침이 되자, 저는 고객이 사무실 문을 열 때까지 기다리지 못하고 비가 내려 서늘했지만 아름다운 아침, 활기차고 당당한 발걸음으로 첫 번째 고객의 사무실 문 앞에 도착했습니다. 저는 침착하게 문손잡이를 잡았습니다. 문을 열고 들어가서는 고개를 들며 유쾌하고 예의 바른 태도로 다가갔습니다. 그리고 이렇게 말했습니다.

'처음 뵙겠습니다, 스미스 씨! 저는 올 아메리칸 로북 컴퍼니의 존 R. 앤서니입니다.'

'아, 그러시군요.' 그가 자리에서 일어나 악수를 청하며 웃었습니다. '만나서 반갑습니다. 자리에 앉으시지요!'

그날 저는 지난 몇 주간보다 훨씬 더 많은 책을 판매했습니다. 전쟁에서 승리한 장군처럼 당당하게 호텔로 돌아왔지요. 완전히 새로운 사람으로 거듭난 기분이었습니다. 실제로도 그랬지요. 저는 조금 더 당당해졌고, 그에 따라 강한 정신력을 갖추게 갖추게 됐으니까요. 그날 저녁은 따뜻한 우유 한 잔이 아니라, 꽤 괜찮은 스테이크였습니다. 이후 제 판매 실적은 점점 늘었습니다. 21년 전 절망에 빠져 있던 그날 밤, 텍사스주 애머릴로의 작은 호텔에서 저는 다시 태어난 겁니다. 다음 날에도 저의 외적인 상황은 실패를 반복하던 지난 몇 주와 같았으나 내면에는 큰 변화가 생겼습니다. 저는 하느님과의 관계에 눈을 떴습니다. 그저 한 사람의 인간에 불과했을 때는 쉽게 패배했으나 내면에 하느님의 힘이 존재하는 인간일 때는 절대 패배하지 않았습니다. 저는 그걸 분명하게 믿습니다. 제 인생에서 그런 일이 일어나는 것을 직접 목격했으니까요."

"구하라. 그러면 너희에게 주실 것이요. 찾으라. 그러면 찾게 될 것이다. 두드려라. 그러면 너희에게 열릴 것이다."

일리노이주 하이랜드 8번가 1421번지에 사는 L.G. 비어드 부인의 이야기를 해보려 한다. 그녀는 인간이라면 누구나 견디기 어려울 법한 굉장한 슬픔이 찾아왔을 때 무릎을 꿇고 기도했다. "신이시여, 오로지 당신 뜻대로 하시옵소서." 그런 기도를 통해 그녀는 침착함을 되찾았다. 지금 내 앞에 놓인 그녀의 편지에는 이렇게 적혀 있다.

어느 날 저녁 전화벨이 울렸는데, 벨이 14번이나 울리고 나서야 용기를 내 수화기를 들었습니다. 병원에서 온 전화가 틀림없었습니다. 무척 겁이 났습니다. 내 어린 아들이 죽어 가고 있는 것은 아닐까 두려웠습니다. 아들은 뇌막염에 걸린 상태여서 페니실린을 처방했지만, 그저 체온을 조절하는 정도였습니다. 의사는 뇌까지 전이되지는 않았나 의심된다며, 만약 그랬다면 뇌종양으로 발전해 사망할 수도 있다고 했습니다. 그래서 저는 전화가 무척 두려웠습니다. 전화는 병원에서 온 것이었고, 의사는 지금 당장 와 달라고 말했습니다. 저와 남편이 대기실에 있는 동안 느꼈을 고통을 누구나 짐작할 수 있을 겁니다. 다른 사람들은 모두 아기를 품에 안고 있는데 우리만 빈손으로 앉아 어린아이를 다시 이 팔에 안을 수 있을지 걱정했습니다. 진료실에 들어섰을 때 의사의 표정을 보자 깊은 공포가 밀려왔습니다. 아이가 살아날 가능성은 4분의 1밖에 되지 않는다고 말하면서, 아는 의사가 있다면 상담을 해 보라고 권유했습니다. 집으로 돌아오는 길에 남편은 슬픔을 참지 못해 불끈 쥔 두 손으로 자동차 핸들을 내리치며 말했습니다. "베츠, 난 절대 우리 아이를 포기하지 않을 거야." 남자가 눈물을 흘리는 모습을 본 적이 있나요? 썩 유쾌하지 않습니다. 우리는 길가에 차를 세우고 이야기를 나눴습니다. 그리고 교회로 가서 우리 아이를 데려가는 것이 하느님의 뜻이라면 따르겠다는 기도를 하기로 마음먹었습니다. 저는 신도석에 주저앉아 눈물을 흘리며 기도했습니다. "내 뜻대로 하지 마소서. 그저 당신 뜻대로 하소서."

그러자 마음이 편안해졌습니다. 오랫동안 못 느꼈던 평온함이 다시 찾아온 것입니다. 저는 집으로 돌아오는 내내 그 말을 읊조렸습니다. "내 뜻대로 하지 마소서. 그저 당신 뜻대로 하소서." 그날 밤 오랜만에 편히 잠을 이룰 수 있었지요. 그 후로 며칠 뒤 보비가 위험한 고비를 넘겼다는 의사의 전화를 받았습니다. 이제 4살이 된 아이를 건강하게 해 주신 하느님께 감사드립니다.

종교가 여자, 아이, 성직자를 위한 것이라고 생각하는 남자들이 꽤 있다. 그들은 자신의 투쟁을 혼자서 해결할 수 있는 '사나이'라는 사실을 꽤나 자랑스럽게 여긴다.

세계적으로 유명한 '사나이' 중에서도 매일 기도를 하는 사람이 있다는 걸 알게 된다면 아주 놀랄 것이다. '사나이' 잭 뎀프시는 잠들기 전에 항상 기도한다고 한다. 식사 전에도 늘 하느님께 감사 기도를 드리며, 시합을 앞두고 훈련할 때도, 시합할 때도 매 라운드 공이 울리기 전에 기도한다고 말했다. "기도를 통해 용기와 자신감을 얻고 싸울 수 있게 됐습니다."

'사나이' 코니 맥은 기도하지 않으면 잠들지 못한다고 말했다. '사나이' 에디 리켄베커는 매일 기도를 하는데, 자신이 구원받은 것이

기도 덕분이라고 말했다. '사나이' 에드워드 R. 스테티니어스는 제너럴 모터스와 US 스틸의 고위 간부로 일하기도 했고 미국의 국무장관을 역임했다. 그는 매일 아침과 저녁 지혜와 인도를 구하는 기도를 한다. 최고의 금융인 '사나이' J. P 모건은 토요일 오후에는 월스트리트 입구에 있는 트리니티 성당에 가서 무릎을 꿇고 기도했다. '사나이' 아이젠하워가 영미 연합군의 최고 사령관직을 맡기 위해 영국으로 떠났을 때 비행기에 지니고 탄 책 한 권은 성경이었다. '사나이' 마크 클라크 장군은 전쟁 중에도 하루도 빠짐 없이 성경을 읽으며 꿇고 기도했다. 장제스(蔣介石) 총통도, '알 알라메 인의 몬티'로 알려진 몽고메리 장군도 그랬다. 트라팔가르 해전으로 유명한 넬슨 제독도 그리했다. 워싱턴 장군, 로버트 E. 리 장군, 스톤월 잭슨 장군 등 전쟁의 수많은 영웅도 마찬가지였다.

이 '사나이'들은 윌리엄 제임스가 남긴 말의 의미를 잘 이해하고 있었다. "인간과 하느님은 상호 관계다. 하느님의 영향에 우리를 맡김으로써 인간은 가장 심오한 운명을 이룰 수 있다."

'사나이'들은 진리를 깨닫고 있다. 현재 7,200만 명의 미국인이 교회에 다니는데, 이는 역사상 가장 많은 숫자다. 과학자들도 종교에 의지한다. 『인간, 그 신비』를 쓰고 과학자로서 최고 영예인 노벨상을 받은 알렉시 카렐 박사는 〈리더스 다이제스트〉 지의 칼럼을 통해 이렇게 말했다.

"인간이 만들어 낼 수 있는 가장 큰 에너지는 기도다. 그건 지구의 중력만큼 실제적인 힘이다. 나는 의사로서, 모든 치료를 실패한 후 조용히 기도하면서 병과 우울증을 이겨낸 사람들을 보았다. 기도는 라듐처럼 빛을 뿜으며 스스로 힘을 만든다. 인간은 기도를 통해 모든

데일 카네기 자기관리론

에너지의 근원인 무한한 힘을 자신에게 향하게 함으로써 유한한 에너지를 키우려고 한다. 그렇게 인간은 기도를 하면서 자신을 우주의 무한한 동력에너지에 연결하고 있다."

이 힘의 일부가 필요한 곳에 나뉘기를 기도한다. 이러한 요청만으로도 인간으로서 결핍을 채울 수 있고 힘을 얻어 완전한 인간으로서 우뚝 설 수 있게 한다. 간절하게 기도하며 하느님을 찾을 때마다 인간의 몸과 마음은 더 좋은 상태로 바뀐다. 남녀를 불문하고 단 한 순간이라도 기도를 한다면 곧 좋은 결과가 생길 것이다.

버드 제독은 "인간은 자신을 우주의 무한한 동력에 연결하고 있다."라는 말이 무엇을 뜻하는지 알고 있었다. 그의 능력은 인생 최대 시련을 견딜 수 있게 힘을 주었다.

그는 자신의 책『홀로』에서 이 이야기를 했다. 1934년 그는 남극 대륙의 깊숙한 곳 로스 베리어의 만년빙 아래 오두막에서 5개월을 보냈다. 그는 남위 78도에서 생존한 유일한 생명체였다. 오두막 위로 눈보라가 거세게 휘몰아쳤고, 수은주는 영하 63도 밑으로 떨어졌다. 그는 막막하고 끝없는 어둠에 둘러싸여 있었다. 어느 순간, 그는 난로에서 나오는 일산화탄소에 서서히 중독되고 있다는 것을 알게 되었다.

그 상황에서 벗어나기 위해 할 수 있는 일이 없었다. 도움을 청할 만한 곳은 123마일 이상 떨어져 있었다. 누군가 그곳까지 오려면 최소 3~4개월은 걸리는 거리다. 그는 난로와 환기구를 고쳐봤지만, 연기가 계속 새어 나왔다. 정신을 잃고 쓰러지기도 했으며, 완전히 의식을 잃고 마룻바닥에 누워 있기도 했다. 음식을 먹을 수도 잠을 잘 수도 없었다. 몸이 얼마나 쇠약해졌는지 침대에서 일어나기 힘들 정도였다. 무수한 날들을 과연 내일 아침에 눈을 뜰 수 있을지 걱정했다.

그는 그 오두막에서 죽을 것이고, 끝없이 내리는 눈이 시체를 파묻게 될 거라 확신했다.

그런데 무엇이 그를 살려냈을까? 절망 속에서 허우적대던 그는 어느 날 자신의 인생철학을 적기 위해 일기를 꺼냈다. 그는 그 일기에 "이 우주 안에서 인류는 혼자가 아니다."라고 썼다. 그러면서 하늘에 총총히 뜬 별을 생각했다. 별자리와 행성이 규칙적으로 움직이고 있다는 것을 생각했다. 그러자 영원히 빛나고 있는 태양도 언젠가는 남극의 구석을 비추려 돌아올 거라는 생각이 들었다. 그는 일기에 이렇게 썼다. "나는 혼자가 아니다."

이 깨달음, 지구의 저 끝에 있는 얼음 구덩이 속에 있지만 결코 혼자가 아니라는 깨달음이 리처드 버드를 살려냈다. 그는 이렇게 말했다. "그 생각이 나를 버티게 만들었다." 그러면서 이렇게 덧붙였다. "살면서 자기 안에 존재하는 능력을 다 쓰기는커녕 그 근처에라도 다녀온 사람을 만나기도 힘들다. 인간의 심연에는 한 번도 사용하지 않은 능력의 샘이 숨어 있다." 리처드 버드는 하느님께 의지하는 것으로 능력의 샘을 열었고 그 사용법을 깨달았다.

버드 제독은 이처럼 남극 대륙의 만년빙 속에서 깨달음을 얻었다. 그리고 일리노이주의 한 농장에서 글렌 A. 아널드도 비슷한 교훈을 얻게 되었다. 아널드 씨는 일리노이주 칠러 코시의 베이컨 빌딩에서 보험 중개업을 하고 있다고 한다. 그리고 그는 자신이 걱정을 극복한 방법에 대한 연설을 시작했다.

"8년 전에 저는 제 인생의 마지막이라 생각하며 열쇠로 현관문을 열었습니다. 그러고 나서 차를 타고 강 하구 쪽으로 달렸지요. 저는 패배자였습니다. 1달 전 저의 작은 세상이 모두 무너 내렸고, 그건 제

데일 카네기 자기관리론

머리를 가격했습니다. 전기 설비 사업이 난관빠졌고, 어머니는 위독한 상태였습니다. 아내는 둘째 아이를 임신 중이었고, 진료비 청구서들이 수북이 쌓여갔습니다. 사업을 시작하면서 차와 가구 등 모든 것들이 저당 잡혔습니다. 가입했던 보험은 약관 대출을 받았습니다. 모든 게 사라져 버렸습니다. 이러한 현실을 받아들일 수가 없었지요. 그래서 강으로 차를 몰았습니다. 엉망이 되어버린 고통스러운 현실을 끝내 버리고만 싶었습니다. 도심을 벗어나 한동안 차를 달리다가 길가에 세워두고 내려 바닥에 주저앉아 엉엉 울었습니다. 그러고 난 뒤 정신을 차리고 생각했습니다. 불안해하며 걱정하는 대신에 건설적인 생각을 하기 위해 노력했습니다. '지금 내 상황은 얼마나 안 좋지? 더 나빠질 수 있나? 희망은 정말 없을까? 이 상황을 해결하기 위해 어떻게 해야 하지?' 저는 모든 문제를 하느님께 맡기고 그분께 이 문제를 해결해 달라 부탁드리기로 했습니다. 저는 기도에 제 목숨이 달린 것처럼 기도했습니다. 실제로 기도에 제 목숨이 달려 있었지요. 그런데 신기한 일이 벌어졌습니다. 제 모든 문제를 그 큰 능력에 맡기자마자 지난 몇 달간 느끼지 못한 마음의 평화가 찾아왔습니다. 저는 그곳에서 울면서 기도하며 30분을 앉아 있었습니다. 그러고는 집으로 돌아와 어린아이처럼 편하게 잠이 들었습니다. 다음 날 아침, 저는 확신에 가득 찬 상태로 깨어났습니다. 더 두려울 것이 없었지요. 하느님께 저를 인도해달라고 간청했기 때문입니다. 그래서 그날 아침 저는 당당하게 그 지역 백화점으로 향했습니다. 그렇게 전기 설비 분야의 일자리를 찾고 있다고 자신 있게 말했습니다. 일자리를 구할 수 있다고 굳게 믿었습니다. 그렇게 일자리를 구하게 되었죠. 전기 설비 산업 전체가 전쟁의 영향으로 인해 무너지기 전까지는 높은 실적을 올렸습니다. 그 이후에는 생명보험사로 일을 했지요. 이제 모든 것을 위대한 인도자에게 맡기고 있었습니다. 이건 불과 5년 전 일입니다. 지금은 모든 빚을 갚았고, 사랑스러운 아이들을 3명이나 두고 있습니다. 집도 장만했고, 차도 사고, 2만 5,000달러 생명보험에도 가입했지요. 절망에 빠져 강으로 차를 몰았던 그 일이 천만다행이라고 생각합니다. 비극적인 일임에는 틀림 없지만, 그 일로 하느님께 의지하는 법을 알게 되었으니까요. 지금 저는 이전에는 상상도 하지 못했을 평화와 안식을 누리고 있습니다."

종교는 어떻게 이런 평화, 안식, 강인함을 인간에게 가져다주는가? 윌리엄 제임스의 대답을 들어 보자. "얕은 물결이 일렁이는 표면에 거대한 파도가 밀려와도 심해는 결코 출렁이지 않는다. 마찬가지로 더 크고 영원한 현실을 붙잡고 있는 사람에게는 수시로 변하는 작은 운명의 동요는 그리 중요하지 않다. 참된 종교인은 흔들리는 법이 없으며 항상 평정심을 유지하는 동시에 세월이 원하는 어떠한 의무에도 차분하게 대응할 준비가 돼 있다."

걱정에 사로잡혀 불안하다면, 하느님께 의지해 보는 것은 어떨까? 임마누엘 칸트의 말처럼 "하느님을 향한 믿음을 받아들이는 것은 어떨까? 인가에게는 그런 믿음이 필요하다." 이제 스스로를 '우주를 움직이는 무한 동력'에 연결해 보는 것은 어떨까?

교육 경험으로 인해 종교적인 사람이 아니더라도, 심지어는 확고한 무신론자라 할지라도, 기도는 여러분이 생각하는 것보다 훨씬 더 큰 도움을 준다. 기도는 실질적이다. 그게 무슨 뜻일까? 하느님을 믿건 믿지 않건 기도는 모든 사람이 공유하는 기본 심리 욕구 3가지를 충족해 준다는 뜻이다.

첫째, 기도는 지금 우리를 고통스럽게 하는 것이 무엇인지 말로 정확히 나타나게 해 준다. 문제를 확실하지 않은 상태로 내버려 두는 한, 그 문제를 해결하는 것은 불가능하다. 어떻게 보면 기도는 문제를 종이에 써 보는 것과 비슷하다. 하느님께 전하는 것이라도 문제를 해결하기 위해 도움을 요청할 때는 말로 문제를 표현해야 하기 때문이다.

둘째, 기도를 하면 혼자서 짐을 지는 게 아니라 나누어 가진다는 느낌을 받는다. 우리가 짊어진 가장 무거운 짐, 고통스러운 문제를 혼자 완전히 감당할 만큼 강인한 사람은 거의 없다. 걱정은 때때로 너무 은밀해서 가까운 친척이나 친구에게조차 털어놓기 어려울 경우가 많다. 그럴 때는 기도가 정답이다. 정신과 의사는 가슴이 답답하거나 긴장 때문에 마음이 괴로울 때 누군가에게 고민을 털어놓기만 해도 치료가 될 수 있다는 이야기를 한다. 언제나 누구에게도 털어놓지 못하는 이야기를 기도로써 하느님께 털어놓을 수 있다.

셋째, 기도는 실행이라는 적극적인 원칙을 현실화한다. 기도는 실행의 첫걸음이다. 소원을 들어달라고 매일 기도를 하는 사람은 분명 그 뜻을 이룰 것이다. 그러니까 바라는 일을 현실로 나타내기 위해서는 분명 어떠한 행동을 하게 될 거라는 의미다. 알렉시 카렐 박사는 이렇게 말했다. "기도는 인간이 만들어 낼 수 있는 가장 강한 힘이다." 기도를 하지 말아야 할 이유는 어디에도 없다. 하느님이든 알라신이든 성령이든 자연의 신비가 우리를 보살펴 준다면 정의로 논쟁할 필요가 따로 있겠는가?

지금 이 책을 덮고 안방으로 들어가 문을 닫고 무릎을 꿇고 마음속의 짐을 내려 놓아 보자. 신앙이 없다면 700년 전에 성 프란체스코가 쓴 이런 아름다운 기도문을 외우게 도와달라고 전지전능한 하느님께 기도해 보자.

평화의 기도

주님, 나를 평화의 도구로 쓰소서

미움이 있는 곳에 사랑을, 다툼이 있는 곳에 용서를, 의혹이 있는 곳에 믿음을 주게 하소서

절망이 있는 곳에 희망을, 어둠이 있는 곳에 빛을, 슬픔이 있는 곳에 기쁨을 주게 하소서

How To Keep From
Worrying About
Criticism

Part 6

다른 사람의 비판에 상처받지 않는 법

누구도 죽은 개를 걷어차지는 않는다

Remember That No One Ever Kicks A Dead Dog

1929년 미국의 교육계를 뒤흔드는 사건이 발생했다. 그 사건을 직접 확인하기 위해 전국 각지의 지식인들이 시카고로 향했다. 로버트 허친스라는 청년은 식당 종업원, 벌목꾼, 가정교사, 빨랫줄 판매원으로 일하며 공부해 예일대학교를 졸업했는데, 겨우 8년이 지난 지금 그는 미국에서 네 번째로 부유한 대학인 시카고대학교 총장이 되었다. 그의 나이는 겨우 서른이었다. 도저히 믿기지 않는 일이었다. 나이든 교육자들은 고개를 흔들었다. '천재 소년'을 향한 비판들이 쇄도했다. 너무 젊고 경험이 없고 그릇된 교육철학을 가졌다는 등의 말들이 오갔다. 신문에서도 그를 공격하기 일쑤였다.

그가 취임하던 날 로버트 허친스의 아버지에게 한 친구가 이런 말

　　　　　　　　　데일 카네기 자기관리론

을 했다. "오늘 아침 신문에 실린 기사를 보았는데, 아드님을 비난하고 있어서 깜짝 놀랐습니다." "그렇네." 허친스의 아버지가 대답했다. "좀 심하다고는 생각하지만, 뭐 그렇지 않은가. 누구도 죽은 개는 걷어차지 않는 법이지."

중요한 이를 걷어찰수록 걷어차는 이들의 만족감은 컸을 것이다. 윈저 공이 된 에드워드 8세는 황태자였을 때 이러한 사실을 절감했다. 그는 당시 데번셔의 다트머스대학교에 다니고 있었다. 그 대학은 미국의 아나폴리스에 있는 해군사관학교에 해당했다. 황태자가 14살이 되었을 무렵, 그가 울고 있는 것을 본 해군 장교가 이유를 물었다. 처음에는 아무 대답도 하지 않으려 하다가 마침내 사실을 털어놓았다. 해군사관생도들이 자신에게 발길질을 했다는 것이다. 그래서 사관학교 학장은 생도들을 불러 모아 황태자가 그 사실을 일러바친 게 아니라고 설명한 뒤 그들이 왜 그런 짓을 했는지 물어봤다.

생도들은 한참 동안 쭈뼛거리며 망설이다가 결국 입을 열었다. 그들은 나중에 자신들이 왕실 해군의 지휘관이나 함장이 되면 예전에 왕에게 발길질을 해 봤다고 자랑하고 싶었다고 고백했다. 그러하니 누군가에 걷어차이고 비판을 받는다면, 그는 그런 행동을 함으로써 자신이 중요한 사람이라고 느끼기 때문이라는 사실을 기억하라. 그건 곧 걷어차이는 이가 좋은 결과를 내고 주목받는 사람이라는 의미이기도 하다. 자신보다 교양이 있거나 성공한 사람들을 헐뜯음으로써 천박한 만족감을 얻는 사람들이 꽤 있기 때문이다.

예를 들면, 나는 이 글을 쓰고 있는 중에 한 여성에게서 구세군 설립자인 윌리엄 부스 장군을 비난하는 편지를 받았다. 나는 한 방송에서 부스 장군을 칭찬했는데, 이 여성은 부스 장군이 가엾은 사람들을 돕기 위해 모금한 돈 중에서 800만 달러를 횡령했다는 편지를 보낸 것이었다. 그런데 전혀 근거 없는 비난이다. 하지만 이 여성이 바란 건 진실이 아니었다. 자신보다 훨씬 높은 지위에 있는 사람을 아래로 끌어내림으로써 천박한 만족감을 느끼고 싶었다. 나는 그녀가 쓴 비난의 편지를 쓰레기통에 버리고 그런 여성과 결혼하지 않게 해 주셔서 감사하다고 하느님께 기도를 드렸다. 그녀의 편지는 부스 장군에 대해서는 전혀 새로운 것을 알려 주지 못했지만, 그녀에 대해서는 많은 사실을 알게 해 주었다.

쇼펜하우어는 이런 말을 했다. "비천한 사람들은 높은 이들의 잘못이나 결점을 통해 큰 즐거움을 느낀다."

사람들은 예일대학교 총장을 비천한 사람이라고 생각하지는 않을 것이다. 하지만 전 예일대학교 총장이었던 티머시 드와이트는 미국 대통령 선거에 출마한 어떤 후보를 비난하며 즐거움을 느꼈다. 예일대학교 총장은 그 사람이 대통령에 당선된다면 "우리 아내와 딸들이 합법적인 매춘제도의 희생양이 되어 명예가 실추되고 그럴듯해 보이지만 교양과 미덕을 잃어 타락한 내면을 갖게 된 채 하느님과 모든 인간의 미움을 받는 존재가 되는 모습을 지켜봐야 할지도 모른다."고 경고했다.

히틀러를 비난하는 말처럼 들리는가? 하지만 아니다. 이는 토머스 제퍼슨을 겨냥한 말이다. 민주주의를 수호하며 독립선언문을 쓴 불멸의 토머스 제퍼슨, 바로 그 토머스 제퍼슨이다.

'위선자', '사기꾼', '살인자나 마찬가지인 사람'이라고 비난을 받았던 한 사람이 있다. 어떤 신문에는 그가 단두대에 묶인 채 거대한 칼날이 목을 자르기 직전인 모습을 그린 카툰이 실리기도 했다. 그가 단두대로 향하는 동안 사람들은 그에게 야유를 퍼붓고 조롱하고 있었다. 그는 누구일까? 바로 조지 워싱턴이다.

이 일들은 아주 오래전의 일이다. 어쩌면 그간 인간의 본성은 조금은 더 나아졌을지도 모른다. 한번 살펴보자. 1909년 4월 6일, 개 썰매를 타고 북극을 정복해 세계를 놀라게 만든 탐험가 피어리 제독을 떠올려 보자. 그걸 이루기 위해 용기 있는 수많은 사람이 오랜 시간 고통 속에서 굶주림에 시달리며 죽어 갔다. 피어리 역시 추위와 굶주림으로 죽음 직전까지 이르렀다.

그는 심각한 동상에 걸려 발가락 8개를 잘라야만 했다. 견디기 어려운 고난이 계속됐다. 이러다 미쳐 버리는 것은 아닐까 걱정하기도 했다. 피어리가 큰 인기를 얻고 유명해지자 워싱턴에 있는 해군 상관들이 그를 시샘하기 시작했다. 그들은 그에게 과학 탐사를 한다는 명목으로 돈을 모아 "북극에서 편히 놀았다."는 누명을 씌웠다. 그들은 아마 실제로도 그렇다고 믿었을 것이다. 믿고 싶은 것을 믿지 않는 것은 불가능하기 때문이다.

그들이 피어리에게 심각한 모욕감을 주고 방해하는 걸 일삼았기에, 매킨리 대통령이 직접 명령을 하고나서야 겨우 피어리는 북극 탐험을 계속 이어갈 수 있었다. 피어리가 워싱턴의 해군본부에서 서류를 처리하는 일을 했어도 그런 비난을 받았을까? 그렇지는 않았을 것이다. 그랬따면 그는 누군가의 시샘을 받을 만큼 높은 자리에 오르지 않았을 것이다.

그랜트 장군은 피어리 제독보다 심한 경우였다. 그랜트 장군은 1862년 북군의 최초의 승리를 끌어냈다. 오후 동안에 이룬 승리였지만 이로 말미암아 그랜트는 단번에 국가의 우상으로 우뚝 서게 되었다. 이 승리는 먼 유럽에서도 큰 반향을 일으켰고 메인주를 비롯해 미시시피강둑까지 교회의 종소리가 울려 퍼지며 하늘에 축포를 쏘게 만들었다. 하지만 대승을 거둔 지 6주도 채 되기 전에 북군의 영웅 그랜트는 체포되어 군수권을 잃었다. 그는 모멸감과 절망에 빠진 그는 눈물을 흘렸다. 승리의 흥분을 채 누리기도 전에 그랜트 장군이 체포되었던 이유는 무엇일까? 오만한 상관들이 그를 질투했기 때문이다.

부당한 비판 때문에 걱정이 된다면 이런 방법을 반드시 기억하라.

Dale Carnegie
다른 이들의 비판에 상처받지 않는 법 1

Remember that unjust criticism is often a disguised compliment. Remember that no one ever kicks a dead dog

부당한 비판은 칭찬의 변형이라는 사실을 기억하라.
누구도 죽은 개는 걷어차지 않는다

데일 카네기 자기관리론

다른 이의 비판에 상처받지 마라

Do This-and Criticism Can't Hurt You

나는 예전에 '송곳눈'이라 불리던 스메들리 버틀러 소장과 이야기를 나눈 적이 있다. '지옥의 사신' 버틀러를 기억하는가? 미국 해병대 지휘관 중 가장 허풍쟁이였던 장군 말이다.

그는 어렸을 때 무척 인기를 얻고 싶었고, 모든 사람에게 좋은 인상을 남기고 싶어 했다고 털어 놓았다. 그래서 그때는 작은 비판에도 상처를 받았지만, 30년간의 해병대 생활을 하면서 담대해졌다고 고백했다. "심하게 야단맞으며 모욕을 당했습니다. 똥개, 독사, 스컹크라는 모욕적인 비난까지 들었습니다. 상사에게 크게 욕을 먹었죠. 저는 영어에 존재하는, 차마 입에 담지 못할 욕을 거의 다 들었습니다. 신경 쓰였느냐고요? 하! 요즘은 누가 나를 욕한다 해도 돌아보지 않습니다."

어쩌면 '송곳눈' 버틀러가 비판에 둔감한지도 모르겠다. 하지만 한 가지만은 확실하다. 사람들 대부분이 작은 놀림이나 공격도 심각하게 받아들인다는 것이다. 오래전 〈뉴욕 선〉 지의 기자가 내 성인교육 공개 강좌에 참여한 후 나와 내 일을 두고 빈정댔던 기억이 난다. 나는 그것을 개인적인 모욕으로 받아들였다. 그래서 〈선〉 지의 운영위원회 의장 길 호지스에게 전화해 그 기자가 사실을 밝히는 기사를 쓰게 해 달라고 요청했다. 그렇게 그가 잘못에 대한 대가를 치르게 하겠다고 결심했다. 하지만 지금은 당시 내가 했던 반응이 부끄럽다는 생각이 든다. 그 신문을 샀던 사람 중 절반은 그 글을 읽지도 않았을 것이다. 별 의미 없는 이야기라고 여겼을 것이다. 그 글을 읽으며 좋아하던 사람들도 얼마 지나지 않아 모조리 잊어버렸을 것이다.

나는 사람들이 다른 사람들에 관한 말에는 신경 쓰지 않는다는 것을 깨달았다. 사람들은 아침 식사 전에도, 그 후에도, 자정이 10분 지난 시간에도 오로지 자기 자신만을 생각한다. 남이 죽었다는 소식보다 내 가벼운 두통을 1,000배는 더 많이 생각한다.

모함을 당하고 조롱받고 배신을 당하고 등에 칼을 맞거나 배반을 당하더라도, 가장 친한 친구 6명 중 1명이 그렇게 한다고 하더라도 자기 연민에 빠지지는 말자. 기억하자. 그건 예수에게 일어난 일 그대로였다. 예수와 가장 가까웠던 친구 12명 중 1명은 19달러 정도 되는 뇌물 때문에 배신자가 됐다. 다른 1명은 예수가 시련을 겪고 있을 때 그를 공개적으로 3번이나 부인하며 맹세까지 했다. 6명 중의 1명! 예수에게 일어난 일이다. 우리가 예수보다 더 나은 결과를 바랄 이유가 있는가?

사람들이 내게 부당한 비난을 하지 못하게 할 수는 없지만 그보다 훨씬 중요한 일을 할 수 있다. 그건 부당한 비난이 나를 동요하게 만드느냐 마느냐 여부는 내가 선택할 수 있다는 것이다.

조금 더 구체적으로 이야기해 보자. 모든 비판을 무시하라는 게 아니다. 절대 아니다. 부당한 비난을 무시하라는 의미다. 프랭클린 루스벨트의 부인 일리 노어 루스벨트 여사에게 부당한 비난을 받았을 때 어떻게 대처하는지 관해 물어본 적이 있다. 그녀는 그런 비난을 수두룩하게 받아 왔고, 이는 모두 잘 아는 사실이다. 그녀는 백악관에 살았던 어떤 영부인보다 열성적인 친구와 지독한 적을 가지고 있었을 것이다.

그녀는 어릴 때 너무 소심해서 다른 이들이 자신에 대해 하는 이야기들에 늘 겁을 먹고 있었다고 한다. 사람들의 비판이 너무도 두려웠던 그녀는 어느 날 친척 시어도어 루스벨트의 누나에게 조언을 구했다. "바이 고모님, 저는 이렇게 하고 싶은데 사람들이 뭐라고 말할까 봐 두려워요." 시어도어 루스벨트의 누나는 그녀의 눈을 반듯이 바라보며 말했다. "네가 옳다고 생각하면 누가 뭐라 해도 전혀 신경 쓰지 마라."

일리노어 루스벨트는 이 조언이 훗날 백악관에서 생활하게 되었을 때 지브롤터의 바위처럼 굳건한 정신적 지주가 되었다고 했다. 비난을 피할 수 있는 유일한 방법은 드레스덴에서 만들어진 선반에 놓인 도자기 인형처럼 그저 가만히 있는 것뿐이라고 말했다. "어떤 방법을 써도 비판은 피할 수 없어요. 그저 마음속으로 옳다고 믿는 것을 하세요. 해도 비난받고 안 해도 비난받을 겁니다. 그게 전부예요." 이게 바로 그녀의 조언이다.

매슈 C. 브러시라는 사람은 월스트리트 40번지에 있는 아메리칸 인터내셔널 코퍼레이션의 사장직에 있었다. 나는 당시 그에게 비판에 민감하게 반응한 적이 있냐고 물었다. "물론이지요. 젊을 때는 무척 민감한 문제로 반응했습니다. 당시 저는 모든 조직원이 저를 완벽한 사람이라고 생각했으면 하고 바랐어요. 그래서 그렇지 않을 때면 신경이 쓰였지요. 처음에 저는 저와 맞지 않는 첫 번째 사람의 비위를 맞추기 위해 노력을 했습니다. 하지만 그 사람의 행동을 무마하기 위해 한 행동이 다른 사람을 화나게 만들었지요. 그 사람의 화를 달래기 위해 다른 일을 하면 그게 또 다른 사람의 비위에 거슬리게 돼서 그들이 무리 지어 달려들었어요. 마침내 저는 개인적인 비판을 피하기 위해 감정이 다친 사람들을 달랠수록 더 많은 적이 생긴다는 사실을 깨달았습니다. 그래서 '다른 사람보다 훌륭한 사람은 어쩔 수 없이 비판을 받게 돼 있다. 그러니 이 생각에 익숙해지자.'고 결심했고, 그건 큰 도움이 되었습니다. 그 후로 저는 할 수 있는 최선을 다했고 제가 오는 비판을 모조리 맞으며 괴로워하지 않고 우산 하나를 펼친 다음 그 비판이 잦아들기를 기다렸습니다."

딤스 테일러는 비판을 아무렇지 않게 넘겨 버렸다. 라디오에서 뉴욕 필하모닉 심포니 오케스트라의 공연을 하다가 중간 휴식 시간에 해설을 하고 있었는데, 한 여성이 그에게 당신은 "거짓말쟁이, 배신자, 독사, 멍청이."라고 적힌 편지를 보냈다. 테일러는 그의 책 『인간과 음악』에서 이렇게 말했다. "그녀는 내 이야기가 별로였던 것 같다." 그 다음 주의 방송에서 그는 그 편지를 읽었다.

며칠 후 그 여성은 "여전히 거짓말쟁이에 배신자, 독사, 멍청이라는 생각은 변함없다."라는 편지를 보냈다고 한다. 하지만 이런 식으로 비

데일 카네기 자기관리론

판을 대처하는 사람은 존경할 수밖에 없다. 그의 차분함과 동요하지 않는 평정심, 재치를 존경한다.

프린스턴대학교에서 강연하던 찰스 슈워브는 제강 공장에서 일하는 연로한 한 독일인 노동자에게 정말 중요한 교훈을 배웠다고 말했다. 그 독일인은 전시에 다른 노동자들과 전쟁과 관련해 언쟁을 벌였다. 그러던 하루는 어떤 노동자들이 그를 강물에 집어 던졌다고 한다. 슈워브는 이렇게 말했다. "흙투성이가 된 그 노동자가 제 사무실을 찾아왔기에 당신을 강물에 던진 사람들에게 뭐라고 했냐고 물었습니다. 그러자 그는 '그냥 웃었지요.'라고 말했습니다."

슈워브는 그 연로한 독일인이 했던 그 말, '그냥 웃는다.'를 자기 좌우명으로 삼았다. 이 좌우명은 부당한 비판을 받을 때 꼭 필요한 것이다. 말대꾸하는 사람에게는 뭐라도 한마디라도 쏘아붙일 수 있겠지만 '그냥 웃는' 사람에게 뭐라 말할 수 있겠는가?

링컨 역시 자신을 향한 혹독한 비난에 모두 대응하는 게 얼마나 쓸모없는지 깨닫지 못했다면 남북전쟁이 일어나는 동안 압박감을 견디지 못하고 쓰러졌을 것이다. 그가 자신을 비판하는 사람에게 어떻게 대응했는가에 대한 기록은 문학사의 보물이자 고전이다. 전시 상황에 맥아더 장군은 이 구절을 회의실 탁자에 걸어 놓았고, 윈스터 처칠도 그것을 액자에 끼워 고향 차트웰에 있는 서재 벽에 걸어놓았다. 그 구절은 이렇다.

"나를 공격하는 것에 대해 전부 답하지 않더라도 최소한 읽어 보기라도 하겠다고 애를 쓴다면 그건 모든 일에서 손을 떼는 것이나 마찬가지다. 나는 내가 아는 가장 좋은 방법으로 최선을 다하고 있다. 그리고 마지막까지 그렇게 할 것이다. 결과가 좋다면 내게 뭐라 해도 상관

없을 것이며, 결과가 좋지 않으면 10명의 천사가 내게 옳다고 해도 도움이 되지 않을 것이다."

부당한 비판을 받게 되었을 때 이런 방법을 명심하라.

Dale Carnegie
다른 이들의 비판에 상처받지 않는 법 2

Do the very best yon can: and then put up your
old umbrella and keep the rain of criticism from
running down the back of your neck.

**최선을 다하라. 낡은 우산이라도 하나 펼쳐 빗물이 여러분의
목을 타고 흐르며 괴롭히지 않도록 하라.**

데일 카네기 자기관리론

내가 저질렀던 어리석은 행동

Fool Things I Have Done

얼마 전 나는 사업가 한 사람을 텍사스에서 만났다. 무슨 일인지 그는 잔뜩 화가 나 있었고, 15분 이내에 자신이 왜 화가 났는지 말해 주겠다고 했다. 알고 보니 그를 그토록 화가 나게 했던 사건은 11개월 전에 있었던 일이었다. 그는 그 일 때문에 아직까지 화를 내고 있었던 것이다. 그는 그 사건 말고는 다른 어떤 일도 이야기할 수 없었다.

그는 34명의 직원에게 크리스마스 보너스로 1만 달러, 한 사람당 거의 300달러 가까이를 건넸다는 것이다. 그런데 아무도 그에게 고맙다는 인사를 하지 않았다고 한다. 그가 맹렬하게 불만을 늘어놓았다. "그들에게 한 푼이라도 주었다는 사실이 매우 화가 납니다."

공자가 말했다. "분노에 찬 사람은 늘 독이 차 있다." 솔직히 나는 이 사람이 불쌍했다. 그는 대략 60세 정도 됐다. 생명보험사들은 우리가 평균 수명인 80세까지 살 경우 남은 기간 중 3분의 2보다 조금 더 살 것으로 계산한다. 그가 앞으로 살날은 운이 좋으면 14~15년 정도 남은 셈이다. 하지만 그는 과거 일 때문에 분노하고 속상해 하며 얼마 남지 않은 인생 중에 거의 1년을 허비했다. 그러니 불쌍할 수밖에 없지 않은가.

그는 분노하거나 신세 한탄을 늘어놓으며 시간을 보내는 대신에 왜 자신이 감사 인사를 받지 못했는지 스스로 되돌아보았어야 했다. 어쩌면 그는 직원들에게 급여를 적게 주면서 많은 일을 시켰을지도 모른다. 어쩌면 그 직원들은 크리스마스 보너스를 선물이 아닌 자신들의 노동에 대한 당연한 대가라 생각했는지도 모른다. 아니면 그가 너무 비판적이고 다가가기 힘든 사람이라 누구도 편하게 그에게 감사 인사를 하지 않았을 수도 있다. 또 어차피 세금으로 나갈 이익을 보너스로 주었다고 생각했을지도 모른다. 반대로 직원들이 이기적이고 예의가 없는 사람들일지도 모른다. 이럴 수도 저럴 수도 있다. 나는 이 사건에 대해 자세히는 알지 못하지만 새뮤얼 존슨 박사가 이런 말을 했다는 사실을 알고 있다.

"감사는 오랫동안 수양한 이만이 맺을 수 있는 열매다. 교양 없는 이들은 감사라는 열매를 맺지 못한다."

이것이 핵심이다. 그는 자기 자신을 괴롭히는 실수, 감사를 기대하는 실수를 저지른 것이다. 그는 인간의 본성을 몰랐다. 다른 사람의 목숨을 구해 준다고 그 사람이 감사하게 여길 것이라고 생각하는가?

그런 기대를 할 수는 있다. 형사 전문 변호사로 명성을 날리고 나중에는 판사가 된 새뮤얼 라이보비츠는 전기의자에서 목숨을 잃을

데일 카네기 자기관리론

뻔한 78명의 생명을 구해 주었다. 그런데 라이보비츠에게 감사 인사를 한 사람은 그중 몇 명이나 되었을까? 크리스마스카드를 보낸 사람은? 그렇다. 여러분이 예측했다시피, 단 한 명도 없었다.

어느 날 예수는 나병 환자 10명을 치료했다. 하지만 그중 예수에게 감사 인사를 하러 온 사람은 몇 명이었을까? 단 한 명이었다. 누가복음을 살펴보면, 사도들을 돌아보던 예수는 "나머지 아홉은 어디에 있느냐?"라고 물었다. 그들은 이미 도망가고 없었다. 감사 인사 한마디 없이 도망친 것이다. 하나 질문해 보겠다. 이 텍사스 사업가가 작은 선행을 했다고 해서 예수보다 더 감사를 받아야 할 특별한 이유라도 있는가? 더구나 돈 문제와 관련된 것이라면 더욱 가능성이 없다. 찰스 슈워브는 은행 소유 펀드로 주식 투자를 한 은행원을 도와주었다고 했다. 그는 은행원이 투옥되지 않도록 대신 돈을 갚아 주었다. 그 은행원은 고마워했을까? 물론 아주 잠시 그랬다. 얼마 되지 않아 그는 슈워브를 외면하고 그를 비난했다. 자신을 구해 준 그 사람을 말이다!

친척에게 100만 달러를 준다고 해서 그가 여러분에게 고마워할 것 같은가? 앤드루 카네기가 그러한 경우였다. 앤드루가 얼마 뒤에 무덤에서 돌아왔다면, 어이없게도 그 친척이 자신을 비난하는 장면을 보았을 것이다. 비난의 이유는 이랬다. 앤드루가 자신에게는 고작 100만 달러만 주고는 자선 단체에 무려 3억 6,500만 달러를 기부했기 때문이라는 것이다. 그의 말에 따르면 그렇다.

그는 자신의 일기에 이렇게 썼다. "나는 오늘도 말이 많은 사람들과 만나게 될 것이다. 이기적이고 자기중심적이고 감사할 줄 모르는 사람들을 말이다. 그래도 전혀 놀라거나 불쾌해 하지 않을 것이다. 그런 사람들은 늘 세상에 존재한다."

현명한 생각이다. 우리가 감사할 줄 모르는 사람들에 대해 불만을 늘어놓는다면 잘못은 어디에 있는 것일까? 인간의 본성일까? 아니면 인간 본성을 알지 못하는 우리에게 있는 것일까? 감사를 기대하지 마라. 그러면 어쩌다 누군가에게 감사 인사를 받을 때 놀랍고 즐거울 것이다. 감사 인사를 받지 못하더라도 기분이 상하지는 않을 것이다.

핵심은 바로 이것이다. 인간은 감사한 마음을 잊고야 만다. 늘 감사 인사를 바란다면 앞으로 많은 상처를 받으며 살 수밖에 없을 것이다.

뉴욕에 사는 한 여성은 항상 외롭다며 불평을 늘어놓는다. 그녀의 친척 중에 그녀와 가깝게 지내려는 사람이 한 명도 없는 이유를 알겠다. 그녀를 만나러 가면 그녀는 조카들이 어렸을 때 그들에게 얼마나 잘해 주었는지 몇 시간씩 떠든다. 아이들이 홍역과 볼거리, 백일해에 걸렸을 때 보살펴 주고 몇 년간 집에 데려다 키웠다는 것이다. 또 아이 하나가 경영대학원에 입학할 때 도와주었고, 또 다른 아이는 결혼할 때까지 돌보았다는 이야기를 줄줄 늘어놓았다.

과연 조카들이 그녀를 찾아왔을까? 물론 가끔 오기는 했다. 의무감 때문이었지만 말이다. 그들은 방문할 때마다 마음이 편치 않았다. 이야기를 시작하면 꼼짝없이 몇 시간 이상이나 긴 훈계를 들어야만 한다는 사실을 알고 있었기 때문이다. 그들은 격한 불만과 신세 한탄을 하며 한숨짓는 소리를 계속 듣고 있어야 했다. 혼을 내고, 화를 내고, 괴롭혀도 조카들이 찾아오지 않으면 그녀는 비장의 '마법'을 쓰고는 했다. 심장 발작을 일으키는 것이다.

심장 발작은 꾀병이 아니었을까? 물론 그랬다. 의사들은 그녀의 심

데일 카네기 자기관리론

장이 신경 과민성이며 심계항진증이 있다고 진단했다. 하지만 의사들이 해 줄 수 있는 것은 없다고 했다. 감정에서 비롯한 병이기 때문이다. 그녀는 사랑과 관심을 바라면서 그것을 '감사'라고 부른다. 하지만 그렇게 해서는 감사나 사랑을 결코 받지 못할 것이다.

그녀처럼 감사를 모르는 사람이나 외로움, 외면 등으로 고통스러워하는 여성들이 상당히 많다. 그들은 사랑받기를 원한다. 하지만 사랑은 갈구한다고 받을 수 있는 것이 아니다. 사랑받는 유일한 방법은 조건 없는 사랑을 베푸는 것이다. 순진하고 비현실적이며 사변적인 이상주의자의 말처럼 들리는가? 그렇지 않다. 이는 상식이다. 원하는 행복을 위해 우리가 선택할 수 있는 좋은 방법이다. 나는 그렇게 확신한다.

내 가정에서도 그런 일이 일어났다. 부모님은 타인을 돕는 즐거움으로 살았다. 우리 집은 늘 가난했고 빚에 허덕였다. 부모님은 가난했지만 어떻게든 돈을 모아 매년 아이오와주 카우닐블러프스에 있는 보육원 크리스천 홈에 기부를 하셨다. 부모님은 한 번도 그곳을 방문하지 않았다. 편지 말고는 부모님께 감사 인사를 전한 이는 아무도 없을 것이다. 하지만 두 분은 충분한 보상을 받았다. 아이들을 돕는 즐거움을 누린 것이다.

나는 집을 떠난 이후로 크리스마스 무렵이면 항상 부모님께 용돈을 보내드리면서 당신들을 위해 쓰라고 권한다. 하지만 그러지 않으셨다. 크리스마스쯤에 집에 가면 아버지는 동네에 편모 가정이 있는데 아이들은 많지만 돈이 부족하다고 하시며, 그래서 석탄과 음식을 사 주었다고 했다. 아마 그 선물로 즐거움을 누린 것은 그 아이들보다 부모님이었을 것이다. 어떠한 대가도 바라지 않고 베푸는 순수한 즐거움이었다.

　나는 내 아버지가 아리스토텔레스가 말한 '이상적인 사람, 즉 행복을 찾아 가는 사람'이라고 믿는다. 아리스토텔레스는 다음과 같이 말했다. "이상적인 사람은 다른 사람을 돕는 데서 기쁨을 찾는다. 그리고 다른 사람이 자신을 돕는 것에 대해 부끄럽게 여긴다. 호의를 베푸는 것은 우월함을 나타내지만 호의를 받는 것은 열등함을 나타내기 때문이다."

　이 장의 두 번째 핵심이다. 행복을 느끼고 싶다면 감사 인사 여부에 신경 쓰지 마라. 행위 자체로 얻을 수 있는 내적인 즐거움과 만족을 추구해야 한다.

　부모들은 자식들이 도무지 감사할 줄을 모른다며 불만을 표했다. 셰익스피어의 4대 비극 중 하나인 『리어왕』의 주인공 리어왕은 말했다. "감사를 모르는 아이들이 있다니, 그것은 독사의 이빨보다 날카롭도다!"

　부모가 강요하지 않는다면 아이들이 감사해야 할 이유가 어디 있겠는가? 감사하지 않는 것은 정말 자연스러운 일이다. 감사란 장미와 같다. 거름과 물을 주고 살뜰히 돌보아 주고 사랑하며 보살펴야 피어날 수 있다. 우리 자녀가 감사할 줄 모른다면 그건 과연 누구의 잘못일까? 아마도 우리 자신일 것이다. 다른 사람에게 감사하는 마음을 갖도록 교육하지 않았는데 어떻게 우리에게 감사하기를 기대할 수 있을까.

　시카고에 사는 한 남자는 자신의 의붓아들들에게 감사할 줄 모르는 아이들이라고 말할 만한 수많은 이유를 댈 수 있다. 그는 상자를 만드는 공장에서 헌신적으로 일하고 있다. 하지만 일주일에 40달러 이상을 버는 일이 드물다. 그는 남편과 사별한 여자와 결혼을 했고, 그 아내는 그를 설득해 돈을 대출받고 자신의 두 아들을 대학에 보냈다. 그는 주급 40달러를 생활비로 쓰고 그 남은 돈으로 대출금을 갚아야만 했다. 그는 4년 동안 불평 한마디 하지 않고 중국 막노동자 쿨리처럼 일에 몰두했다.

그는 감사 인사를 받았을까? 아니었다. 그의 아내는 그 일을 당연하게 받아들였다. 아들도 역시 마찬가지였다. 의붓아버지에게 빚을 지고 있다는 생각조차 하지 않았다. 심지어 감사해야겠다는 마음조차 없었다.

누구의 잘못일까? 아이들에게도 잘못은 있지만 어머니에게 더 큰 잘못이 있다. 그녀는 이제 막 새로운 인생을 시작하는 아들에게 '채무감'이라는 부담을 주는 것이 부끄럽다고 생각했다. 그녀는 아이들이 빚을 지고 생을 시작하는 것을 바라지 않았다. 그녀가 아이들에게 "너희들을 대학에 보내 준 아버지는 천사 같은 분이시다!"라고 말하는 것은 상상할 수도 없었다. 오히려 그녀는 이런 태도를 보였다. "아버지라면 이 정도는 해 주어야 하는 게 맞지 않나?" 그녀는 이것이 아들을 위한 길이라고 생각했을 것이다. 하지만 삶의 터전으로 진입하는 아이들에게 위험한 생각을 심어 주고 있었다. 세상이 그들을 먹여 살려야 한다는 말도 안 되는 생각이었다. 위험한 발상이었던 것이다. 아들 하나가 자신의 고용주에게 돈을 빌리려다가 감옥에 가게 되었기 때문이다. 아들의 말에 따르면 그렇다.

아이들은 교육받은 대로 자란다는 사실을 기억해야 한다. 그 예로 미니애폴리스주 웨스트 미네하하 파크웨이 144번지에 살고 계시는 내 이모 비올라 알렉산더 이야기를 해 보겠다. 이모는 아이들에게 감사를 모른다고 불평할 이유가 전혀 없는 사람이었다.

비올라 이모는 어머니, 즉 나의 외할머니를 집으로 모시고 사랑과 정성으로 보살폈다. 또한 시어머니도 집으로 모셔와 그렇게 똑같이 했다. 아직도 눈을 감으면 그 두 분께서 비올라 이모의 농가 난롯가에 앉아 계시던 모습이 생생하게 떠오른다. 두 분은 과연 비올라 이모에게 있어서 근심거리였을까? 때로는 그랬을지도 모른다고 생각한다. 하지만 나는 이모의 모습에서 전혀 그런 면모를 발견하지 못했다. 이모는 두 분을 사랑했다. 그래서 그분들의 바람을 이루어드리고, 뭐든지 이해하면서 편하게 지내실 수 있도록 했다. 비올라 이모에게는 여섯 명의 아이들이 있었다. 하지만 이모는 두 분을 모시고 사는 것이 특별히 대단한 일이라고 생각하지 않았다. 찬사를 받을 일이라고도 생각하지 않았다. 그냥 자연스럽고 또 당연한 일이었으며 그녀가 원하는 일이었다.

비올라 이모는 홀몸이 된 지 20여 년이 지났다. 다섯 아이는 모두 자라서 가정을 이루었고 다들 이모를 자신의 집으로 모시겠다고 한다. 이모의 자녀들은 이모를 정말 사랑한다. 아무리 오래 함께 있어도 더 함께 있고 싶어 한다. 이는 감사의 표시가 아니라 사랑이다. 사랑 그 자체이다.

이모의 자녀들은 인간적이고 다정한 분위기 속에서 따뜻한 사랑을 느끼며 자라왔다. 이제는 입장이 변한 만큼 그들이 사랑을 돌려주는 것은 놀라운 일이 아닌 것이다. 감사할 줄 아는 자녀를 키우고 싶다면 먼저 감사할 줄 아는 사람이 되어야 한다는 사실을 기억하라. '아이들은 귀가 밝다.'는 점을 잊지 말고 작은 말이라도 조심하자.

데일 카네기 자기관리론

누군가에게 불만을 표현하고 싶더라도 아이들이 곁에 있다면 우선은 멈추어야 한다. "수 언니가 크리스마스 선물로 보낸 행주를 봐. 언니가 직접 만든 거라고. 정말 1센트도 안 쓰려고 한다니까?" 이런 식으로 말하지 마라. 언뜻 별일 아닌 듯해도 아이들은 모든 것을 주의 깊게 듣고 있다.

대신 이렇게 말하는 것은 어떨까? "수 언니가 크리스마스 선물로 이 행주를 만들기 위해 얼마나 많은 정성을 들였을까! 정말 좋은 사람이야. 지금 당장 고맙다는 편지를 써야겠어." 자녀들은 그렇게 감사하고 칭찬할 줄 아는 습관을 익히게 된다. 감사 인사를 받지 못해 불쾌함을 느끼거나 화가 나는 상황을 만들고 싶지 않다면 이 방법을 기억하라.

Dale Carnegie
다른 이들의 비판에 상처받지 않는 법 3

———————————————————●

Let's keep a record of the fool things we have done and criticise ourselves. Since we can't hope to be perfect, let's do what E.H. Little did: let's ask for unbiased, helpful, constructive criticism.

우리가 저질렀던 어리석은 행동을 써 보고 스스로 비판하라. 완벽해지기를 바라는 건 무리다. E. H. 리틀이 그랬던 것처럼 편견 없이 유익하고 건설적인 비판을 요청하자.

●———————————————————

다른 이들의 비판에 상처받지 않는 법

1. 부당한 비판은 칭찬의 변형이라는 사실을 기억하라. 여러분이 타인의 부러움을 산다는 의미다. 누구도 죽은 개는 걷어차지 않는다.

2. 최선을 다하라. 낡은 우산 하나라도 펼쳐 가려라. 비판의 빗줄기가 여러분의 목덜미로 흘러들어 괴롭히지 못하도록 하라.

3. 스스로가 저지른 어리석은 행동을 기록하고 비판하라. 완벽해지기를 바라는 것은 무리다. 다만 E. H. 리틀처럼 편견 없이 유익하고 건설적인 비판을 요청하자.

How To Keep From
Worrying About
Criticism

대일 카네기 자기관리론

Six Ways To Prevent Fatigue
And Worry And Keep Your Energy
And Spirits High

Part 7

거정과 피곤함이 몰려올 때 활력을
일으키는 6가지 방법

당신의 활동 시간을 1시간 늘리는 법

How To Add One Hour A Day To Your Waking Life

걱정 예방 방법에 대한 책을 쓰면서 왜 피로 예방 이야기를 할까? 이유는 간단하다. 피로는 걱정을 유발하기 때문이다. 피로는 쉽게 걱정에 빠지도록 만든다. 어떤 의사라도 피로는 감기를 비롯해 수백 가지 질병에 대한 저항력을 떨어뜨린다고 말할 것이다. 정신병리학자 또한 피로가 두려움, 걱정 등 감정에 대한 저항력을 떨어뜨린다고 할 것이다. 그러니 걱정을 막으려면 피로를 먼저 예방해야 한다.

'걱정을 예방하는 것은 쉽다.'라는 말은 다소 순화된 표현이다. 에드먼드 제이컵슨 박사는 더욱 단호하게 말한다. 제이컵슨 박사는 『점진적 긴장 완화』와 『긴장을 풀어야 한다』라는 책을 썼고, 시카고대학교 임상생리학연구소 소장으로 오랫동안 의학 치료 방법으로 긴장

데일 카네기 자기관리론

완화를 활용하는 방법을 연구를 해왔다. 그는 신경적이거나 감정적인 상황은 "긴장이 완전히 풀린 상태에서는 존재할 수 없다."고 단언했다. 즉 긴장을 완화하면 걱정을 할 수 없다는 뜻이다. 피로와 걱정을 예방하기 위한 첫 번째 규칙은 이렇다. '자주 쉬어라. 피로가 찾아오기 전에 휴식을 취하라.'

이 말은 왜 중요한가? 피로가 누적되는 속도는 어마어마하게 빠르다. 미 육군은 여러 번의 실험을 통해 군대에서 수년간 훈련받은 젊은 사람도 한 시간마다 10분 정도 배낭을 내려놓고 휴식을 취하면 더 효율적으로 오랫동안 행군할 수 있다는 사실을 알아냈다. 그래서 육군은 이 방침을 실시하고 있다.

미 육군과 마찬가지로 모든 이의 심장은 똑똑하다. 심장이 매일 몸으로 순환시키는 혈액은 기차에 싣는 기름탱크를 가득 채울 만큼 많다. 심장은 하루에 석탄 20톤을 1m만큼 들어 올릴 때 필요한 에너지와 같은 양을 소모한다. 이렇게 놀라운 일을 50~90년 동안 하는 것이다. 심장은 어떻게 이 일을 견뎌 내고 있는 것일까?

하버드대학교 의과대학 월터 B. 캐넌 박사는 이렇게 말한다. "우리는 심장이 쉼 없이 일하고 있다고 생각하지만, 심장은 한 번 수축할 때마다 휴지기를 갖습니다. 1분에 70번 박동한다고 하면, 심장은 실제로 24시간 중 9시간 정도만 일합니다. 그러니까 심장은 하루에 15시간 정도 쉬는 셈입니다."

윈스턴 처칠은 제2차 세계대전 당시 60대 후반에서 70대 초반 정도의 나이였다. 하지만 몇 년 동안 하루에 16시간씩 여러 일들을 하며 대영제국의 전쟁을 이끌었다. 정말 놀라운 기록이다. 그 비결은 무엇일까? 그는 매일 아침 11시까지 침대에서 보고서를 읽는다. 그

후 지시를 내리고 중요한 회의를 했다. 점심식사를 한 후 그는 다시 침대로 가서 낮잠을 1시간 정도 잤다. 그리고 저녁 때 다시 침대로 가서 2시간 정도 잠을 잔 뒤 8시에 저녁을 먹었다. 그는 굳이 피로를 해소하지 않았다. 그럴 필요가 없었기 때문이다. 피로를 예방한 것이다. 자주 쉬었기 때문에 자정이 넘은 시간에도 활기차게 일을 할 수 있었다.

존 D. 록펠러는 특별한 기록 2가지를 가지고 있다. 그는 당시 누구보다 큰 부를 소유했고, 98세까지 살았다. 어떻게 그럴 수 있었을까? 장수하는 유전적 요인이 있었기 때문이다. 또 다른 이유라면 사무실에서 매일 오후에 30분씩 낮잠을 자는 습관일 것이다. 그는 사무실의 소파에서 낮잠을 잤는데, 그는 쉬고 있을 때 미국 대통령이 전화해도 깨지 않았다.

대니얼 W. 조슬린은 그의 책『피로의 원인』에서 이렇게 말한다. "휴식은 아무것도 하지 않는 게 아니다. 휴식은 회복하는 것이다." 단 5분간 낮잠으로 피로를 예방할 수 있다. 농구 스타 코니 맥은 시합 전에 잠깐이라도 잠을 자지 않으면 다섯 번째 이닝 때쯤엔 기진맥진한다고 말했다. 하지만 5분이라도 쪽잠을 자면 더블헤더를 뛰어도 끝까지 지치지 않고 뛸 수 있었다고 한다.

일리노어 루스벨트 여사에게 백악관 생활을 하던 12년 동안 수많은 일정을 무난하게 소화할 수 있는 비결이 무엇이냐고 물었다. 그녀는 사람들을 만나거나 연설을 하기 전 의자나 큰 소파에 앉아 눈을 감은 채로 20분 정도 휴식을 취한다고 했다.

매디슨 스퀘어 가든에 있는 탈의실에서 진 오트리와 대화를 나눈 적이 있다. 그는 세계 로데오 경기에서 가장 인기 있는 선수였다. 탈의실에는 군용 침대가 놓여 있었다. 진 오트리는 이렇게 말했다. "매일 오후 경기 때마다 중간중간 저기 누워 1시간 정도 잠을 잡니다. 할리우드에서 영화를 촬영할 때면 편안한 의자에 누워 쉬거나 10분 정도 두어 차례 쪽잠을 잡니다. 그럼 활력이 꽤 생기지요."

에디슨은 자기의 대단한 힘과 인내는 자고 싶을 때 언제든 자는 습관 때문에 가능했다고 말했다.

헨리 포드가 80번째 생일을 맞이하기 직전에 그와 대화를 한 적이 있다. 나는 활기차 보이는 그의 모습에 놀라 그에게 비결을 물었다. "앉을 수 있으면 절대 서지 않습니다. 누울 수 있으면 절대 앉지 않지요."

'현대 교육의 아버지'라 불리는 호레이스 만도 나이가 들자 그렇게 했다. 안티오크대학교의 총장이었을 때 그는 학생들과 면담을 하면서도 소파에 누워 있었다.

할리우드 영화감독에게 나는 이런 방법을 시도하라고 권했다. 그는 이 방법이 기적 같은 효과를 주었다고 말했다. 이 이야기 주인공은 잭 처톡이다.

몇 년 전 나를 찾아왔을 때 그는 MGM 단편영화를 담당하고 있었다. 항상 피로에 젖어 있었고 기운이 없던 그는 강장제와 비타민 등 온갖 약들을 다 먹었지만 별 효과는 없었다. 나는 그에게 매일 휴가를 떠나라고 권했다. 어떻게 말인가? 보조 작가들과 사무실에서 회의할 때 몸을 쭉 펴고 휴식을 취하라는 것이다.

2년 뒤에 그가 말했다. "의사들은 제게 기적이 일어났다고 말했습니다. 기획 회의를 할 때면 긴장한 채 늘 굳은 자세로 의자에 앉아 있었습니다. 지금은 회의할 때 사무실 소파에 몸을 쭉 펴고 편한 자세로 있습니다. 지난 20년을 중에 요즘처럼 상쾌한 적은 없습니다. 전보다 하루에 2시간씩 더 일하지만 거의 피곤하지 않습니다."

그러면 여러분에게 이를 어떻게 적용할 수 있을가? 여러분이 속기사라면 에디슨이나 샘 골드윈처럼 사무실에서 낮잠을 잘 수는 없을 것이다. 회계사라면 상사와 회계 보고서에 대한 회의를 하면서 소파에 누울 수는 없을 것이다. 하지만 작은 도시에 살면서 점심을 먹으러 집에 갈 수 있다면 식사하고 10분 정도 잠을 자는 것은 가능하다.

조지 C. 마셜 장군이 바로 그렇게 했다. 그는 전시에 육군을 지휘하느라 전혀 여유가 없었다. 그래서 점심시간에라도 쉬어야겠다고 생각했다. 만일 이미 50세가 넘었고 너무 바빠서 그럴 수도 없다면 가능한 많은 생명보험에 가입하라. 요즘은 죽음이 갑작스럽게 찾아오기 때문이다. 여러분의 배우자가 보험금으로 더 젊은 연인과 살고 싶어 할 수도 있다.

낮잠을 잘 환경이 못 된다면, 저녁 식사를 하기 전에 1시간 정도는 누워 쉬어야 한다. 이는 칵테일 1잔보다도 저렴한 비용이 들지만, 칵테일보다 5,467배나 큰 효과가 있다. 여러분이 5~6시 혹은 7시 전후로 1시간 정도 잠을 잔다면 매일 1시간 정도 활동 시간을 늘릴 수 있게 된다. 저녁 식사 전 1시간을 자고 밤에 6시간을 잔 뒤 합해 7시간을 자는 것이 연속해서 8시간을 자는 것보다 효과적이기 때문이다.

육체를 사용해 일하는 노동자는 휴식을 취할수록 더 많은 양의 일을 할 수 있다. 베들레헴 철강의 기술관리 엔지니어 프레더릭 테일러의 사례를 보다. 그의 회사 노동자들은 1인당 하루에 약 12.5톤의 선철을 화차에 싣는 일을 했다. 정오 정도면 노동자들은 모두 지쳐 있었다. 그는 피로를 부르는 요소들을 분석한 뒤 하루에 1인당 12.5톤

　　　　　　　　　데일 카네기 자기관리론

이 아니라 47톤을 실어야 한다고 생각했다. 그러려면 지금보다 4배 더 일하면서도 지치지 않아야 했다. 그게 가능할까? 그 사실을 어떻게 증명할 수 있을까?

먼저 테일러는 슈미트에게 스톱워치에 맞춰서 일하도록 지시했다. 슈미트 옆에 한 사람이 서서 시계를 바라보며 말했다. "자, 들고 가세요. 잠시 앉아서 쉬세요. 이제 걸어가세요. 조금 쉬세요." 결과는 어땠까? 다른 노동자가 선철을 하루에 1인당 12.5톤을 날랐을 때, 슈미트는 47톤을 날랐다. 프레드릭 테일러는 베들레헴 철강에서 일한 3년간 계속 이 속도로 일했다.

지치기 전에 휴식을 취했기 때문에 가능한 일이다. 그는 1시간에 약 26분가량 일한 뒤 34분간 휴식을 취했다. 일하는 시간보다 휴식 시간이 많았지만, 그의 작업량은 다른 사람의 4배나 되었다. 과연 근거 없는 소문일까? 아니다. 프레더릭 테일러의 책 『과학적 관리 방법』에서 확인할 수 있다.

다시 한번 말한다. 군대에서 하듯 휴식을 취하라. 피곤이 찾아오기 전에 휴식을 취하라. 그렇게 하면 활동 시간이 매일 1시간씩은 늘어날 것이다.

피곤이 찾아오는 이유와 대처 방안

What Makes You Tired-and What You Can Do About It

중요한 사실 한 가지를 알려 주겠다. 사람은 정신노동만으로는 피곤해지지 않는다. 이상한 말처럼 들릴 수도 있겠다. 몇 년 전 과학자들은 한 가지 실험을 했다. 인간의 두뇌가 작업 능력을 감소하지 않으면서 얼마나 오랫동안 일할 수 있는지를 알아보는 것이었다. 그 결과 과학자들은 깜짝 놀랐다. 활동하고 있는 뇌를 통과하는 혈액은 전혀 피로 증상을 보이지 않았다. 막노동자의 혈관에서 혈액을 채취해 관찰하면, 피로 독소와 피로 물질이 가득 들어 있을 것이다. 하지만 두뇌를 쓰는 알베르트 아인슈타인의 뇌에서 혈액을 채취한다면 저녁이 되어도 피로 독소는 찾아볼 수 없을 것이 분명하다.

데일 카네기 자기관리론

뇌는 오랜 시간을 활동한 후에도 늘 빠르고 원활하게 움직일 수 있다. 그렇다. 뇌는 전혀 피로해지지 않는다. 그렇다면 우리를 피로하게 만드는 것은 무엇일까?

정신병리학자들은 피로가 대부분 정신적, 감정적 태도에서 비롯한다고 말한다. 영국의 위대한 정신병리학자 J. A. 해드필드는 『힘의 심리학』에서 이렇게 말한다. "인간을 괴롭히는 피로는 거의 정신적인 이유로 발생한다. 육체가 힘들다는 이유로 피로해지는 경우는 거의 없다."

A. A. 브릴 박사는 더 극단으로 말했다. "건강한 사무직 노동자가 피로해지는 건 100% 심리적 문제 때문이다. 곧 감정적 요인을 뜻한다."

그러면 어떤 감정적 요인이 사무직 노동자, 책상에 앉아 일하는 노동자를 피곤하게 하는 것일까? 즐거움, 만족감? 결코 아니다! 따분함, 원한, 인정받지 못한다는 생각, 허무함, 부족한 시간, 불안함, 걱정……. 이런 것들이 사무직 노동자를 피곤하게 하고 병에 걸리게 하며 일의 능률을 저하하고 신경성 두통을 유발해 서둘러 집으로 향하게 한다. 그렇다. 인간이 피로해지는 건 부정적인 감정이 육체에 신경성 긴장 상태를 일으키기 때문이다.

메트로폴리탄 생명보험은 피로와 관련된 안내문에서 이렇게 설명한다. "극심한 노동 자체로 생기는 피로는 충분히 자고 휴식하면 거의 사라진다. 걱정, 긴장, 감정의 동요가 피로를 발생시키는 3대 요인이다. 육체적이나 정신적 활동이 원인인 것처럼 보여도 실제 원인은 대부분 이렇다. 긴장된 근육은 일하는 근육이다. 그러니 이완시켜라! 중요한 임무를 수행하기 위해 힘을 비축하라!"

지금 그대로 스스로를 점검해 보라. 이 부분을 읽으면서 인상을 찌푸리고 있지는 않은가? 두 눈을 긴장하고 있지는 않은가? 의자에 편히 앉아 있는가?

혹시 어깨를 구부리고 있거나 얼굴 근육이 긴장되지는 않았는가? 온몸 구석구석이 낡은 헝겊 인형처럼 흐느적거리지 않는다면 신경과 근육이 긴장된 상태다. 그렇게 신경성 긴장과 피로를 만들고 있다.

정신노동을 하면서 왜 이런 불필요한 긴장을 하고 있을까? 조슬린은 이렇게 이야기했다. "사람들은 대부분 스스로 노력하고 있다는 기분을 느껴야 열심히 일하고 있다는 생각을 한다. 그렇지 않으면 제대로 일하고 있지 않다고 믿는다." 그래서 무언가에 집중할 때 인상을 찌푸리고 어깨를 구부리게 된다. 그렇게 근육에 노력의 표시를 드러내려고 한다. 전혀 뇌의 활동에 도움이 되지 않는 것인데도 말이다.

놀랍고도 비극적인 진실이 있다. 돈이라면 조금도 낭비하지 않으려하는 이들이 자신의 에너지만큼은 '싱가포르 항구에서 술 취해 비틀대는 7명의 선원들'처럼 분별없이 낭비하고 있다.

이러한 신경성 피로는 어떻게 해결해야 할까? 단순하다. 그저 휴식을 취하라! 일하면서도 휴식을 취하는 법을 배워야 한다. 쉬워 보이지만, 결코 그렇지 않다. 평생 습관을 바꿔야 할지도 모른다. 하지만 그럴 만한 가치가 있다. 인생을 혁명적으로 변화시킬 것이기 때문이다. 윌리엄 제임스는 '휴식의 복음'이라는 글에서 이렇게 이야기했다. "극도의 긴장감 또는 갑작스러운 변덕, 숨 가쁨, 격함, 고통을 표현하는 건 그냥 나쁜 습관이다." 긴장은 습관에 불과하다. 휴식도 그렇다. 나쁜 습관을 버리고 좋은 습관을 갖는 것은 불가능하지 않다.

평소에 어떻게 휴식을 취하고 있는가? 정신의 휴식이 우선인가, 신경의 휴식이 우선인가? 우리는 늘 근육의 휴식부터 먼저 취하고 있다.

데일 카네기 자기관리론

한번 따라해 보자. 눈부터 해 보는 거다. 이 문단을 다 읽고 마지막 부분이 되면 뒤로 길게 누워 눈을 감은 뒤 눈을 향해 조용히 말해 보라. "긴장을 풀어라. 인상을 펴라." 이 말을 1분 동안 아주 천천히 반복하라.

눈의 근육이 그 말을 듣고 있음을 느낄 수 있는가? 무언가가 긴장을 없애 주고 있는 것을 느낄 수 있겠는가? 믿기 힘들겠지만 1분 사이에 휴식의 기술, 그 모든 비법과 비밀을 체험했다. 턱, 얼굴 근육, 목, 어깨, 몸 전체에 대해서도 똑같이 할 수 있다. 그리고 그중 가장 중요한 기관은 눈이다.

에드먼드 제이콥슨 박사는 만약 긴장된 눈 근육을 완전히 풀 수 있다면 문제를 모두 잊을 수 있다는 말까지 했다. 신체가 소모하는 신경에너지의 4분의 1을 눈이 소모하기 때문이다. 시력에 전혀 문제가 없는 사람도 '눈의 피로'를 호소하는 이유도 이 때문이다. 눈을 긴장시키고 있는 것이다.

소설가 비키 바움은 어릴 때 만났던 한 노인에게서 가장 중요한 교훈을 얻었다고 한다. 그녀는 넘어지면서 무릎이 긁히고 손목을 다쳤다. 서커스단에서 광대 역할을 맡았던 노인이 그녀를 일으켜 주었다. 그는 그녀의 옷에 붙은 흙먼지들을 털어주며 이렇게 말했다. "몸에서 힘을 뺄 줄 몰라서 다친 거야. 낡아서 헐렁한 양말처럼 부드러워야 한단다. 내가 가르쳐 줄 테니 따라오너라." 노인은 비키 바움과 다른 아이들에게 잘 넘어지는 방법과 앞구르기, 뒤구르기를 가르쳐주었다. 그러면서 늘 이렇게 강조했다. "스스로를 낡아서 헐렁한 양말이라고 생각해라. 그러면 힘을 뺄 수 있단다!"

우리는 언제 어디서라도 휴식을 취할 수 있다. 하지만 휴식을 하려고 애써 노력하는 건 오히려 문제다. 휴식은 곧 모든 긴장과 노력이 없는 상태다. 편안함과 휴식을 생각하라. 우선 눈과 얼굴 근육을 쉬게 한다고 생각하며 이 말을 반복해 보라. "지금부터 긴장을 풀어라." 그리고 얼굴 근육에서부터 몸 중심으로 에너지가 흐르는 것을 느껴보라. 갓난아이처럼 아무 긴장도 하지 않는다고 생각하라.

위대한 소프라노 갈리쿠르치도 그렇게 했다. 헬렌 젭슨은 갈리쿠르치가 공연 전에 모든 근육이 긴장을 풀고 아래턱에서 힘을 빼 입이 벌어지게 한 뒤 의자에 앉아 있는 모습을 자주 보았다고 한다. 이는 좋은 습관이다. 그녀는 그런 방법으로 긴장을 무대에 오르기 전에 예방할 수 있었다. 피로 또한 예방해 주었다. 여기 휴식을 취하는 데 도움이 되는 5가지 제안이 있다.

1. 이 주제와 관련해서는 꽤 권위가 있는 데이비드 해럴드 핑크 박사의 책 『신경 긴장에서 해방되는 법』을 읽어 보라.

2. 틈틈이 휴식을 취하라. 몸을 낡은 양말처럼 부드럽게 만들어라. 나는 일할 때 얼마나 부드러워야 하는지 생각을 떠올리기 위해 낡은 밤색 양말을 책상 위에 가져다 놓는다. 양말이 없으면 고양이도 괜찮다. 볕이 잘 드는 곳에서 잠들어 있는 고양이를 안아본 적이 있는가? 그럴 때 고양이의 양 끝은 젖은 신문지처럼 축 늘어져 있다. 인도의 요가 수행자들도 이완하는 법을 배우려면 고양이를 연구하라고 한다. 나는 지금껏 피로한 고양이나 신경 쇠약에 걸린 고양이, 혹은 불면증, 걱정, 위궤양에 시달리는 고양이를 보지 못했다. 만약 고양이처럼 이완하는 법을 배운다면 앞서 말했던 불행을 막을 수 있을 것이다.

3. 편안한 자세를 하고 일하라. 몸의 긴장은 어깨를 결리게 하고 신

데일 카네기 자기관리론

경의 피로를 유발한다는 사실을 기억하라.

4. 하루 4~5번 스스로를 돌아보며 물어보라. '실제보다 일을 더 힘들게 만들고 있지는 않은가? 하는 일과 전혀 관련이 없는 근육을 쓰고 있지는 않은가?' 이는 휴식을 취하는 습관을 기르는 데 도움이 될 것이다. 데이비드 헤럴드 핑크 박사의 말처럼 "심리학에 능통한 사람들은 분명 이런 습관을 지니고 있다."

5. 하루 일을 마친 뒤 스스로에게 물어보라. '나는 지금 정확히 어느 정도로 피곤한가? 만약 피곤하다면 내가 한 정신노동이 아니라 그 일을 했던 방식 때문에 피곤한 것이다. 대니얼 W. 조슬린은 이렇게 말했다. "하루 일과를 마치고 나서, 그날 어떤 성과를 얻었는지 평가한다. 그리고 일을 끝내고 나서 얼마나 덜 피곤한지가 성공을 평가하는 기준이다. 모든 일을 마무리했을 때 특별히 피곤하다거나 짜증이 나면서 신경이 피로해지면, 나는 그날은 질적으로나 양적으로도 비효율적이었다고 확신한다." 미국의 비즈니스맨들이 이러한 교훈을 얻는다면 '고혈압'으로 인한 사망률은 금세 줄어들 것이다. 또 피로나 걱정에 시달린 사람들이 정신 요양소나 정신병원을 가득 채우는 일도 없어질 것이다.

3

주부들이 피곤함에서 벗어나 젊음을 유지하는 법

How The Housewife Can Avoid Fatigue-and
Keep Looking Young

지난 가을에 내 동료가 보스턴으로 갔다. 정말 보기 드문 의학 강좌에 참여하기 위해서다. 의학 장좌라 말하면 조금 이상할지 모르지만, 아무튼 틀린 말은 아니다. 일주일에 한 차례, 보스턴의 진료소에서 모임이 열리는데, 참여자들은 입장하기 전 검진을 철저하게 받는다. 이 강좌는 사실 심리 치료 강좌다. 공식적인 이름은 응용 심리학 강좌이지만, 사실 진짜 목적은 걱정 때문에 병에 걸린 사람들을 치료하는 것이다. 여기 참여하는 환자 대부분은 감정에 문제가 있는 주부들이다.

이 강좌의 시작은 이렇다. 1930년 조셉 H. 프래트 박사는(윌리엄 오슬러 경의 제자) 보스턴 진료소를 찾는 많은 환자들이 몸에는 전혀 이상이 없다는 것을 알게 됐다. 하지만 그들은 온갖 신체적인 증상을 보였다. 한 여성은 심각한 관절염 때문에 손을 전혀 쓰지 못했다. 다른 여성은 위암 같은 증세를 보이며 고통을 호소했다.

이 외에도 수많은 여성들이 요통이나 두통, 혹은 만성피로나 병명을 알 수 없는 고통과 통증으로 고통받고 있었다. 그들은 실제로 이런 고통을 겪었다. 하지만 아무리 정밀 검진을 해도 육체적인 질병이 발견되지 않았다. 예전에 의사들은 이런 고통의 원인이 상상이나 마음의 병이라고 말했다.

프래트 박사는 그들에게 "집으로 돌아가 잊으라."고 말하는 게 전혀 효과가 없다는 걸 알았다. 그녀들 대부분은 고통스러워하고 싶지 않았다. 만약 고통을 잊는 게 쉬운 일이라면 스스로가 그렇게 했을 것이다. 그렇다면 어떻게 해야 하는가?

그래서 그는 의학적 효과에 의심을 한 사람들의 반대가 있었음에도 이 강좌를 열었다. 그리고 강좌를 통해 기적 같은 일이 벌어졌다. 18년 동안 그 강좌에 참석했던 환자 수천 명이 치유된 것이다. 환자 중 몇 사람은 수년째 교회를 다니듯 종교에 참여하는 자세로 지속해서 강좌를 들었다. 내 조교가 9년간 그 모임에 거의 모두 참석한 여성과 대화를 나눈 적이 있다. 그 모임에 처음 참석했을 때 그녀는 자신이 유주신(遊走腎)이라는 병과 몇 종류의 심장질환이 있다고 확신했다. 그녀는 얼마나 걱정하고 긴장을 했는지 간혹 눈앞이 캄캄해지면서 시력을 잃기도 했다.

지금 그녀는 자신감도 얻었고 즐겁게 생활하며 아주 건강하다. 그녀는 일견 40세 정도로 보인다. 하지만 그녀의 무릎에 손자가 자고 있다. 그녀가 말했다. "가족 문제로 걱정이 정말 많았어요. 그래서 정말 죽고 싶다는 생각을 많이 했지요. 하지만 이 모임에 참석하면서부터, 걱정을 한다고 달라질 게 없다는 사실을 깨달았습니다. 걱정하지 않는 법을 배우게 됐고, 제 삶은 평온해졌지요."

강좌에서 의학 고문을 맡은 로즈 힐퍼딩 박사는 걱정을 줄이는 가장 좋은 방법으 일러줬다. 바로 신뢰할 수 있는 사람에게 걱정되는 문제를 털어놓는 것이다. 덧붙여 이렇게 말했다. "이것을 카타르시스라고 부르지요."

"환자들은 이곳에서 문제를 속 시원하게 모조리 털어 놓습니다. 혼자서 걱정하면서 누구에게도 털어 놓지 않는 것은 심각한 신경 긴장을 유발하지요. 그러니 자신의 문제를 공유할 줄 알아야 합니다. 걱정을 공유해야만 합니다. 내 이야기를 들어주고 이해해 줄 사람이 이 세상에 존재한다고 느껴야 합니다."

내 조교는 한 여성이 자신의 걱정을 털어 놓는 것으로 얼마나 크게 위안받았는지 직접 목격했다. 그녀는 가정사에 고민이 있었는데 처음 이야기를 시작했을 때 마치 팽팽한 용수철 같았다. 하지만 점차 이야기를 하면서 누그러지기 시작했다. 실제로 상담이 끝날 무렵에는 웃고 있었다. 그녀의 문제가 해결된 것일까? 아니다. 문제는 그렇게 쉽지 않았다. 그녀에게 일어난 변화는 누군가에게 자신의 문제를 고백하고 약간의 조언과 인간적 관심을 얻었다는 그 자체였다. 실제로 변화를 불러온 건 말 속에 잠재된 엄청난 치유력이었다.

'심리 분석'이란 결국 말의 치유력을 전제로 진행된다. 프로이트 이후 분석 전문의들은 환자가 이야기라도 할 수 있다면 내면의 불안을 해소할 수 있다는 사실을 알고 있었다. 어떻게 그게 가능할일까?

데일 카네기 자기관리론

말로 표현하면서 문제에 대해 좀 더 깊이 있는 통찰력이 생기고 더 잘 이해할 수 있게 되기 때문인지도 모른다. 이 문제와 관련해 명쾌한 해답을 제시한 사람은 없다. 하지만 '가슴에 쌓인 것을 내뱉거나 속 시원히 털어 놓는 것'이 큰 위안이 된다는 사실을 알고 있다.

그러므로 앞으로 감정적인 문제가 생긴다면 누군가에게 털어 놓는 것은 어떨까? 이 말은 눈에 띄는 사람마다 붙들고 불평을 늘어 놓으면서 성가신 존재가 되라는 말은 결코 아니다. 신뢰할 수 있는 사람을 선택해 약속해야 한다. 친척일 수도 의사나 변호사, 목사, 신부일 수도 있다.

그 사람에게 이렇게 말하라. "당신의 조언을 듣고 싶습니다. 제게 문제가 생겼는데 그 이야기를 잘 들어주셨으면 좋겠습니다. 당신이라면 제게 조언을 해 주실 수 있을 거라고 생각합니다. 이 문제를 저와 다른 시각으로 보실 수 있을 테니까요. 만약 조언해 주지 못한다고 하더라도 그저 이야기를 들어주시는 것만으로도 큰 도움이 될 것입니다."

만약 속마음을 털어 놓을 사람을 찾지 못하겠다면 '생명의 전화'를 추천하고 싶다. 이곳은 보스턴 진료소와는 무관하다. '생명의 전화'는 아주 특이한 조직이다. 처음에 자살을 예방하기 위해 만들어진 조직이었다.

그러나 세월이 흐르면서 이 조직은 삶이 불행하거나 감정적으로 도움이 필요한 사람들을 위해 상담을 하는 일까지 영역을 확장해 갔다. 한동안 나는 생명의 전화의 상담원 로나 B. 보넬과 연락을 했다.

또한 이 책을 읽은 분들이 그녀에게 편지를 보낸다면 답장을 해주겠다고 내게 말했다. 만약 뉴욕 5번가 505번지에 있는 생명의 전화로 편지를 보낸다면 그 편지 내용과 고민은 모두 비밀로 유지될 것이다. 개인적으로 교류할 수 있는 사람에게 털어 놓는 것이 더 큰 위안이 되겠지만, 그럴 수 없다면 여기 편지를 보내도 좋다.

다른 이에게 문제를 털어 놓는 것은 보스턴 진료소의 주요 처방이 됐다. 그리고 더해 여기에 몇 가지 아이디어가 있다.

1. '정신적인' 독서를 기록할 수 있는 공책이나 스크랩북을 준비하라.

가슴에 와닿는 시, 기도문, 글귀를 거기에 붙일 수 있다. 그러면 비 내리는 어느 날 오후, 그 책에서 처방을 찾을 수도 있다. 보스턴 진료소를 찾는 환자들은 오랜 기간 이 노트를 사용하고 있다. 이들은 노트가 정신적 '활력소'가 된다고 말한다.

2. 다른 이의 단점을 깊게 생각하지 마라.

단점은 누구나 있다. 당신의 배우자에게도 단점이 있을 것이다. 그리고 배우자가 성인(聖人)이라면 아마 여러분과 결혼하지 않았지 모른다. 그 강좌에 참석한 한 여성은 스스로 점점 잔소리만 하고 야단을 치는 심술궂은 아내가 되는 것 같다고 느끼고 있었다. 하지만 이런 질문을 받은 뒤 곧바로 그 모습을 버렸다. "남편이 죽는다면 어떻게 하시겠습니까?" 너무 놀란 그녀는 그 자리에서 남편의 장점에을 하나씩 적기 시작했다. 그렇게 꽤 많은 장점을 적었다.

만약 좋지 않은 사람과 결혼했다는 생각이 든다면 이렇게 해보면 어떻겠는가? 남편의 장점을 써서 읽고 나면 그야말로 만나고 싶어 했던 사람이라고 느낄지 모른다.

3. 이웃에 대해 관심을 가져라. 그들에게 호의를 표하며 건강한 관

데일 카네기 자기관리론

심을 가져라. 자신이 너무 배타적인 성격이라 친구가 없다고 고민하던 한 여성은 그녀가 만나는 사람들에 대한 이야기를 지어내서 써 보라는 조언을 받았다. 그녀는 전차에서 본 사람들의 삶의 배경과 상황을 지어내기 시작했다. 그렇게 그들의 인생에 대해 생각해 보기 시작한 것이다. 그 후 사람들에게 말을 거는 일을 계속했고, 자신의 고통에서 벗어나 쾌활하고 매력적인 사람이 됐다.

4. 잠들기 전에 내일 계획을 세워라.

주부 대부분은 매일 반복되는 가사 노동과 허드렛일로 항상 바쁘다. 일은 도무지 끝날 기미가 보이지 않고, 그들은 늘 시간에 쫓기며 살았다. 이렇듯 시간에 쫓기는 느낌, 거기서 비롯된 걱정을 씻어내기 위해 전날 저녁에 계획을 세우라고 제안한 것이다. 결과는 어떻게 됐을까? 더 많은 일을 할 수 있었고 피로함도 훨씬 줄어들었다. 자부심과 성취감도 얻었다. 휴식하고 치장할 여유도 생겼다. (일하는 도중에도 틈틈이 멋을 부리고 아름답게 꾸밀 시간은 중요하다. 나는 스스로 아름답다고 생각하는 여성은 '신경과민'에 걸릴 가능성이 거의 없을 거라고 생각한다.)

5. 긴장과 피로함을 피하라. 휴식을 취하라!

긴장과 피로만큼 사람을 빨리 늙게 하는 것은 없다. 그건 심각하게 생기발랄함을 잃게 하고, 외모를 망가뜨릴 것이다. 내 조교는 폴 E. 존슨 박사가 진행하는 강좌를 1시간 정도 참석했다. 이 장에서 살펴본 휴식의 원칙을 실제로 적용해 보는 강좌였다. 함께 훈련을 받던 조교는 휴식을 취하는 훈련을 10분 정도 하자 의자에 앉은 채로 잠에 들었다. 훈련 과정에서 육체적인 이완을 강조하는 이유는 무엇일까? 이 모임의 사람들은 다른 의사들과 마찬가지로 괴물 같은 걱정을 없애기 위해서는 먼저 몸의 긴장을 풀어야 한다는 사실을 안다.

주부들은 휴식이 필요하다. 주부의 상황에서 큰 장점은 바로 원할 때 언제든 누울 수 있다는 것이다. 거실 바닥에 말이다. 이상하게 들릴 수 있겠지만, 적당히 딱딱한 바닥이 푹신한 침대보다 휴식을 취하기에는 더 좋다. 바닥은 척추를 단단하게 받쳐주기 때문이다.

자, 이제 집에서 할 수 있는 몇 가지 방법을 알려 주겠다. 일주일 정도 시험해 본 뒤 여러분의 외모와 성격에 어떤 영향을 주었는지 살펴보라.

1) 피곤하다고 느끼면 언제든 바닥에 똑바로 누워라. 최대한 몸을 쭉 펴는 게 좋다. 구르고 싶으면 굴러라. 이 행동을 하루에 2번 하라.

2) 눈을 감아라. 존슨 박사의 권유대로 이렇게 말할 수도 있다. "머리 위에 해가 비치고 하늘은 파랗게 반짝인다. 자연은 온 세상을 고요히 감싸고 있다. 나는 자연의 아이로서 온 우주와 교감하고 있다." 이런 방식이 싫다면 기도를 해라. 기도가 더 나은 방법이기는 하다.

3) 오븐에 고기를 넣어두었거나 시간이 없어서 누울 수 없다면 의자에 앉는 것만으로도 비슷한 효과를 낼 수 있다. 딱딱하고 똑바로 앉을 수 있는 의자가 좋다. 이집트 동상처럼 똑바로 앉아라. 손바닥을 아래로 향한 뒤 허벅지 위에 두어라.

4) 발가락에 천천히 힘을 준 뒤 다시 힘을 빼라. 다리의 근육 부분에 힘을 준 뒤 힘을 빼라. 이런 방식으로 온몸에 힘을 줬다가 빼는 일을 반복하라. 또 축구공을 굴리듯 머리를 세게 굴려라. 근육을 향해 계속 이렇게 말하라. "풀어라, 풀어라."

5) 지속적으로 느리게 숨을 쉬며 신경을 가라앉혀라. 몸의 아래쪽에서부터 숨을 쉬어라. 인도 요가 수행자들의 말이 옳다. 규칙

적인 호흡은 지금껏 발견된 어떤 방법보다 신경을 안정시키는 데 좋다.

6) 얼굴에 있는 주름과 인상에 정신을 집중하고 팽팽하게 펴라. 미간과 입가에 있는 근심 주름을 이완시켜라. 하루에 2번씩 이 행동을 한다면 피부 관리실에서 마사지를 받을 일은 없을 것이다. 곧 주름은 그 흔적도 없이 사라지게 될 것이다.

피로함과 걱정을 예방하는 4가지 작업 습관

Four Good Working Habits That Will Help Prevent
Fatigue And Worry

작업 습관 1. 지금의 작업과 관련 없는 서류를 책상에서 치워라.

롤란드 L. 윌리엄스는 시카고앤노스웨스턴 철도의 사장인데, 그는
이렇게 말했다. "책상 위에 온갖 문제와 관련된 서류가 쌓여 있는 사
람은 지금 일과 관련 없는 서류를 다 치워버려야 한다. 그러면 일을
더 쉽고 명확하게 할 수 있다. 나는 이것을 굿 하우스 키핑이라 부른
다. 일의 효율을 높이는 기본 행동이다."

워싱턴 국회도서관 천장에는 이런 명언이 적혀 있다. 시인 알렉산
더 포프가 쓴 글귀다. "질서는 하늘의 제1법칙이다." 질서는 사업에

서도 제1 법칙이 되어야 한다. 그런데 실상은? 보통 비즈니스맨의 책상은 몇 주 이상 쳐다보지도 않은 서류로 가득 차 있다. 뉴올리언스의 한 신문 출판인은 비서에게 자신의 책상을 정리하라고 부탁한 결과 2년간 찾아 헤매던 타자기를 찾아냈다는 말을 한 적 있다.

회신하지 않은 편지와 보고서, 온갖 메모로 어수선한 책상은 보기만 해도 혼란과 긴장, 걱정이 발생한다. 어쩌면 더 심각한 결과를 불러올 수도 있다. '해야 할 일은 많은데 시간이 없다.'는 생각을 계속하게 되면 필히 걱정이 생긴다. 그리고 이는 고혈압, 심장 질환, 위궤양을 유발한다.

펜실베이니아대학교 의과대학원 교수 존 H. 스토크스 박사는 전국 미국의학협회 모임에서 한 논문을 발표했다. 그 논문의 제목은 '기관 질환의 합병증, 기능성 신경증'이다. 이 논문에서 '환자의 심리 상태로 확인해야 하는 것은 무엇인가.'라는 제목으로 11가지의 상황을 논했다. 그 논문 상위 목록에는 이런 같은 말이 있다. '의무감 또는 책임감. 꼭 해야만 하는 수많은 일들.'

하지만 책상을 정리하거나 어떤 일에 대한 결단을 내리는 기본적인 조치가 어떻게 고혈압이나 의무감 '꼭 해야만 하는 수많은 일들'과 같은 느낌을 받는 걸 막는 데 도움이 될까? 유명한 정신병리학자 윌리엄 L. 새들러 박사는 간단한 방법으로 신경 쇠약을 이겨낸 환자 이야기를 했다. 그 환자는 시카고에 소재한 대기업 임원이었다. 새들러 박사를 찾아왔을 때 그는 심각한 긴장으로 온몸이 굳어 있었고 신경질적이고 걱정이 많았다. 그는 이런 식으로 계속 가다간 상황이 심각해질 것을 자각했지만 일을 그만둘 수는 없었다. 그에게는 도움이 필요했다. 새들러 박사가 말했다.

"그가 자신의 이야기를 하고 있는데, 사무실로 전화가 걸려왔습니다. 병원에서 온 전화였지요. 저는 늘 잠시 내서 바로 결론을 내렸습니다. 가능하면 늘 문제를 직면한 상황에서 모두 해결하려고 합니다. 전화를 끊자마자 벨이 울렸지요. 긴급한 문제였기에 시간을 내 토의를 끝냈습니다.

저를 세 번째로 방해한 건 위독한 환자에 대한 조언을 구하기 위해 저를 찾아온 동료였습니다. 대화를 한 뒤 기다리게 해서 미안하다는 말을 하기 위해 저를 찾아온 사람을 보았습니다. 그는 이미 얼굴이 밝아진 상태였습니다. 예전과는 확연하게 달라져 있었지요."

그는 새들러에게 사과할 필요가 없다고 말하며 덧붙였다. "지금 이 10분간 제가 어떤 잘못을 했는지 알게 됐습니다. 사무실로 돌아가 제가 일하는 습관을 고쳐야겠습니다. 그런데 그전에 선생님 책상 안을 한번 살펴봐도 되겠습니까?"

새들러 박사는 자신의 책상 서랍을 열어 그에게 보여 주었다. 사무용품 몇 개 말고는 아무것도 없었다. 환자가 다시 물었다. "아직 마무리하지 않은 업무 서류는 어디에 보관하십니까?"

"이미 다 끝내서 치웠습니다." 새들러가 다시 물었다.

"답장을 보내지 않은 편지는 어디에 보관하십니까?"

"이미 다 답장을 보냈지요. 저는 항상 편지를 보관하기 전 회신합니다. 그 자리에서 말로 한 뒤 비서에게 적게 하여 회신하도록 부탁하지요."

6주 후 그 임원은 새들러 박사를 자신의 사무실에 초대했다. 그는 완전히 달라져 있었다. 그의 책상도 마찬가지였다. 그는 책상 서랍을 열어 아직 해결하지 않은 일이 없다는 것을 보여 주었다. 임원이 말했다. "6주 전, 저는 두 곳 사무실에 책상 3개가 있었고 해야 할 일은 산더미처럼 쌓여 있었습니다. 일은 계속 끝나지 않았지요. 상담을 끝내고 돌아와서는 여러 보고서들과 오래 묵은 서류들을 모조리 버렸습니다. 이제는 책상을 하나만 이용하고 일이 생기면 그 즉시 처리해서, 끝나지 않은 산더미 같은 일들이 저를 괴롭히거나 긴장 또는 걱정하게 만들지 않습니다. 하지만 제일 놀라운 일은 이제 건강을 회복했다는 겁니다. 제 건강은 이제 전혀 이상이 없습니다."

미국 대법원장 찰스 애번스 휴즈는 이런 말을 했다. "과로한다고 사람들이 쓰러지는 건 아니다. 사람들은 분산된 힘과 걱정 때문에 쓰러진다."

작업 습관 2. 일은 중요한 순서대로 하라.

시티즈 서비스 컴퍼니의 설립자 헨리 L. 도허티는 아무리 많은 급여를 제시한다 해도 찾기 힘든 2가지 능력이 있다고 말했다. 하나는 생각하는 능력이고 다른 하나는 일을 중요한 순서대로 하는 능력이다.

돈이 한 푼도 없는 소년 찰스 럭맨은 12년 만에 펩소던트사의 사장 자리까지 올랐다. 연봉은 10만 달러에 자산은 100만 달러가 넘는다. 그는 자신의 성공 이유를 이렇게 단언했다. 헨리 L. 도허티가 찾기 힘들다고 말한 2가지 능력을 계발했기 때문이라는 것이다. 찰스 럭맨이 말했다. "나는 오래전부터 새벽 5시에 일어났다. 생각이 가장 명확해지는 시간이기 때문이다. 나는 그 시간에 그날 일과를 계획하고 일을 중요한 순서대로 실행할 계획을 세운다."

프랭클린 베트거는 미국에서 가장 성공한 보험 판매원 가운데 한 사람이다. 그는 계획을 세우기 위해 새벽 5시까지 기다리지 않았다. 전날 저녁에 다음 날 팔아야 할 보험 계약과 관련된 목표를 결정하고 계획을 세운다. 목표를 이루지 못하면 다시 다음 날에 추가를 한다.

오랜 경험으로 보아, 나는 중요도에 따라 일을 처리하는 게 쉽지 않다는 것을 알고 있다. 하지만 중요한 일을 먼저 실행할 수 있게 계획을 세우는 게 되는 대로 일하는 것보다는 훨씬 낫다는 사실도 알고 있다.

조지 버나드 쇼가 중요한 일을 먼저 처리한다는 원칙을 철저하게 지키지 않았다면 소설가로서 실패하고 평생 은행원으로 살았을지도 모른다. 그는 매일 5장의 글을 쓰겠다는 계획을 세웠다. 그 계획에 따라 그는 9년간 고통스럽게 하루에 5장씩 글을 썼다. 9년 동안 고작 13달러밖에 벌지 못했으니 하루에 1페니를 벌었던 셈이었다. 로빈슨 크루소 역시 하루의 시간을 쪼개 어떤 일을 할지 계획했다.

좋은 작업 습관 3. 문제가 생겼을 때, 결정에 필요한 사실을 안다면 즉시 문제를 해결하라. 결정을 미루지 마라.

내 강좌를 들은 수강생 중 H. P. 하웰이라는 사람은 US 스틸사의 이사직을 지냈다. 그런데 참석해야 하는 이사회가 계속 길어졌으며 토론도 많이 하지만 결론을 내리지 못할 때가 많았다고 했다. 이사회에 참석한 사람들은 검토 보고서를 한가득 안고 돌아가야 했다.

하웰은 이사회를 설득했다. 1번에 1가지 문제만 토의를 하고 결론을 내리자는 것이었다. 그러자 오랜 시간을 끌었던 문제도, 결론을 미

대일 카네기 자기관리론

루는 일도 사라지게 됐다. 사실을 좀 더 확인해야 하는 일도 있었다. 어떤 일을 해야 하는 경우도, 하지 말아야 하는 경우도 있었다. 하지만 각 의제에 대해서는 다른 의제로 넘어가기 전에 결론을 내렸다. 하웰은 그 결과가 정말로 효과적이라고 내게 말했다. 미해결된 문제가 모조리 사라진 것이다. 달력도 깨끗해졌다. 보고서를 가득 안고 집으로 갈 필요도 없었다. 해결되지 않은 문제로 걱정할 이유도 없었다. 이 방법은 우리를 위해서도 아주 좋은 규칙이다.

좋은 작업 습관 4. 조직하고, 위임하고, 관리하는 방법을 익혀라.

많은 비즈니스맨이 다른 이에게 책임을 맡기는 법을 배우지 못하고 혼자서 모든 일을 해결하기 위해 고생한다. 하지만 그렇게 할수록 세세한 일에 파묻혀 중심을 잡지 못하게 된다. 긴박함, 걱정, 불안, 긴장에 시달릴 것이다. 책임을 위임하는 방법을 배우는 건 쉽지 않다. 나도 안다. 내게도 정말 어려운 일이었다. 적임자가 아닌 이에게 권한을 위임하면 큰 낭패를 볼 수 있다. 하지만 책임자라면 걱정, 긴장, 피로를 예방하기 위해서라도 권한을 위임해야만 한다.

사업을 크게 확장한 사람도 조직하고 위임하고 관리하는 방법을 모른다면 50대나 60대 초반에 심장 질환으로 사망할 수도 있다. 심장 질환은 긴장과 걱정으로 발생한다. 구체적인 사례가 궁금한가? 일간지의 부고란을 살펴보라.

5

피곤함, 걱정, 분노를 일으키는
지루함을 물리치는 방법

How To Banish The Boredom That Produces Fatigue, Worry,
And Resentment

피곤함을 유발하는 주요인은 지루함이다. 우리 이웃에 사는 '앨리스'라는 평범한 사람을 살펴보자. 어느 날 앨리스는 몹시 지쳐서 집에 돌아왔다. 그녀는 피곤해 보였고 실제로도 그랬다. 두통과 요통이 계속 괴롭혔다. 너무 피곤해서 저녁도 먹지 않고 침대에 누워 자고 싶었다. 어머니가 설득한 덕에 겨우 식탁 앞에 앉았는데, 전화벨이 울렸다. 남자친구의 전화였는데, 그는 춤을 추로 가자고 했다. 그 말에 그녀의 눈이 빛났다. 기분이 하늘로 날아갈 것만 같았다. 그녀는 방으로 재빨리 달려가 하늘빛 스커트를 입고 집을 나왔다. 새벽 3시까지 춤을 췄다. 집에 돌아올 때까지 그녀는 지친 기색이 없었고, 오히려

　　　　　　　　　　　　데일 카네기 자기관리론

기분이 좋아 잠을 못 이룰 정도였다.

8시간 전 그녀는 정말 지쳐 있을까? 물론 그녀는 정말로 지쳐 있었다. 일이 너무 지루하고 인생이 무료해서 지쳐 있었다. 세상에는 앨리스와 같은 이들이 너무 많다. 어쩌면 여러분도 그중 하나일지도 모른다.

사람을 피곤하게 만드는 데에 육체적 피로보다 감정적인 태도가 훨씬 크게 작용한다. 몇 년 전 조셉 E. 바맥 박사는『심리학논집』에서 지루함이 어떻게 피로를 만드는지에 관한 실험 보고서를 다루었다. 바맥 박사는 의도적으로 지루하게 만든 시험에 학생들을 참여하도록 했다. 학생들은 매우 피곤하고 졸린다는 반응을 보였고 머리와 눈의 통증을 호소했다. 속이 불편하다는 학생들도 있었다. 다 상상이었을까? 아니다. 학생들의 상태를 결과 지루함을 느낄 때는 혈압이 낮아지고 산소 소모량이 줄어들었다는 사실을 알 수 있었다. 반면 일에 즐거움을 느낄 때면 신진대사가 즉시 활발해졌다.

사람은 흥미롭고 재미있는 일을 할 때는 지칠 줄 모른다. 나는 얼마 전 캐나다 로키산맥의 루이즈 호숫가로 휴가를 다녀왔다. 코랄크리크강에서 송어를 잡으며 며칠을 보냈다. 내 키보다 더 높은 덤불을 헤치며 통나무에 걸려 넘어지기도 했고, [쓰러져 있는 고목을 타고 넘기도 했지만 8시간이나 많은 것들을 했는데도 전혀 힘들지 않았다. 왜 그랬을까? 너무 재미있고 흥분되었기 때문이다. 송어를 6마리나 잡아서 너무 뿌듯했다. 낚시가 지루했다면 어땠을까? 해발 2,000m가 넘는 고지대에서 격렬하게 움직였으니 분명 지쳐 쓰러졌을 것이다.

등산처럼 힘겨운 활동에서도 지루함이 더욱 피로를 가져다준다.

미니애폴리스 농공 저축은행의 은행장인 S. H. 킹맨은 내게 이런 이야기를 들려주었다. 1943년 7월 캐나다 정부는 캐나다산악인 클럽에 왕실 친위대 소속 군인들의 등산 훈련을 해 줄 안내원을 요청했다. 킹맨 씨 역시 군인들을 훈련하기 위한 안내원으로 선발되었다.

그는 내게 42~49살 정도 되는 안내원들이 어떻게 젊은 병사를 인솔해 도보로 기나긴 빙하와 설원을 건넜는지, 또 로프와 발을 겨우 대디딜 수 있을 만큼 작은 곳과 위험한 손잡이에 의지하며 어떻게 10여m나 되는 가파른 절벽을 오를 수 있는지를 말했다. 그들은 마이클스봉(峰), 바이스프레지던트봉, 캐나디안로키산맥 리틀요호계곡의 봉우리들을 순차적으로 올랐다. 15시간을 등반하자 젊은 병사들은 거의 탈진할 지경에 이르렀다.

특공 훈련에서 단련하지 못한 근육을 사용했기 때문에 지친 것일까? 특공 훈련을 받아본 사람이라면 이런 질문에 비웃음을 던질 것이다. 그들은 산악 등반이 너무 지루했기 때문에 지친 것이다. 병사중에는 너무 피곤해서 식사도 하지 않고 잠에 든 이들이 있었다. 이병사들보다 나이가 2~3배가량 많은 안내원들은 지쳤을까? 물론 그랬지만 탈진할 정도는 아니었다. 저녁 식사를 한 후에도 안내원들은 몇 시간 동안 자지 않고 그날 일에 관한 이야기를 나누었다. 그들은 재미를 느꼈다.

컬럼비아대학교 에드워드 손다이크 박사는 피로에 대한 실험을 했다. 그는 젊은 사람들에게 흥미 있는 것들을 제공해서 그들이 1주일씩 동안 잠을 자지 않게 했다. 많은 연구를 거듭한 끝에 손다이크 박사는 이렇게 말했다고 한다. "작업 능률을 떨어뜨리는 단 하나의 원인은 곧 지루함이다."

데일 카네기 자기관리론

정신노동자라면 하고 있는 작업량 때문에 피곤하지는 않을 것이다. 아마도 하지 않은 작업량 때문에 피곤해질 확률이 높다. 예를 들어, 지난주 끊임없이 방해받은 날이 있을지 모른다. 편지에 답장도 못하고 약속은 취소되고 여러 문제들이 생겼다. 모든 게 엉망인 날이었다. 아무것도 제대로 한 게 없는데 집에 갈 때쯤엔 완전히 탈진해 버렸다. 머리는 깨질 듯 아팠다.

하지만 다음 날은 모든 일이 잘 풀렸다. 전날보다 40배나 많은 일을 했는데도 눈처럼 새하얀 치자나무처럼 활력 있게 집으로 돌아왔다. 분명 그런 경험을 해 보았을 것이다. 나 역시 그렇다.

여기서 얻을 수 있는 교훈은 무엇일까? 우리는 일 때문이 아니라 걱정, 좌절, 원망으로 해지는 것이다.

이 장을 쓰면서 나는 제롬 컨의 코미디 뮤지컬 〈쇼 보트〉를 관람했다. 코튼블라섬호 선장 캡틴 앤디는 독백으로 이렇게 말했다. '즐거운 일을 할 수 있는 사람이야말로 운이 좋은 사람들이지.' 정말 운이 좋은 사람들이다. 활기차고 행복하게 일하면서도 걱정이 적기 때문이다. 흥미를 갖는 곳에 에너지가 있다. 잔소리만 하는 배우자와 10블록을 걷는 것이 사랑하는 연인과 1마일을 걷는 것보다 더 힘겨울 수 있다.

그럼 대체 어떻게 해야 한다는 것인가? 한 속기사가 사용한 방법을 참고해 보자. 그녀는 오클라호마주 털사의 한 석유회사에서 근무하는데, 매달 사나흘씩 생각만 해도 지루한 일을 하고 있었다. 인쇄된 석유 리스용 약식에 숫자와 통계표를 적는 일이다. 그 일은 너무 지루해서 그녀는 스스로 그 일을 재미있게 만들고 싶다고 생각했다. 매일 스스로와 싸웠다. 아침에 완성한 양식의 수를 세고, 오후에는 더 많은 양을 하기 위해 노력했다. 그녀는 부서의 누구보다 많은 양식을 금세 완성했다. 그렇다면 그녀는 어떤 이득을 얻었을까? 칭찬? 감사? 승진? 급여 인상? 모두 아니다. 지루함 때문에 생기는 피로를 예방할 수 있었다. 그건 그녀에게 정신적 자극을 줬다. 지루한 일을 재미있게 하려고 노력했기에 그녀는 더욱 기운이 나고 열정이 솟았으며 쉬는 시간에 더 큰 행복을 느낄 수 있었다. 이 이야기가 사실임을 나는 누구보다 확실히 알고 있다. 이 이야기 주인공이 내 아내이기 때문이다.

자신의 일을 재미있다고 생각했기 때문에 결과적으로 좋은 일이 생겼던 다른 속기사의 이야기도 들려주겠다. 그녀는 마치 투쟁을 하듯이 일했다. 그 말이 정말 딱 어울린다. 그녀의 이름은 밸리 G. 골든으로, 일리노이주 엘머스트 사우스케닐워스가 473번지에 살고 있다. 그녀의 이야기를 들어 보자.

"저희 부서에는 속기사가 4명 있었습니다. 각자 몇 사람씩 맡아 편지를 썼지요. 가끔 정신이 없을 만큼 일이 많을 때가 있는데 어느 날 부팀장이 제가 작성한 긴 편지를 다시 쓰라고 지시하는 바람에 화가 났죠. 저는 다시 타이핑을 하지 않아도 수정할 수 있지 않느냐고 따졌습니다. 부팀장은 다른 사람을 찾아보겠다고 했고, 저는 화가 났습니다. 하지만 그 편지를 다시 타이핑하고 있는데, 기회만 있으면 제 일을 하겠다고 달려들 사람들이 많을 거라는 생각이 문득 들었습니다. 제가 돈을 받는 이유도 이 일을 하기 때문이라는 생각도 했습니다. 그러니 마음이 편해지기 시작했습니다. 그렇게 제가 지금 하는 일을 즐기고 있다고 생각해 보기로 마음먹었습니다. 실제로는 경멸하고 있었지만요. 그렇게 하자 중요한 사실을 발견하게 되었습니다. 즐긴다는 생각으로 일을 하면 정말로 즐겁게 할 수 있다는 사실을 말입니다. 그리고 그렇게 즐기면서 하는 일은 더 빨리 할 수 있다는 것도 깨달았습니다. 더 이상 늦게까지 일을 할 필요가 없게 됐죠. 이렇게 마음이 변한 덕분에 저는 유능한 사원이라는 평판도 얻었습니다. 그러던 어느 날 부장님 한 분이 개인 비서가 필요하다고 했고, 제게 비서로 일할 생각이 없느냐는 제안을 했습니다. 제가 많은 일들을 해내면서도 짜증내지 않고 흔쾌히 잘한다는 이유 때문이었지요. 마음가짐을 다르게 하는 것은 정말 큰 힘이 생긴다는 사실은 제게 대단히 중요한 발견이었습니다. 기적 같은 일이었지요."

이는 한스 파이잉거 교수의 지침, '마치 ~처럼'을 활용하는 방식과 매우 흡사하다. 그는 '마치 행복한 것처럼', '마치 ~한 것처럼' 행동하라고 가르친다. 만약 우리가 직업에 흥미를 느끼고 있는 것처럼 행동한다면 실제로 흥미가 생길 것이다. 그리고 동시에 피로, 긴장, 걱정도 줄어들 것이다.

몇 년 전 할론 A. 하워드는 자신의 인생 전체를 바꾸는 결단을 했다. 재미없는 일을 재미있게 만들기로 마음먹은 것이다. 그는 정말로 재미없는 일을 하고 있었다. 고등학교에서 아이들이 공놀이를 하거나 웃고 떠들 때, 식당에서 설거지를 하고 판매대를 정리하고 아이스크림을 퍼주는 일이었다.

하워드는 자기 일을 부끄럽게 생각했다. 하지만 일을 그만둘 수 없었기에 아이스크림을 연구했다. 그는 아이스크림을 어떻게 만드는지, 어떤 원료를 사용하는지를 연구했다. 그렇게 아이스크림 관련 화학을 연구한 끝에 화학 수업시간에 척척박사로 불리게 됐다. 그는 이처럼 식품 화학에 관심이 많았고, 결국 매사추세츠주립대학교에 입학하여 '식품 화학'을 전공했다. 그러던 어느 날 뉴욕 코코아거래소에서 100달러의 상금을 걸고 코코아와 초콜릿의 활용 방식에 대한 연구 논문을 공모했다. 대학생이라면 누구나 참여할 수 있었다. 과연 누가 상금을 탔을까? 그렇다. 바로 하워드였다. 그는 매사추세츠주 암허스트 노스플레전트가 750번지에 살고 있었는데, 그곳의 지하실을 그의 개인 실험실로 만들었다.

얼마 뒤 새 법안이 통과됐다. 우유에 든 박테리아의 수를 꼭 확인해야 한다는 것이었다. 할론 A. 하워드는 14군데의 우유 회사를 위해 박테리아의 수를 확인하는 작업을 하게 됐고, 그 일을 위해 조수 2명을 고용했다.

25년 후에 그는 어디에 있게 될까? 지금 식품 화학 분야 사업을 하는 사람들은 아마 그때쯤이면 은퇴를 하거나 세상을 떠났을 것이다. 그리고 그 자리를 끊임없는 도전 정신과 열정을 지닌 젊은 인재들이 채우고 있을 것이다. 할론 A. 하워드가 아이스크림을 건네주던 학생 중 누군가는 일자리를 구하지 못해 정부를 비판하고 자신에게 기회를 주지 않는다고 불평하고 있을지 모른다. 하지만 하워드는 자신의 분야에서 지도자가 되어 있을 것이다. 할론 A. 하워드가 자신의 일을 재미있게 하겠다고 결심하지 않았다면, 이런 기회를 잡을 수 없었을지 모른다.

오래전 공장 선반에서 볼트를 만드는 일을 하면서 따분함을 느낀 젊은이가 있었다. 그의 이름은 샘이다. 그는 일을 그만두고 싶었지만 다른 일자리를 구하지 못할 것같아 걱정했다. 그렇게 지루한 일을 계속해야 했고, 샘은 일을 재미있게 바꿔야겠다고 마음먹었다. 그래서 그는 동료 기계공과 내기 시합을 했다. 한 사람이 기계로 볼트의 거친 면을 다듬으면 다른 사람은 적당한 너비로 가공해야 했다. 그들은

데일 카네기 자기관리론

기계를 바꿔가면서 누가 더 많은 볼트를 만들어 내는지 시합을 했다. 작업반장은 속도와 정확성을 높이 평가하며 그에게 더 나은 일을 맡겼다. 그는 이것으로 승진을 할 수 있었다. 그로부터 30년 후에 샘, 새뮤얼 보클레인은 볼드윈 로코모티브 웍스의 사장이 됐다. 만약 그가 재미없는 일을 재미있게 하겠다는 결심을 하지 않았다면 평생 기계공으로 살아야 했을지도 모른다.

라디오 뉴스 해설가 H.V. 칼텐본도 한 이야기를 들려주었다. 그는 22살 때, 가축 수송선을 타고 가축들에게 사료와 물을 주며 대서양을 건넜다. 영국에서 자전거 여행을 한 뒤 파리에 도착했을 때는 먹을 음식도 없고 돈도 한 푼 없었다. 그는 카메라를 맡기고 대신 받은 5달러를 들고 〈뉴욕 헤럴드〉 파리판에 구직 광고를 했다. 그렇게 그는 쌍안 사진경을 판매하는 일을 하게 되었다. 40살이 넘은 사람이라면 누구나 같은 사진 2장을 놓고 보던 구식 입체경이 무엇인지 알 것이다. 그것을 통해 보면 마술 같은 일이 벌어졌다. 입체경에 있는 두 개의 렌즈가 2장의 사진을 입체감이 있는 하나의 장면으로 만들어 내는 것이다. 거리감과 놀라운 원근감을 느낄 수 있다.

칼텐본은 파리 시내에서 집집마다 돌아다니며 이 기계를 팔았다. 하지만 문제가 있었다. 그는 프랑스어를 할 줄 몰랐던 것이다. 그런데도 첫해 수수료로 5,000달러를 벌었다. 그해에 프랑스에서 가장 높은 보수를 받은 세일즈맨이이 되었다. H.V. 칼텐본은 그해의 경험이 하버드대학교에서 공부했던 때보다 성공에 필요한 능력을 계발하는 데 큰 도움이 되었다고 말했다. 자신감? 그는 그 경험을 하자 프랑스 가정주부들에게 미국 의회 회의록도 팔 수 있을 것 같다는 생각이 들었다고 말했다.

그 경험을 통해 그는 프랑스에서의 삶에 대해 이해할 수 있게 되었다. 그리고 이는 훗날 그가 라디오를 통해 유럽 전역에서 일어나는 사건을 해설하는 데 큰 도움이 되었다.

그는 어떻게 유능한 세일즈맨이 될 수 있었을까? 그는 상사에게 판매에 필요한 말들을 완벽한 프랑스어로 적어 달라고 부탁해서 그걸 외웠다. 현관벨을 누른 뒤 주부가 밖을 내다보면 칼텐본은 이미 외운 말을 우스울 만큼 엉망인 억양으로 반복해서 말했다. 그는 자신이 가져온 사진을 보여 보여주면서, 주부가 질문하면 어깨를 으쓱한 뒤 "나 미국 사람, 미국 사람."이라고 웅얼거렸다. 이후 모자를 벗은 뒤 그 안에 붙여 놓은 판매에 필요한 완벽한 프랑스어 어구 쪽지를 가리켰다.

주부가 웃으면 그도 따라 미소지으며 사진 몇 장을 더 보여 주었다. H.V. 칼텐본은 내게 그 일이 결코 쉽지는 않았다고 말했다. 그런데도 그 일을 해본 것은 일을 재미있게 만들어야겠다는 결심 때문이었다. 그는 매일 아침마다 집을 나서기 전에 거울을 보면서 스스로에게 용기를 주는 말을 했다. "먹고 살기 위해서는 이 일을 해야만 해. 그리고 이왕 할 거라면 즐겁게 하는 게 좋잖아? 현관벨을 누를 때마다 나는 스포트라이트를 받는 배우, 나를 보고 있는 건 관객이라 생각하자. 어쩌면 이 일은 무대 위에서의 일처럼 재미있는 일일지도 몰라. 그러니 에너지와 열정을 쏟아도 괜찮지 않을까?"

칼텐본은 이러한 격려의 메시지가, 이전에는 싫어하고 두려워하던 즐기면서 돈이 되는 모험으로 바꾸는 데 도움이 됐다고 했다.

나는 그에게 미국 젊은이들에게 하고 싶은 조언이 있냐고 물었다. "있습니다. 아침마다 스스로 용기를 내 보라는 겁니다. 많은 이들이

데일 카네기 자기관리론

반수면 상태로 돌아다니기에 잠에서 깨기 위해서는 육체 운동이 중요하다는 말을 많이 합니다. 하지만 아침마다 자신이 행동할 수 있게 하는 정신적, 심리적인 운동을 더 많이 해야 합니다. 매일 용기를 북돋울 수 있는 말을 하십시오." 매일 자신에게 용기를 주는 말을 하라니. 어리석고 피상적이며 유치하게 들리는가? 아니, 오히려 그 반대다. 이것이 바로 건전한 심리학의 핵심이다. "우리 인생은 생각대로 만들어진다." 마르쿠스 아우렐리우스는 18세기 전 『명상록』에서 처음으로 이 말을 했다. 그리고 지금도 유효한 말이다. "우리 인생은 생각대로 만들어진다."

매시간 자신에게 말을 건네서 스스로 용기와 행복에 관한 생각, 힘과 평화에 관한 생각을 하도록 이끌 수 있다. 감사해야 할 것들에 대해 스스로에게 말함으로써 마음을 유쾌하고 즐거운 생각으로 가득 채울 수도 있다.

바른 생각을 가지면 어떠한 일을 해도 싫증을 내는 것을 줄일 수 있다. 여러분의 상사는 여러분이 더욱 일에 관심을 두기를 바란다. 그래야 회사가 돈을 많이 벌기 때문이다. 하지만 상사가 바라는 것은 별로 신경 쓰지 말자. 여러분이 하는 일에 흥미를 두면 자신에게 어떤 이득이 돌아오는지만 생각하자. 그렇게 함으로써 삶의 행복이 2배로 늘어난다는 사실만 생각하자. 우리는 깨어 있는 시간의 반을 일하면서 보낸다. 일에서 행복을 얻지 못한다면 그 어디에서도 찾을 수 없다. 우리가 하는 일에 흥미를 갖는다면 걱정도 없앨 수 있고, 멀리 보면 승진도 하고 더 많은 급여를 받게 될 것임을 명심하자. 그렇지 못하더라도 최소한 피로는 감소하고 여가 시간을 더욱 즐길 수 있을 것이다.

불면증을 걱정하지 않는 방법

How To Keep From Worrying About Insomnia

혹시 불면증으로 걱정하고 있는가? 법률가 샘 운터마이어는 평생 제대로 잠을 이루어 본 적이 없다고 하는데, 그의 이야기를 한번 들어보자.

대학에 입학할 무렵 샘 운터마이어는 걱정이 있었다. 천식과 불면 증이었다. 그 어느 하나도 좋아질 가능성이 없어 보이자 그는 자신의 병을 최대한 활용하는 차선책을 쓰기로 했다. 잠 못 이루어 뒤척거리는 대신 일어나서 공부를 했다. 그는 모든 과목에서 장학금을 받았다. 그렇게 뉴욕시립대학교의 천재로 남았다.

법조계에 입문한 후로도 그의 불면증은 계속됐다. 하지만 운터마이어는 걱정하지 않았다. 그는 이렇게 말했다. "자연이 나를 돌봐줄

데일 카네기 자기관리론

것이다." 그 말대로 정말 자연이 그를 돌봐주었다. 수면 시간은 짧았지만, 그는 건강했고 누구에게도 뒤처지지 않을 정도로 열정적으로 일했다. 오히려 일을 더 많이 했다. 다른 이들이 자는 동안에도 그는 일했으니까. 22살에 샘 운터마이어는 연간 7만 5,000달러를 벌었다. 젊은 법조인들이 그의 성공 방법을 연구하기 위해 법정으로 몰려들었다. 1931년에 그는 역사상 단일 사건으로는 가장 높은 수임료인, 현찰로 100만 달러라는 보수를 받았다.

그때도 불면증은 계속됐다. 밤늦게까지 서류를 읽고도 새벽 5시에 일어나 편지를 썼다. 사람들이 일을 막 시작할 때쯤 그는 일과의 절반 정도를 이미 끝내놓은 것이다. 편하게 잠들어 본 적이 없었지만 그는 81살까지 살았다. 하지만 불면증 때문에 걱정을 하고 초조해했더라면 인생을 망쳤을지도 모른다.

사람들은 인생의 3분의 1을 자는 데 쓴다. 하지만 누구도 잠의 실체를 알지 못한다. 잠은 습관이며 휴식이라는 것을 안다. 우리가 잠에 빠져 있는 동안 자연은 낡은 옷자락을 손질하듯 우리의 몸을 보살핀다. 하지만 한 사람에게 수면 시간이 어느 정도나 필요한지 알지 못한다. 잠이 꼭 필요한 것인지 여부도 알지 못한다.

과장된 말같은가? 제1차 세계대전 당시 헝가리 군인 폴컨은 총알이 전두엽을 뚫고 지나가는 부상을 당했다. 이후 회복을 했지만 잠을 제대로 이룰 수 없었다. 진정제, 신경안정제, 최면술 등 여러 방법을 써봤지만 효과가 없었다.

의사들은 그의 삶이 얼마 남지 않았다고 말했다. 하지만 예상은 빗나갔다. 그는 취직을 하고, 또 수년간 아주 건강하게 살았다. 누워서 눈을 감고 휴식을 취했지만 그는 잠에 들지 않았다. 그의 이야기는 잠에 대한 많은 상식들을 뒤집어 놓은 의학적 수수께끼다.

다른 사람보다 훨씬 더 많이 자야 하는 사람도 있다. 토스카니니는 밤에 5시간만 자면 충분했지만 캘빈 쿨리지는 최소한 그 2배는 자야 했다. 쿨리지는 24시간 중에 11시간을 잤다. 그러니까 토스카니니가 인생의 5분의 1을 자는 데 보내는 반면에 쿨리지는 절반 정도를 썼다.

불면증을 걱정하는 일이 불면증 자체보다 훨씬 좋지 않은 영향을 미친다. 뉴저지주 리지필드 파크 오버 페크 애비뉴 173번지에 사는 아이라 샌드너는 만성 불면증으로 자살 충동까지 느끼고 있었다. 아이라 샌드너는 이렇게 말했다.

"제가 미쳐가고 있었어요. 처음에 저는 잠을 아주 잘 잤지요. 시계 알람이 울려도 일어나지 못해 지각을 하곤 했으니까요. 저는 그게 걱정이었고 실제로 상사에게 제때 출근하라는 경고도 받았습니다. 만약 계속 늦잠을 자면 직장에서 쫓겨난다는 것도 알고 있었지요.

친구들에게 이런 이야기를 했더니 친구 한 명이 자기 전에 알람시계에 집중해 보라고 하더군요. 제 불면증은 그렇게 시작됐습니다. 알람시계 돌아가는 소리가 계속해서 저를 괴롭혔습니다. 그 때문에 몸을 뒤척이며 밤새 잠을 이루지 못했지요. 아침이 되니 몸이 아플 정도였으니까요. 피곤함과 걱정 때문에 몸 상태가 좋지 않아졌습니다. 이 일은 8주나 계속되었습니다. 그동안 겪은 고통은 정말 끔찍했지요. 제가 분명 미쳐가고 있다고 생각했습니다. 몇 시간씩 방안을 거닐기도 했고, 창밖으로 뛰어내려 이 모든 걸 끝내고 싶은 생각도 들었습니다. 그러다 예전부터 알고 지내던 의사를 찾아갔습니다. 의사는 이렇게 말했습니다. '내가 도울 수 있는 일이 아니네. 그 누구도 도울 수 없어. 아이라 자신이 만들어 낸 일이니까. 자리에 누워 잠이 오지

데일 카네기 자기관리론

않더라도 모든 걸 한번 잊어 보게. 그리고 스스로에게 말해 봐. 잠이 오지 않아도 괜찮아. 아침까지 깨어 있어도 괜찮아. 눈을 감고 이렇게 말해 보는 거야. 가만히 누워서 잠이 오지 않는다는 걱정을 하지 않으면 휴식을 취할 수 있어.' 저는 그렇게 했습니다. 2주가 지나자 서서히 잠이 오기 시작했고 1달 후에는 8시간씩 잘 수 있게 되어 신경도 정상으로 돌아왔습니다."

아이라 샌드너를 죽여 가던 것은 불면증이 아니다. 불면증에 대한 그의 걱정이 그를 죽이고 있던 것이다.

시카고대학교 나다니엘 클라이트만 박사는 잠에 관해서는 세계적으로 알려진 전문가이다. 그는 불면증으로 사망한 사람은 본 적이 없다고 했다. 물론 불면증 때문에 걱정을 해서 면역력이 떨어지면 병균이 침입할 수도 있다. 하지만 불면증 때문이 아니다. 근본적으로는 걱정 때문이다.

클라이트만 박사도 불면증을 걱정하는 사람들이 생각보다 훨씬 많이 잔다고 말한다. 전혀 잠에 들지 못했다는 사람도 사실은 자기도 모르게 꽤 많은 시간 잤을 수 있다. 19세기 가장 심오한 사상가 허버트 스펜서는 나이들 때까지 결혼도 하지 않고 하숙집에 살았는데 주위 사람들이 지긋지긋해할 정도로 불면증에 대해 호소했다. 심지어 귀마개로 소리를 차단하고 신경을 이완시키려고 했다. 수면을 유도하기 위해 아편을 쓰기도 했다고 한다. 그러던 어느 날 옥스퍼드대학교 세이스 교수가 그와 한 호텔 방을 쓰게 되었다. 다음 날 아침 스펜서는 지난밤에 한숨도 못 잤다고 말했지만 한숨도 못 잔 것은 세이스 교수였다. 세이스 교수는 스펜서의 코 고는 소리에 한숨도 잘 수가 없었다.

숙면을 취하기 위해서는 안전하다는 느낌을 받아야 한다. 우리 자신보다 위대한 힘이 아침까지 안전하게 지켜 줄 거라는 확신이 들어야 한다. 그레이트 웨스트 라이딩 요양원의 토마스 히슬롭 박사는 영국의학협회에서 실시한 한 강연에서 이러한 점을 강조하며 말했다. "오랜 임상 연구로 미루어봤을 때 수면을 유도하는 가장 좋은 방법은 기도입니다. 순전히 의학적 관점에서 말입니다. 규칙적으로 기도하는 것은 마음의 평온함을 가져다주고 신경을 가라앉히는 가장 적절하고 정상적인 방법입니다."

"하느님께 맡기고 의지한다." 우울함과 걱정으로 잠을 이루지 못할 때면 저넷 맥도널드는 항상 시편 23장에 나오는 구절을 반복해 읊음으로써 '안전하다는 느낌'을 받을 수 있었다고 말했다. "여호와는 나의 목자시니 내게 부족함이 없으리로다. 그가 나를 푸른 풀밭에 누이시며 쉴 수 있는 물가로 이끄시도다."

종교 없이 스스로 일을 헤쳐나가야 한다면, 물리적인 방법으로 긴장을 완화해 보는 걸 추천한다. 『신경 긴장에서 해방되기』를 쓴 데이비드 헤럴드 핑크 박사는 물리적으로 긴장을 완화하는 최선의 방법은 몸에 말을 거는 것이라고 했다. 핑크 박사의 말에 따르면 모든 종류의 최면에 가장 중요한 요소는 말이라고 한다. 만약 불면에 시달리고 있다면 그것은 바로 자신에게 불면증이 걸리도록 말하고 있기 때문이다. 여기에서 풀려나기 위해서는 자신을 최면에서 깨워야 한다. 해결하고 싶다면 근육에 이렇게 말하면 된다. "힘을 빼고 긴장을 풀어라."

근육이 긴장되어 있으면 마음과 신경도 긴장된다. 그러니 잠을 이루고 싶다면 근육부터 시작해야 한다. 핑크 박사가 추천하는, 실제로

데일 카네기 자기관리론

도 효과적인 방법은 바로 무릎 밑에 베개를 두고 다리의 긴장을 풀며, 팔 밑에도 작은 베개를 둬서 팔의 긴장을 푸는 것이다. 그런 뒤 턱, 눈, 팔, 다리에게 긴장을 풀라고 말하면 무슨 일이 일어나는지 깨닫기도 전에 깊은 잠 속으로 빠져들게 될 것이다. 불면증이 있다면 앞서 말한 핑크 박사의 『신경 긴장에서 해방되기』를 읽어 보기를 바란다. 이 책은 내용이 재미있기도 하면서, 불면증을 치료해 주는 유일한 책이다.

정원을 가꾸거나 수영, 테니스, 골프, 스키 같이 육체적으로 고단한 일을 해서 몸을 피곤하게 만들어야 한다. 시어도어 드라이저가 이 방법을 사용했다. 무명작가 시절 그는 불면증 때문에 극심하게 걱정했다. 그래서 그는 뉴욕 센트럴 열차 회사에서 보선공이 되었다. 온종일 못을 박고 자갈을 나르면 몸이 어찌나 피곤하던지 식사를 하지도 못하고 잠이 들곤 했다.

충분히 피곤한 상태가 되면 자연은 걷는 동안에도 우리를 잠들게 한다. 내가 13살이었을 때 아버지는 돼지를 화차에 싣고 미주리주 세인트조로 갔다. 무료 기차표가 2장 나왔기에 나를 데리고 갔다. 그때까지만 해도 인구 4,000명이 넘는 도시에는 가 본 적이 없었다. 나는 6만 명이 운집해 사는 도시인 세인트조에 도착하자 몹시 흥분했다. 6층 높이 마천루를 보았고 그보다 신기한 시내 전차를 보았다.

지금도 그때 본 전차의 모습과 소리가 선명하게 떠오른다. 지금껏 느껴보지 못했던 흥분, 설렘의 시간을 보낸 뒤 우리는 기차를 타고 미주리주 레이븐우드로 돌아왔다. 새벽 2시에 도착해서 6km를 걸어 농장에 이르렀다. 나는 너무 졸려서 잠을 자고 꿈을 꾸면서 걸었다. 말을 타고 가면서도 졸았다. 그러고도 살아 있으니 이 이야기를 하는 것이다!

피로가 극한에 달하면 전쟁의 소음과 공포, 위험 속에서도 숙면할 수 있다. 유명한 신경외과 전문의 포스터 케네디 박사는 1918년 영국군 제5파병부대가 퇴각할 때 급격한 피로에 시달리던 병사들이 아무 데나 누워 마치 죽은 듯 잠을 자는 모습을 보았다고 한다. 심지어 박사가 손가락으로 눈꺼풀을 들어 올려도 꼼짝도 하지 않았다. 그는 병사들의 눈동자가 항상 안구 위쪽을 향해 있었다고 말했다. "그 후 나는 불면증에 시달리면 눈동자를 위로 올려 봅니다. 그렇게 하면 몇 초도 안 돼서 하품을 하고 졸음이 밀려옵니다. 나 자신이 통제할 수 없는 자동 반사적인 행동이지요."

잠들지 않는 방식으로 자살을 하겠다는 사람은 지금껏 없었고 앞으로도 없을 게 분명하다. 인간이 아무리 강한 마음을 먹어도 자연은 인간을 잠재운다. 인간은 수분과 음식을 섭취하지 않고도 어느 정도는 버틸 수 있을지 몰라도, 잠을 자지 않고는 버틸 수가 없다.

자살에 관해 이야기하니 헨리 C. 링크 박사『인간의 재발견』에서 언급한 이야기가 떠오른다. 사이컬로지컬 코퍼레이션의 부사장이었던 링크 박사는 우울함과 걱정 때문에 고민하는 많은 사람에게 상담을 해 주고 있었다. 그의 책에 수록된 '두려움과 걱정을 극복하는 법'이라는 장에 자살하고 싶어 하는 환자에 관한 이야기가 나온다. 링크 박사는 그와의 논쟁이 결코 도움이 되지 않는다는 사실을 알았기에 환자에게 이렇게 말했다. "자살하실 생각이라면, 그래도 좀 더 영웅적인 방식이 어떻습니까? 주변을 열심히 달리다가 쓰러져 죽는 건요?"

환자는 그가 제시한 방법을 시도했다. 한 번도 아니고 여러 번을

데일 카네기 자기관리론

말이다. 그렇게 계속하자 근육은 몰라도 마음이 좋아지기 시작했다. 세 번째 밤이 되자 그는 링크 박사의 의도대로 되었다. 다시 말해, 육체적으로 너무 피곤했기에, 긴장이 풀렸기에 그대로 쓰러져 통나무처럼 잠이 든 것이다. 훗날 그는 육상 동호회에 들어갔고 시합까지 나가게 되었다. 얼마 되지 않아 그는 영원히 살고 싶을 만큼의 훌륭하게 건강을 회복했다.

불면증에 대한 걱정을 그만두고 싶다면 이 5가지 규칙을 지켜라.

1. 새뮤얼 운터마이어가 했던 것처럼 일어나서 고단하게 일하거나 졸릴 때까지 독서하라.

2. 수면 부족 때문에 죽은 사람은 없다. 불면증에 대한 걱정이 건강에 훨씬 나쁜 영향을 미친다.

3. 기도를 하거나 저넷 맥도널드처럼 시편 23장을 읽어라.

4. 긴장을 풀어라. 『신경 긴장에서 해방되기』라는 책을 읽어라.

5. 운동을 하라. 깨어 있을 수 없을 만큼 육체를 고단하게 만들라.

Dale Carnegie

걱정과 피로함이 몰려올 때 활력을 일으키는 6가지 방법

1. 피곤함을 느끼기 전에 휴식을 취하라.

2. 긴장을 풀고 일하는 법을 배워라.

3. 긴장을 완화함으로써 건강함과 아름다움을 지켜라.

4. 다음 4가지 좋은 작업 습관을 활용하라.

   1) 당장 할 일과 관련이 없는 서류를 모두 책상에서 치워라.

   2) 일은 중요한 순서대로 하라.

   3) 문제가 발생했을 때, 결정에 필요한 사실을 알고 있다면 즉시 문제를 해
      결하라.

   4) 조직하고 위임하고 관리하는 법을 익혀라.

5. 걱정과 피곤함을 예방하기 위해 열정을 쏟아라.

**6. 수면 부족으로 죽은 사람은 없다는 사실을 기억하라. 불면증에
대한 걱정이 건강에 훨씬 나쁜 영향을 미친다.**

Six Ways To Prevent Fatigue
And Worry And Keep Your Energy
And Spirits High

데일 카네기 자기관리론

How To Find The Kind Of
Work In Which You May Be
Happy And Successful

Part 8

행복과 성공을 부르는 방법

인생에서 가장 중요한 2가지 결정

One Of The Two Major Decisions Of Your Life

(이 장은 아직 자신이 하고 싶은 일을 찾아 내지 못한 젊은이들을 위한 장이다. 여러분이 그에 해당되는 분이라면 이 장을 읽는 것은 여러분의 미래에 큰 영향을 미치게 될 것이다.)

아직 18세가 되지 않았다면 여러분은 머지않아 인생에서 가장 중요한 결정 2가지를 내려야 할 것이다. 그 결정으로 인생은 매일 바뀔 것이고 행복, 소득, 건강에도 큰 영향을 미칠 것이며 여러분을 성공시킬 수도 파멸시킬 수도 있다. 그 2가지 결정은 과연 무엇일까?

첫째, 어떻게 돈을 벌 것인가? 농부, 집배원. 화학자나 삼림 감시원, 속기사, 가축 중개상, 대학교수, 간이매점에서 햄버거 판매 등 여러 직업이 있다.

둘째, 배우자로 어떤 사람을 선택할 것인가?

이 질문은 도박이나 마찬가지다. 헤리 에머슨 포스딕은 자신의 책에서 "모든 젊은이는 직업을 선택할 때, 도박을 하는 거나 마찬가지다. 거기 자신의 모든 것을 걸어야 한다."라고 말했다.

우리는 어떻게 도박의 위험을 줄일 수 있을까? 성심 성의를 다해 말해 보겠다. 먼저 최대한 즐길 수 있는 일을 선택하라. 나는 타이어 제조회사 B. F. 굿리치사의 데이비드 M. 굿리치 회장과 만난 적이 있다. 그에게 사업에 성공하기 위해 가장 필요한 것이 무엇이냐고 물었더니 그는 이렇게 답했다. "일을 하는 것을 즐길 줄 알아야 합니다. 일을 즐기게 된다면 일을 오래 해도 일처럼 느껴지지 않으니까요. 놀이처럼 느껴질 겁니다."

에디슨을 예를 살펴보자. 정규교육도 받지 못했지만 훗날 미국의 산업사를 뒤바꾸어 놓은 신문팔이 소년 에디슨. 실험실에서 잠과 식사를 해결하며 하루에 18시간씩 일했지만, 그에게 그건 전혀 고생이 아니었다. 그는 말했다. "나는 일을 한 적이 없어요. 그냥 다 재미였죠"

찰스 슈워브 역시 비슷한 말을 했다. "어떠한 일도 끝없는 열정을 품고 한다면 성공할 수 있다."

하지만 하고 싶은 일이 무엇인지 알 수 없다면 어떻게 일에 열정을 가질 수 있겠는가? 과거 듀퐁사에서 일하며 수천 명을 고용했던 에드나 커는 지금 아메리칸 홈 프로덕츠 컴퍼니에서 노무관리 부책임자로 일하고 있다. 그녀가 말했다. "수많은 젊은이가 자신이 진정으로 원하는 일을 찾지 못하는 것이 비극이지요. 일을 하면서 보수 외에는 어떤 보람도 느끼지 못하는 사람이 가장 가엾은 사람이라고 생각합니다." 커 여사는 대졸자들도 그녀를 찾아와 이렇게 말한다고 한다.

"저는 어느 대학교에서 학사(또는 석사) 학위를 받았습니다. 귀사에서 제가 할 수 있는 일이 있을까요?" 그들은 자기가 무슨 일을 할 수 있는지 어떤 일을 좋아하는지조차 모르고 있었다. 그러므로 도전 의식과 희망을 품고 인생을 시작한 수많은 젊은이가 나이 마흔에 절망하거나 신경 쇠약에 걸려 삶을 마감하는 건 그리 놀라운 일이 아니다. 스스로에게 맞는 직업을 선택하는 것은 건강을 위해서도 중요한 문제다. 존스 홉킨스 병원의 레이먼드 펄 박사는 보험회사 몇 곳과 함께 인간의 장수 원인을 찾기 위해 연구를 했다. 그 결과 '적합한 직업'이 상위 목록에 있었다. 토머스 칼라일은 이렇게 말했다. "천직을 찾은 사람은 이미 모든 축복을 받은 사람이다. 더 이상 축복을 바라는 건 지나친 욕심이다."

최근 나는 소코니 배큐엄 석유회사의 인사 책임자 폴 W. 보인턴과 함께 저녁 식사를 했다. 지난 25년간 그는 7만 5,000명 이상의 구직자들과 인터뷰를 했다. 그리고 『취업 성공의 6가지 방법』이라는 책을 출간했다. 그에게 이렇게 질문했다. "요즘 사람들이 구직을 하면서 저지르는 가장 큰 실수는 무엇입니까?" 그가 이렇게 답했다. "그들은 자신이 어떤 일을 원하는지 모르고 있습니다. 자신의 미래, 그리고 미래의 모든 행복과 평화가 직업에 달려 있는 데도 자신의 직업을 선택하는 데 몇 년 입지도 않을 양복을 고를 때보다 더 고민하지 않는 것을 보고 있으니 너무 끔찍하더군요."

어떻게 해야 할까? 직업 상담사에게 조언을 구할 수도 있을 것이다. 하지만 상담사의 능력과 성격에 따라 도움이 될 수도 혹은 해가

　　　　　　　　　　데일 카네기 자기관리론

될 수도 있다. 이 새로운 직종은 아직은 많이 미흡하다. 자동차로 치면 T형 포드에도 이르지 못했다. 물론 전망은 아주 좋다. 하지만 이를 어떻게 활용할 수 있을까? 어느 지역에서나 직업 훈련이나 직업에 관한 조언과 도움을 얻을 수 있다. 미국의 대도시라면 어디에서나, 그리고 그보다 작은 수천 개의 도시에도 이런 서비스가 있다. 만약 퇴역 군인이라면 재향군인 보훈처에서 적절한 일자리를 안내받을 수도 있을 것이다.

공공 도서관이나 지역 교육청에서 직업과 관련된 안내를 받을 수 있다. 고등학교와 대학교에도 직업을 알아보는 데 도움을 주는 곳이 있다. 외진 곳에 살고 있다면 거주하고 있는 주의 수도를 관할하는 주립 직업 안내서비스 담당자에게 문의할 수 있다. 이러한 조언을 하기 위해 많은 주에서 담당자를 두고 있다. 공공기관 외에도 YMCA 혹은 YWCA, 적십자, 유대인 문화교육촉진협회, 보이즈 클럽, 키와니스 클럽, 구세군 같은 조직들이 전국에 걸쳐 직업 고민에 도움을 줄 수 있는 상담사를 두고 있다.

하지만 그들은 단지 제안할 뿐이고, 결정은 여러분의 몫이다. 그리고 이 상담사들 역시 완벽하지 않다는 사실을 명심해야 한다. 그들도 항상 생각이 일치하지는 않는다. 가끔은 어리석은 실수를 저지르기도 한다. 어떤 직업 상담사는 내 수강생에게 단어를 많이 안다는 이유만으로 작가가 되기를 권했다. 얼마나 어이없는 일인지. 일은 그렇게 단순하지 않다. 글을 잘 쓴다는 것은 자기 생각과 감정을 읽는 이에게 전달할 수 있다는 것이다. 그러니 글을 잘 쓰려면 자신의 생각, 경험, 확신, 강렬한 느낌을 지니고 있어야 한다. 단어를 많이 아는 내 수강생에게 작가가 되어 보라고 조언했던 직업 상담사는 이것 하나

만큼은 성공했다. 행복한 속기사를 절망에 빠진 소설가 지망생으로 만든 것이다.

그러니까 핵심은 전문 직업 상담사 역시 실수를 할 수 있다는 것이다. 그러므로 여러 명의 직업 상담사에게 상담을 받은 뒤 자신의 상식에 따라 결정을 내리는 것이 필요하다.

걱정을 주제로 한 책에 이런 이야기를 하는 걸 이상하다고 생각할 수도 있을 것이다. 하지만 사람들의 걱정, 후회, 절망 중에 상당 부분이 직업이 맞지 않아 발생한다는 사실을 알게 된다면 생각이 달라질 것이다. 부모님, 이웃, 상사에게 물어보라. 위대한 학자 존 스튜어트 밀도 자신에게 맞지 않는 직업이야말로 '사회의 가장 큰 손실 중 하나'라고 말했다. 그렇다. 이렇듯 자신이 매일 해야만 하는 일을 싫어하는 '부적합한 직업을 가진 사람들'은 세상 그 누구보다 불행하다.

군대에서 전력 손실이 생기는 이유를 아는가? 배치가 잘못 된 사람들 때문이다. 전투 부상병이 아니라 일상적인 근무에서 전력을 손실하는 사람 말이다. 현존하는 최고의 정신병리학자 중 한 사람이자 제1차 세계대전 당시 육군 신경정신병과를 담당하던 윌리엄 매닝거 박사는 이렇게 말했다. "육군의 선발과 배치, 즉 적절한 인력에 적합한 임무를 부여하는 일이 중요하다는 것을 절감했습니다. 부여받은 임무를 확신하는 자세는 아주 중요합니다. 흥미가 없거나 잘못 배치되었다고 느끼거나 인정받지 못한다고 생각하거나 자기 능력을 발휘하지 못한다고 느끼는 사람은 반드시 실제로, 적어도 잠재적으로 정신적 부상을 입게 됨을 발견했습니다."

그렇다. 그리고 산업 현장에서도 마찬가지로 '능력 손실'을 경험한다. 자기 일을 지겹다고 생각하는 사람은 일을 망칠 수밖에 없다.

필 존슨의 아버지는 세탁소를 운영했다. 그는 아들도 그 일을 하기를 원했기에 아들에게 일을 맡겼다. 하지만 필은 세탁소에서 일하고 싶지 않았다. 그래서 빈둥거리며 여기저기 돌아다니다가 맡은 일만 하고는 더 이상의 일은 하지 않았다. 며칠씩 일에서 빠질 때도 있었다. 아버지는 아들이 게으르고 열정도 없다는 생각이 들어 매우 실망했고, 직원들 앞에서도 부끄럽다고 생각했다.

필 존슨은 어느 날 자신의 아버지에게 기계공이 되고 싶다고 말했다. 그 말에 노인은 매우 충격을 받았다. 하지만 필은 고집을 꺾지 않았다. 기름때 묻은 작업복을 입은 채 일하기 시작했다. 세탁소에서 하던 것보다 훨씬 열심히 일했다. 더 오래 일을 하면서도 즐겁게 일할 수 있었다. 그는 엔지니어링에 관심이 있어서 엔진을 연구하면서 기계에 대한 관심을 계속 놓지 않았다. 그러다 1944년 필립 존슨이 세상을 떠났을 때 그는 보잉사 사장으로 일했고, 제2차 세계대전을 승리로 이끄는 데 결정적인 공을 세운 공중요새를 제작하고 있었다. 만약 그가 계속 세탁소에서 일했다면, 그와 세탁소는 어떻게 되었을까? 또 그의 아버지가 돌아가신 후에는 어떻게 되었을까? 아마 그는 사업을 망친 뒤 빈털터리가 되었을지도 모른다.

가족 사이에 언쟁을 할 수도 있겠지만 젊은이들에게 이렇게 권하고 싶다. 가족이 원한다는 이유로 어떤 직업이나 직종을 선택하지는 말라. 하고 싶은 분야가 아니면 시작도 하지 말아야 한다. 하지만 부모님의 조언에 대해 깊이 고미을 해라. 그분들은 여러분보다 두 배는 더 사셨고, 많은 경험과 오랜 세월을 통해얻을 수 있는 지혜를 가지고 있다. 하지만 최종 판단은 스스로가 내려야 한다. 선택한 직업을 통해 행복해지거나 불행해지는 것은 결국 자신이기 때문이다.

이제 이 정도로 이야기했으니, 직업 선택과 관련된 제안을 하고자한다. 몇 가지는 경고일 수도 있다.

1. 전문 직업 상담사의 조언을 받으려면 다음의 5가지 제안을 읽은뒤 숙고해 보라. 이는 유명한 직업 상담 전문가인 컬럼비아대학교 헤리 덱스터 킷슨 교수가 한 제안으로 충분히 신뢰할 만하다.

1) '직업 적성'에 대해 알려 주는 마법 같은 시스템이 있다고 말하는 사람들을 찾아가서는 안 된다. 그들 가운데는 골상학자, 점성술사, 성격 분석가, 필적 감정사 등이 있다. 그들의 시스템은 신뢰도가 다소떨어진다.

2) 어떤 직업을 선택해야 할지 알려 주는 검사를 해 보자고 하는사람을 선택하지 마라. 직업 상담사로서 내담자의 신체적, 사회적, 경제적인 상황을 고려해야 한다는 규정을 어긴 것이다. 직업 상담사는상담 때마다 내담자가 선택할 수 있는 직업인지에 대해 생각해 본 뒤조언을 해야 한다.

3) 직업에 관한 상담 과정에서 적합한 자료를 활용할 줄 아는 직업상담사를 찾아라.

4) 철저한 상담을 위해서는 두 번 이상 하는 것이 좋다.

5) 절대 우편으로는는 직업 상담을 하지 마라.

2. 인력 공급이 넘치는 사업이나 직업은 피하라. 미국에 존재하는직종은 2만 개가 넘다. 젊은이들은 과연 이 사실을 알고 있을까?

한 학교에서 남학생의 5분의 2와 여학생의 5분의 4가 2만 개의 직종 가운데 겨우 5개를 선택했다. 특정 사업과 직종이 이미 포화 상태라는 것은 더는 놀랄 일도 아니다. 전문직에 대한 불안함, 걱정, 그리고 수시로 엄습하는 불안함 역시 놀랍지 않다. 특히 법률, 언론, 방송, 영화 등의 인기 직종의 직업을 얻기 위해 너무 애쓰지 마라.

3. 그것으로 생계를 유지할 가능성이 10분의 1밖에 안 되는 분야는 피하라. 생명보험 판매사 일을 예로 들어 본다. 일자리를 구하지 못한 수만 명의 젊은이들이 매년 전망에 대해 생각해 보지도 않은 채 보험 판매원의 길에 들어서고 있다. 하지만 그들에겐 이런 일들이 기다리고 있다. 이는 필라델피아주에서 부동산신탁빌딩을 운영하는 프랭크 L. 베트거가 한 말이다. 그는 20년간 미국에서 가장 성공한 보험 판매원이라 불리는 사람이다. 그는 보험 판매사 일을 시작한 사람들 가운데 무려 90%가 좌절을 겪고 극심한 마음고생을 하면서 1년 안에 그만둔다고 말했다.

나머지 10%가 판매하는 보험 중에서 90%는 1명이 판매하는 것이며 10%의 보험을 나머지 사람들이 나눠서 판매한다. 다시 말해, 만약 생명 보험을 판매하기 시작했다면 12개월 안에 실패하고 일을 그만둘 가능성은 90%라는 말이다. 보험을 판매해 1년에 1만 달러를 벌 수 있는 가능성은 고작 1%이다. 만약 살아남는다 해도 겨우 끼니를 잇는 수준을 넘어설 가능성 역시 그중 10%에 불과하다.

4. 어떤 직업을 선택하겠다고 결심했다면 그전에 몇 주에서 몇 달 시간을 들여 그 직업에 대해 모든 것을 조사해 보라. 어떤 식으로 해야 할까? 해당 분야에서 오랜 기간 일한 사람들을 만나 보는 것이다.

이 만남은 미래에 아주 큰 영향을 미치게 될 것이다. 나도 직접 경험한 일이다. 20대 초반 나는 선배 2명에게 직업에 대해 조언해달라고 요청했다. 지금 생각해 보면 그 2번의 만남이 내 경력과 관련된 전환점이 되었다. 솔직히 그 만남이 없었다면 지금 내 모습이 어땠을지 상상조차 되지 않는다.

직업과 도움을 받을 수 있는 만남의 자리를 어떻게 마련할 수 있을까? 건축가가 되기 위한 공부를 하겠다고 결심했다고 가정해 보자. 그 결정을 내리기 전에 먼저 여러분이 사는 도시나 그 주변 도시의 건축가를 만나기 위해 몇 주를 써야 한다. 직업별로 분류된 공중전화번호부를 보면 그들의 이름과 주소를 찾아낼 수 있다. 미리 약속하고 방문한다면 좋겠지만 약속하지 않더라도 그들의 사무실을 찾아갈 수 있다. 미리 약속하고 싶다면 이렇게 같이 편지를 보내라.

귀하게 부탁드리고 싶은 일이 있어 편지를 드립니다. 제게는 조언이 필요합니다. 저는 지금 18세이며 건축가가 되기 위해 공부를 하려고 생각합니다. 그래서 최종 결정을 내리기 전에 귀하의 조언을 듣고 싶습니다. 바쁘셔서 사무실에서 시간을 내기 어려우시다면 댁에서라도 30분 정도 만나 뵐 수 있다면 정말 감사하겠습니다. 제가 여쭙고 싶은 질문은 이렇습니다.

1) 인생을 다시 살 수 있다면 그때도 건축가가 되겠다고 생각하십니까?

2) 저를 보시고 난 뒤 제가 건축가로 성공할 수 있는 재능이 있는지 판단해 주십시오.

3) 건축 분야에서 인력은 포화 상태입니까?

4) 4년 공부하고 나서 직장을 구하는 것은 어렵겠습니까? 처음에

는 어떤 직장을 구하는 게 좋습니까?

5) 제가 보통 수준의 능력이 있다면 처음 5년간 수입은 어느 정도가 되겠습니까?

6) 건축가라는 직업의 장단점에는 어떤 게 있습니까?

7) 만약 귀하가 제 아버지라면 제가 건축가가 되는 것을 지지하시겠습니까?

용기가 없어서 혼자 유명 인사를 만나러 가기 조심스럽다면, 다음의 2가지 방법을 사용해 도움을 얻어라.

첫째, 친구와 함께 가라. 둘이 함께 간다면 자신감이 조금은 커질 것이다. 만약 친구를 찾지 못하면 부모님과 함께 가라.

둘째, 그에게 조언을 요청함으로써 여러분이 그에게 찬사를 보내고 있음을 기억하라. 그 사람은 아마도 어깨가 으쓱할 것이다. 어른들은 젊은 사람들에게 조언하는 것을 좋아한다는 사실을 기억하라. 그 건축가는 분명 즐겁게 여러분을 만나 줄 것이다. 편지를 쓰는 게 부담스럽다면 약속을 하지 말고 그의 사무실로 찾아가 조언해 주시면 정말 감사하겠다고 말하라. 그럴 리는 없겠지만, 5명의 건축가를 찾아갔는데 모두 바빠서 대화를 나눌 시간이 없다고 한다면 5명을 더 찾아가라. 그 가운데 몇 사람은 만나줄 것이며, 그들의 조언은 여러분이 시간 낭비와 상심을 막아줄 것이다.

지금 인생에서 가장 중요하고 큰 영향을 미치는 2가지 결정을 내리기 위해 준비하고 있다는 것을 기억하라. 실행하기 전에 충분한 시간을 들여 사실 확인을 해라. 그렇지 않으면 인생의 절반을 후회하면서 보내게 될 수도 있다.

가능하다면 30분이라는 여러분에게 시간을 내주고 조언해 준 사람에게 보답을 제시하라.

5. 여러분이 가진 적성이 단 하나뿐이라는 잘못된 믿음을 떨쳐버려라. 평범한 사람들 모두 여러 개의 직업군에서 성공할 수 있고 또 모두 여러 직업군에서 실패할 수도 있다. 내 경우를 예로 들겠다. 만약 내가 이런 직업들에 대해 공부하며 준비했다면 어느 정도는 성공도 하고 일도 즐겁게 할 수 있었을 거라고 생각한다. 농사, 작목, 영농, 의학, 판매업, 광고, 지방지 발간, 교직원, 임업 등에서 말이다. 반면 나는 특정 직업에서는 불행한 실패를 했을지 모른다. 경리, 회계사, 기술자, 호텔이나 공장 경영, 건축가, 기계와 관련된 직종과 이 외에도 수백 종의 직업에서 말이다.

데일 카네기 자기관리론

How To Lessen
Your Financial Worries

Part 9
돈에 대한 걱정을 줄이는 방법

걱정 중 70%는 어쩌면

Seventy Per Cent Of All Our Worries……

내가 사람들의 돈 걱정을 해결해 줄 수 있다면 지금 이 책을 쓰고 있지는 않을 것이다. 대통령 가까이에 앉아 있지 않을까? 하지만 내가 할 수 있는 분명한 1가지가 있다. 바로 이 주제와 관련된 권위자들의 말을 인용해 지극히 현실적인 제안을 하며 추가 정보를 얻기 위한 책자를 어떻게 구해야 할지 알려 주는 것이다.

〈레이디스 홈 저널〉지에 따르면 인간의 모든 걱정 가운데 70%는 돈에서 비롯한 한다. 갤럽 여론조사 창설자 조지 갤럽은 모두 자신의 수입에서 10%만 올라도 돈 걱정이 없을 거라고 설명했다. 이 말이 맞을 수도 있다. 하지만 맞지 않은 경우도 꽤 많다.

엘시 스테이플턴이라는 예산 관련 전문가와 상담한 적이 있다. 그녀는 수년간 뉴욕의 워너메이커 백화점과 짐벨스 백화점의 고객에게 재정 관련된 조언을 하고 있다. 또한 돈 문제로 신음하는 사람들을 돕는 개인 상담사로서 몇 년간 일하기도 했다. 그녀가 도움을 준 사람들은 연 수입 1,000달러도 되지 않는 포터부터 10만 달러 이상을 벌어들이는 사장에 이르기까지 수입 규모가 매우 다양한 사람들이었다. 그녀는 내게 이렇게 말했다.

"대부분의 금전적 고민은 돈을 많이 버는 것으로 해결되지는 않습니다. 수입의 증가는 소비의 증가로 이어지며 결국 고민도 커지는 경우를 많이 봐 왔으니까요. 사람들이 고민하는 이유는 돈이 부족해서가 아니라 가진 돈을 어떻게 써야 할지 몰라서입니다."

이 마지막 문장을 읽고 콧웃음이 나는가? 하지만 한 번 더 코웃음을 치기 전에 스테이플턴 씨의 말이 모든 사람들에게 적용되지는 않는다고 말했던 것을 기억하기 바란다. 그녀는 '대부분 사람'이라고 말했다. 그녀는 여러분이 아니라, 여러분의 형제자매, 지인의 지인들에게 말하고 있는 것이다.

대다수 독자는 이렇게 이야기할지도 모른다. "카네기라는 사람이 내 수입으로 모든 나가야 할 비용과 책임을 한번 감당해 봤으면 좋겠네. 분명 말이 달라질 텐데 말이야."

내게도 돈 문제는 있었다. 나는 미주리주 옥수수밭과 건초 창고에서 하루 10시간씩 고된 노동을 했다. 당시 내가 가장 바라던 것은 녹초가 되도록 육체적인 노동을 하는 고통에서 벗어나는 것이었다. 그러한 힘겨운 노동의 대가로 시간당 1달러도, 50센트도, 10센트도 받지 못했다. 시간당 겨우 5센트를 받으며 하루 10시간씩 일을 했다.

욕실이나 수도가 없는 집에서 20년간 생활했다. 영하 20도까지 내려가는 침실에서 잠을 자는 기분을 알고 있다. 1니켈의 차비를 아끼려고 몇 마일씩을 걷는 일도, 바닥에 구멍 난 신발을 신고 엉덩이가 해진 바지를 입는 기분도 알고 있다. 식당에 가서 가장 싼 음식을 시키고 다림질할 돈도 없어 바지를 매트리스 밑에다 깔고 자는 게 어떤 것인지도 안다.

하지만 당시에도 나는 돈을 모으고 있었다. 너무 불안했기 때문이다. 그 경험을 통해 나는 빚과 돈 걱정을 막을 방법을 알게 됐다. 기업의 방식을 따라야 한다. 돈을 어떻게 써야 할지 계획을 세우고 그 계획에 따라 써야 한다. 하지만 대다수 그렇게 하지 않는다. 내 친구의 예를 들어 보자. 출판사 이사회 회장 레온 심스킨은 많은 사람들이 도무지 이해할 수 없을 만큼 돈에 대해 무지하다고 말했다.

그는 자신이 알고 있는 경리 이야기를 들려주었다. 그는 업무에 관해서는 숫자를 훤히 꿰뚫고 있지만 자신의 돈 문제에는 부족했다. 그가 금요일 낮에 급여를 받는다고 가정해 보자. 그러면 그는 시내에 나가 괜찮은 외투를 발견하는 즉시 그것을 산다. 급여 봉투에서 조만간 방세와 전기세 등 고정 비용이 지출돼야 한다는 사실은 전혀 신경 쓰지 않는다. 지금 자신이 돈을 가지고 있다는 사실만이 중요할 뿐이다. 하지만 그는 자신이 근무하는 회사가 그렇게 기분 내키는 대로 사업을 한다면 파산하게 되리라는 사실을 알고 있다.

이 사실을 명심해야 한다. 가진 돈에 대한 운용은 사업이나 마찬가지다. 돈에 관해서 하는 일은 말 그대로 '사업'이다. 그렇다면 돈을 관리하는 원칙에는 어떤 것이 있을까? 어떻게 예산을 정하고 계획을 세워야 할까? 그에 관해 11가지의 규칙을 제시해 보겠다.

데일 카네기 자기관리론

규칙 1. 사실을 기록하라.

아널드 베넷은 50년 전, 런던에서 소설가로 살면서부터 가난에 시달렸다. 그래서 동전 한 푼을 쓸 때도 적어 두었다. 돈의 출처가 궁금했던 것일까? 아니다. 그는 확실히 알고 있었다. 그는 자신의 아이디어로 훗날 큰돈을 벌고 세계적 명성을 얻어 개인 요트를 소유하게 되었을 때에도 그런 식으로 계속 기록했다.

존 D. 록펠러도 장부를 썼다. 그는 저녁에 기도를 하고 잠에 들 무렵이면 자신의 재정 상태를 거의 완벽하게 파악하고 있었다. 우리 역시 노트 1권을 준비해 기록해야 한다. 앞으로 평생 그래야 할 필요는 없다. 예산 관련 전문가들은 최소 1달간, 가능하면 3달 정도 지출하는 돈의 1원 단위까지 정확히 기록해 보라고 권하고 있다. 그래야만 돈의 출처를 정확히 기록할 수 있고 예산을 세울 수 있기 때문이다.

여러분은 자신의 돈이 어디로 흘러가고 있는지 파악하고 있는가? 알 수도 있지만 그런 사람은 흔하지 않다. 스테이플턴의 이야기에 따르면, 많은 사람들에게 그녀에게 몇 시간 동안 여러 내용과 숫자를 말하게 한 뒤 그녀가 그것을 기록한 내용을 보도록 하면 깜짝 놀란다고 한다. "내 돈이 이렇게 사라지고 있었나요?" 그들은 그 결과를 믿지 못했다. 여러분도 그런가?

규칙 2. 자신의 상황에 맞는 예산안을 마련하라.

자녀 수와 수입이 같다고 해도 두 가족의 예산은 완전히 다를 수 있다. 왜 그럴까? 사람이 다르기 때문이다. 그녀는 사람마다 예산이 다르기 때문에 자신에게 맞는 예산을 책정해야 한다고 말한다. 예산은 인생의 즐거움을 빼앗는 개념이 아니다. 물질적인 안정을 위한 것이며 대부분 물질적으로 안정이 되어야 감정적으로도 안정되며 편안함을 얻을 수 있기 때문이다. 스테이플턴은 이렇게 말했다. "예산을 미리 정해서 사는 사람들은 더 행복하게 살고 있습니다."

예산은 어떻게 세워야 할까? 먼저 모든 비용을 나열해 봐야 한다. 그런 다음 조언을 구하자. 미국 농무부에 편지를 보내 관련 자료를 요청할 수도 있다. 밀워키나 클리블랜드, 미니애폴리스 혹은 그 정도 규모를 가진 수많은 도시에서 재정 관련 문제를 상담해 줄 것이다. 또 예산 계획 전문 상담원을 둔 은행들도 있다.

인구 2만 명 이상의 수많은 도시에 있는 가족 복지 단체들은 재정 관련 문제에 대해 무료 상담을 진행하고 수입에 맞는 예산을 세울 수 있도록 돕는다. 가족 복지 단체는 전화번호부에서 사회조직 항목 안에 있다. 또한 시장 사무실이나 적십자, 지역협력기금에 연락하면 거주지 가족 복지 단체들을 찾는 데 도움을 줄 것이다.

나는 스테이플턴에게 "당신이 작은 마을이나 농장에 살고 있는 사람이며, 예산을 세우는 데 조언을 구하고 싶다면 어떻게 하시겠습니까." 하고 물었다. 그녀는 이렇게 답했다. "저라면 주변의 도시에 있는 가장 규모가 큰 신문사에 편지를 보내 예산을 계획하고 싶은데 어디에 가서 조언을 구할 수 있는지 물어보겠습니다. 필요하다면 하루 정도 투자해 찾아가 조언을 얻겠습니다."

규칙 3. 현명한 소비 방법을 배워라.

가지고 있는 돈으로 최대의 가치를 얻을 수 있는 법을 배워라. 어느 정도 규모가 있는 회사는 회사를 위해 최선의 구매를 하는 구매 담당자나 구매 대행인이 있을 것이다. 자기 자산에 대한 재산 관리인이자 집행인인 우리 역시 그래야 하지 않을까? 거기에 필요한 조언

　　　　　　　　　　　　　데일 카네기 자기관리론

을 몇 가지 해 보겠다.

1) 워싱턴 문서관리국에 편지를 보내 구매자와 고객을 위한 조언이 있는 정부 고시와 관련된 목록을 보내달라고 요청라. 대부분 약간의 비용만 지불하면 쉽게 구할 수 있는 자료다.

2) 1년에 50센트 정도로 농무부에서 발간한 〈소비자 가이드〉지를 1달에 1번 우편으로 받을 수 있다.

3) 효율적인 소비 방법을 배우기 위해 1년에 6달러를 투자할 여력이 되는가? 그렇다면 뉴욕주 마운트버논 워싱턴가 256번지에 있는 컨슈머 리포츠에서 발간하는 잡지를 구독하라. 구매 보고서계의 브리태니커 백과사전격인 잡지이다. 권당 50센트고, 12월에 발간되는 종합판 구매 가이드는 1.75달러다.

규칙 4. 수입이 늘어도 고민은 늘리지 마라.

스테이플턴의 이야기에 따르면, 예산과 관련해서 가장 상담하기 힘든 대상은 연소득 5,000달러인 가정이다. 그 이유를 물었더니 이렇게 말했다. "대부분 연소득 5,000달러를 목표로 하는 미국인 가정이 많습니다. 수년간 합리적이고 이성적으로 살다가 연소득이 5,000달러에 이르면 이제 달성했다는 생각을 하게 되고, 그때부터 소비가 늘어나지요. 아파트 임차 비용보다 싸다면서 교외에 집을 구매하고 새 차와 가구, 새 옷들을 사들이게 됩니다. 그러다 보면 당연히 적자가 되지요. 하지만 이전보다는 덜 행복할 겁니다. 소득이 느는 데 비해 턱없이 많은 소비를 하고 있으니까요."

누구나 인생을 풍족하게 살고 싶다. 하지만 먼 훗날까지 보았을 때 어떤 것이 우리를 더 행복하게 할까? 예산에 딱 맞춰 사는 삶일까, 아니면 대출 상환 고지서가 날아오고 추심원들이 집을 찾아오는 삶일까?

규칙 5. 대출에 대비해 신용도를 높여라.

급한 상황이 생겨 어쩔 수 없이 대출을 받아야 할 상황이 됐다면, 생명보험증권이나 미국 재무성 채권이 큰 효용성이 있다. 하지만 보험 담보 대출은 보험증권이 저축성이어야 현금으로서 가치가 있다. 일종의 보장성 보험은 위험에 대비하기 위한 것일 뿐 나중에 받을 수는 없으니, 대출을 받을 때 전혀 상관이 없다. 보험증서에 서명하기 전에 대출받을 때 쓸 수 있는 해약 환불금이 있는지 물어보라.

만약 대출을 받을 수 있는 보험이 없고 채권도 없지만, 집, 자동차 혹은 그밖에 다른 담보물을 소유하고 있다고 가정해 보자. 어디에서 대출을 받을 것인가? 바로 은행이다. 은행은 그 지역의 신뢰도가 필요하기 때문에 공정한 대우를 해줄 것이다. 만약 재정적으로 곤란한 상태라면 은행이 여러분의 문제를 상의해 주고 계획해 주면서 걱정과 채무 상태에서 벗어날 수 있게 도와줄 것이다. 담보물이 있다면 무조건 은행으로 가야 한다. 아주 드물겠지만, 저당 잡힐 것도 보유한 재산도 없어서 봉급 외에는 담보물이 전혀 없다고 가정해 보자.

인생을 소중히 여긴다면 이 말을 꼭 기억하라. 정식 허가 업체를 제외한 대부 업체는 절대로 이용해서는 안 된다. 러셀 세이지 재단이 제안한 통일소액대부업법이 통과되지 않은 서부와 남부의 일부 주에 비허가 고리대금업자들이 많다. 하지만 이 법률이 통과된 32개 주의 허가된 대부 업체라면 괜찮다. 그곳은 질병이나 위급한 상황으로 급한 돈이 필요한 사람들을 위한 서비스를 제공하고 있다. 은행보다

데일 카네기 자기관리론

이자율이 높다. 하지만 큰 위험을 감수하고 있고 조달비용도 크기 때문에 그렇다. 하지만 만약 대부업 관련 규제가 없는 주에 살고 있다면 대부 업체를 찾지 말고 가능한 은행 담당자에게 믿을 만한 업체를 추천해 달라고 말하는 편이 좋다.

그렇게 하지 않는다면 고리대금업자의 마수에 걸려들고 말 것이다. 특히 이런 주에서는 더욱 그렇다. 소액 대부에 관한 유효 법률이 없는 주 캔자스주, 몬태나주, 노스다코타주, 사우스다코타주, 사우스캐롤라이나주. 소액 대부업에 대한 법률도 물론 있다 하지만 전반적으로 효력이 발생하지 않는 주는 앨라배마주, 아칸소주, 조지아주, 미시시피주, 노스캐롤라이나주, 테네시주, 텍사스주, 와이오밍주다. 컬럼비아 지역에서도 고리대금업자들이 활개를 치고 있다. 불법 사채업자들은 보통 은행보다 40~50배 높은 240%의 이자를 받는다. 그렇게 신중하지 못한 사람들에게 연간 1억 달러가 넘는 돈을 갈취하고 있다. 그들은 빚을 갚지 못하게 하고 곤란하게 만들 방법을 10가지 이상은 알고 있다.

규칙 6. 보험을 들어 질병, 화재, 위급 상황에 대비하라.

보험은 비교적 적은 돈으로 사고와 재난, 위급 상황에 대비할 수 있는 좋은 수단이다. 목욕탕에서 미끄러지는 것, 풍진(風疹)에 걸리는 상황 등에 대비해 보험을 들라는 것이 아니다. 단지 돈이 많이 들고 걱정을 유발할 것으로 예상되는 주요 재난에 대비하라는 제안이다. 비용 측면에서는 그게 더 저렴하기 때문이다.

한 여성의 이야기를 들려주겠다. 그녀는 작년에 열흘 정도 입원을 했는데 퇴원하면서 그녀가 낸 돈은 겨우 8달러였다. 의료보험을 들었기 때문이다.

규칙 7. 가족에게 사망보험금을 일시금으로 지급하도록 설정하지
마라.

만약 가족에게 사망보험금을 남기고 싶다면, 당부하건대 일시금
으로 지급되지 않게 하라. 메이언 S. 에벌리 여사가 한 이야기다. 그
녀는 뉴욕시 매디슨 애비뉴 488번지에 있는 생명보험협회 여성분과
위원장으로 있다. 그녀는 여성 모임이 있는 곳이라면 미국 어디로든
달려간다. 사망 보험금을 일시로 받지 말고 종신 소득형 상품을 사는
게 현명한 일이라고 설파한다. 그 사례로 보험금을 현금으로 모두 받
았던 한 사람의 이야기를 했다. 그녀는 2만 달러의 보험금을 받은 뒤,
아들의 자동차 액세서리 사업 자금으로 빌려주었다.

사업은 실패했고 그녀는 돈 한 푼 없는 신세가 됐다. 다른 여성은 1
년 후에는 땅값이 2배로 오른다는 부동산업자의 말에 속아 보험금을
공터를 구입하는 데 투자했다. 3년 후 그 땅을 팔 때 사들인 가격의
10분의 1밖에 건지지 못했다. 또 다른 여성은 보험금으로 1만 5,000
달러를 받고 나서, 12달도 채 지나기 전에 자녀들을 돌보기 위해 아
동복지기금에 도움을 요청해야만 했다.

〈뉴욕 포스트〉지의 경제부장 실비아 S. 포터는〈레이디스 홈 저널
〉지에서 "부인이 소유하게 된 2만 5,000달러는 평균 수명이 7년도
되지 않는다."라고 말했다. 또한 몇년 전〈새터데이 이브닝 포스트〉
지에도 이러한 글이 실렸다.

"사회 경험도 없고 조언해 줄 금융 전문가도 알지 못하는 사람은
가족이 남긴 보험금을 처음으로 접근하는 교활한 세일즈맨의 감언

데일 카네기 자기관리론

이설에 너무도 쉽게 넘어가 쓰레기 같은 주식에 투자하게 될 수 있다는 건 잘 알려진 사실이다. 변호사나 금융 전문가는 이런 사례를 수없이 보았다. 평생을 희생하고 절제를 하며 절약해 모은 돈을 하루아침에 모조리 잃게 되는 불행을 말이다."

배우자나 자녀를 보호하고 싶다면 J. P. 모건에게 배워 보자. 그는 무려 16명의 상속인에게 유산을 남겼는데, 그중 여성이 12명이었다. 하지만 그는 그녀들에게 현금을 남기지 않았다. 대신 매월 일정 수입을 보장해 주는 신탁 기금을 남겼다.

규칙 8. 아이들에게 돈과 관련된 책임감을 심어주어라.

〈유어 라이프〉 지에서 읽었던 글을 평생 잊지 못할 것 같다. 스텔라 웨스턴 터틀이라는 사람이 쓴 글인데, 그녀는 어린 딸에게 돈에 대해 책임감을 갖도록 지도하는 방법에 대해 상세히 알려 주었다. 우선 은행에서 수표책을 하나 받아서 9살 된 딸에게 주었다. 딸은 매주 받은 용돈을 엄마에게 '저금'했다. 엄마가 '은행'인 셈이었다. 그러다 주중에 돈이 필요할 경우 딸에게 '수표'를 발행해 주고 남은 금액을 확인시켜 주었다. 어린 딸은 그렇게 하면서 재미도 느끼며 돈을 관리하는 실질적인 책임감을 익히게 됐다.

고등학생 자녀에게 돈을 관리하는 법을 알려 주고 싶다면 정말 추천하고 싶은 책이 하나 있다. 이 책은 필수로 소장해야 하는 책이다. 『돈 관리법』이라는 책이다. 워싱턴 16번가 1201번지에 있는 전미교육협회에서 소비자 교육을 위한 시리즈로 출간했다. 그 책의 내용은 머리 손질 방법부터 콜라에 이르기까지 10대의 실생활 이야기다. 그리고 대학 졸업 때까지 필요한 예산을 계획하는 방법도 다루고 있다.

내게 고등학생 아들이 있다면 이 책을 읽게 한 뒤 가족 예산을 계획하는 데 도움이 되어 달라고 말하고 싶다.

규칙 9. 부엌에서도 작은 돈을 벌 수 있다.

현명하게 돈을 관리해도 예산을 맞추기가 어렵다면 이 2가지 방법 하나를 선택할 수 있다. 하나는 잔소리하고 짜증을 내며 걱정하고 불평을 늘어놓는 것이고, 하나는 약간의 부수입을 얻기 위한 계획을 세우는 것이다. 어떻게 가능한가? 돈을 벌고 싶다면 지금 제대로 충족되지 않는 필수 요구를 만족시켜 주면 된다.

뉴욕주 잭슨하이츠 83번가 37-9번지에 사는 넬리 스피어 부인이 했던 일이 바로 그렇다. 1932년에 그녀는 방이 3개 딸린 아파트에서 홀로 남겨졌다. 남편은 세상을 떠났고 두 아이들은 결혼해 집을 나갔다. 어느 날 그녀는 아이스크림을 사러 갔다. 그런데 판매대에서 모양도 형편없고 맛도 없어 보이는 파이를 팔고 있었다. 그때 자기가 만든 파이가 훨씬 나을 거라는 생각이 들어, 가게 주인에게 자신이 만든 파이를 가져올 테니 사지 않겠느냐고 물었다. 주인은 그 자리에서 우선은 2개를 주문했다. 스피어 부인은 이 이야기를 들려 주면서 이렇게 말했다. "저는 요리는 꽤 잘했지만, 조지아에 살 때는 항상 하녀가 있었어요. 그래서 평생 파이를 10개 이상 구워본 적이 없었지요. 그래서 파이 2개를 주문받은 뒤 이웃집 부인에게 사과 파이 굽는 법에 대해 물어보았지요. 그 가게에서 제가 만든 파이를 사 먹은 손님은 아주 만족해했습니다. 하나는 사과 파이고 하나는 레몬 파이였어요. 다음 날은 그 가게에서 파이 5개를 주문받게 되었지요. 그후 점차 다른 가게, 식당에서도 주문이 들어왔습니다. 2년도 안 돼서 저는 한

데일 카네기 자기관리론

해에 5,000개의 파이를 구워냈지요. 그 일은 모두 저희 집 작은 부엌에서 혼자 했습니다. 그래서 1년 만에 1,000달러를 벌게 되었지요. 파이에 들어가는 재료비 빼고는 어떤 비용도 들이지 않고 말이지요."

스피어 부인이 만든 파이를 좋아하는 사람이 많았다. 부인은 집 부엌에서 작업하지 못하고 가게를 열어 여직원 2명을 고용한 뒤 파이, 케이크, 빵, 롤 등을 굽기 시작했다. 전쟁 중에도 사람들은 부인의 수제품을 사기 위해 1시간씩 줄을 서서 기다렸다.

스피어 부인이 말했다. "평생 이렇게 행복한 적은 없었습니다. 저는 가게에서 10~14시간을 일했지만, 결코 피곤하지 않았습니다. 그건 일이 아니라 흥미진진한 모험처럼 느껴졌으니까요. 저는 할 수 있는 선에서 사람들을 더 행복하게 해 주었습니다. 너무 바쁜 나머지 외로워하거나 걱정할 여유가 전혀 없었습니다. 그 일로 어머니, 남편, 그리고 집을 잃은 뒤 느꼈던 허전함을 채울 수 있었습니다."

나는 과연 인구가 1만 명이 넘는 도시에 거주하는 요리 솜씨가 좋은 평범한 여성들도 돈을 버는 게 가능한지를 스피어 부인에게 물었다. 그녀가 말했다. "물론이죠. 모두 가능하지요!"

오라 스나이더 부인도 같은 말을 할 것이다. 그녀는 인구 3만 명이 밀집된 일리노이주 메이우드에 살고 있다. 그녀 역시 비용이 많이 들지 않는 재료들로 부엌에서 사업을 시작했다. 남편이 병으로 쓰러지는 바람에 돈을 벌어야 했는데, 어떻게 해야 할지 굉장히 난감했었다. 경험도 기술도 자본도 없는, 평범한 가정주부였다. 그녀는 구석에서 계란 흰자와 설탕을 재료로 사탕을 만들었다. 그러고 나서 학교 근처에서 하교하는 어린이들에게 1페니씩에 팔았다. 그녀는 아이들에게 "내일은 돈을 더 가지고 오렴. 매일 여기서 사탕을 들고 기다리고 있을 테니."라고 말했다. 그렇게 그녀는 첫 주에 4.15달러를 벌었고 삶에 새로운 열정이 생겼다. 그녀는 행복했고, 아이들도 행복하게 해 주고 있었기에 걱정할 시간이 없었다.

일리노이주 메이우드에 사는 말수가 적고 왜소한 그녀는 이 일에 적합한 사람을 고용해 가게를 열어 혼잡하고 화려한 대도시 시카고에서 사탕를 팔아야겠다고 생각했다. 그녀는 거리에서 땅콩을 팔고 있는 이탈리아 사람에게 조심스레 접근했다. 그를 찾아오는 손님들은 사탕이 아닌 땅콩을 샀다. 하지만 그는 그녀가 건네준 캔디를 맛보고 마음에 들어 했기에 그녀의 캔디를 팔기 시작했다. 스나이더 여사는 첫날 2.15달러의 수익을 얻었다. 4년 후에는 시카고에 자신의 첫 가게를 열었다. 2m 정도 너비의 작은 가게였다. 그렇게 밤에 캔디를 만들어서 낮에 판매했다.

부엌에서 캔디를 만들기 시작했던 소심한 이 가정주부는 현재 17개의 공장을 운영하고 있으며 그중 15개는 시카고에서도 번화가에 속하는 루프에 있다.

뭔가를 하기 위해 아주 적극적으로 행동한 이들이 또 있다. 뉴욕주 잭슨하이츠의 넬리 스피어와 일리노이주 메이우드의 오라 스나이더다. 그들은 자신의 부엌에서 간접비, 월세, 광고비, 직원 급여도 들지 않는 작은 사업을 시작했다. 이런 조건이라면 어떤 사람이라도 재정적인 걱정으로 쓰러지진 않을 것이다.

주변을 둘러보라. 아직 충족되지 못한 요구들을 충분히 찾을 수 있을 것이다. 만약 열심히 연습해서 훌륭한 요리사가 된다면 부엌에서 젊은이들을 위한 요리 교실을 열어 돈을 벌 수 있다. 수강생은 집마다 찾아다니며 모집하면 된다.

데일 카네기 자기관리론

규칙 10. 절대 도박은 하지 마라.

경마나 슬롯머신에 돈을 써서 돈을 벌겠다고 하는 사람을 볼 때마다 정말 놀랍다. 나는 '한 손잡이 강도'를 늘어놓고 사업하는 사람을 안다. 이길 수밖에 없게 만들어진 기계를 이겨보겠다는 어리석은 생각을 하는 멍청이들을 그는 경멸하고 있을 뿐이다.

미국에서 가장 유명한 출판사 사장을 알고 있는데, 그는 성인을 대상으로 하는 내 강좌의 수강생이었다. 그는 자신이 경마를 해박하게 알고 있지만 경마로 돈을 벌기는 불가능하다고 내게 말했다. 하지만 어리석은 사람들은 한 해에 60억 달러나 되는 돈을 경마에 쓰고 있는 게 현실이다.

이는 1910년 미국의 국가 채무 총액의 무려 6배에 해당하는 금액이다. 그 사장은 정말 꼴 보기 싫은 원수가 있어 그의 인생을 망치고 싶다면 경마에 빠지도록 부추기는 것이 제일 좋은 방법이라고 말했다. 경마 정보지에서 시키는 대로 경마를 하는 사람들은 어떻게 되느냐고 묻자 그가 말했다. "그런 식으로 경마를 하면 돈을 모조리 잃고 빈털터리가 되겠지요."

만약 도박을 하고 싶다면 최소한 현명하게 해야 한다. 이기고 질 확률이 얼마나 되는지 확인해 봐야 한다. 어떻게? 『확률 계산하기』라는 책을 살펴 보라. 이는 오스왈드 자코비의 책이다. 그는 브리지와 포커 게임의 권위자, 수학자, 확률 계산 전문가, 보험 계리인이라는 다양한 타이틀을 갖고 있다. 그는 이 책에서 경마, 룰렛, 크랩스, 슬롯머신, 드로 포커, 스터드 포커, 콘트랙트 브리지, 옥션 피노클 등의 도박을할 때 승리할 수 있는 확률에 대해 무려 215페이지에 걸쳐 계산했다. 별다른 의도는 없다. 그저 도박에서 이길 확률을 숫자로 늘어놓고 있을 뿐이다. 만약 그 확률을 본다면, 경마나 카드 게임, 주사위 놀이나 슬롯머신 등에 피땀 흘려 번 돈을 쏟아 붓는 불쌍한 노름꾼들을 동정하게 될 것이다.

규칙 11. 스스로를 용서하고 바꿀 수 없는 상황을 불평하지 마라.

재정 상태를 개선하지는 못해도 정신 상태는 개선할 수 있다. 누구에게나 재정적인 고민은 있다. 존스네 집만큼 잘살지 못하기 때문에 고민할 수도 있다. 하지만 존스네도 리츠네만큼 잘살지 못해 고민하고 있을 것이다. 또 리츠네 역시 반더빌트네만큼 잘살지 못해 고민하고 있을 것이다.

미국 역사에 등장하는 유명인 가운데도 재정 문제가 있는 사람들이 있었다. 바로 링컨과 워싱턴이다. 두 사람 다 대통령 취임식에 참가하기 위한 여비를 빌려야만 했다.

세상 모든 것을 소유하지는 못하지만, 하나뿐인 인생을 걱정과 분노로 망치지 말자. 스스로를 그저 용서하자. 철학적으로 살아 보자. 에픽테토스는 철학이라는 학문을 이렇게 정의했다. "스스로의 행복을 바깥의 무언가에 의존하지 않는 것이야말로 철학의 핵심이다." 세네카는 또 이렇게 말했다. "무언가 결핍되어 있다고 느낀다면 온 세상을 다 가져도 결국 비참할 뿐이다."

온 세상을 다 가지고 빽빽한 울타리로 주변을 에워싼다고 해도 하루에 3끼밖에 먹을 수 없고 침대도 1개밖에 쓸 수 없다는 사실을 기억하자. 대체로 모든 이들이 그 정도는 누린다. 그 사람이야말로 록펠러보다 맛있게 먹고 더 평온하게 잠들 수 있을 것이다.

데일 카네기 자기관리론

Dale Carnegie

돈 걱정을 줄이는 11가지 방법

1. 사실을 기록하라.

2. 자신의 상황에 맞는 예산안을 마련하라.

3. 현명한 소비 방법을 배워라.

4. 수입이 증가해도 고민은 늘리지 마라.

5. 대출에 대비해 신용도를 높여라.

6. 질병, 화재, 위급 상황에 대비하기 위해 보험을 들어라.

7. 가족에게 일시금으로 사망보험금을 지급하도록 설정하지 마라.

8. 아이들에게 돈과 관련된 책임감을 심어 주어라.

9. 부엌에서 용돈을 벌 수 있다.

10. 절대 도박을 하지 마라.

11. 스스로를 용서하고 바꿀 수 없는 상황을 불평하지 마라.

How To Lessen
Your Financial Worries

데일 카네기 자기관리론

발행일	2022년 4월 20일 초판 1쇄
지은이	데일 카네기
펴낸이	애슐리
옮긴이	최미르
발행처	가로책길
이미지	©게티이미지
주소	서울시 중구 퇴계로 409
등록	제 2021-000097호
e-mail	garobook@naver.com
ISBN	979-11-975821-4-1(03320)